권별주삶

아가페 주삶

• 주야로 묵상하는 삶 •

느헤미야

JN423342

● 주삶의 정신 1

『주삶』은 에티오피아 내시에게
말씀을 해석해 준 빌립 집사의 역할을 하기 원합니다.

말씀을 올바르게 깨닫기 위해서는 빌립과 같은 신령한 조력자가 필요합니다.
이제 『주삶』은 '객관적이고 정확한 절별 해설'을 통해
그리스도인의 매일 말씀묵상을 돕고자 합니다.

● 주삶의 정신 2

'묵상'은 하루 중 가장 방해받지 않는
귀중한 시간에 하는 것입니다.
그리고 깨달은 말씀을 종일 생각하는 것입니다.

진정한 그리스도인이 되기 위해서는 묵상한 말씀을 늘 되새겨야 합니다.
그것이 주야로 묵상하는 삶이며 '주삶의 정신' 입니다.

● 주삶의 정신 3

'오늘 말씀묵상을 하지 않으면 밥을 먹지 않겠다.'
참된 성도는 굳은 결심의 소유자여야 합니다.

매일 말씀묵상을 하지 않으면 영혼이 병들고 성장하지 않기 때문입니다.
일주일에 한두 끼만 먹는 사람이
건강한 삶을 살 수 없는 것과 같은 이치입니다.

Contents

● **해설 집필자** 소개

김일우 목사_ 느헤미야

· 총신대학교 동신학대학원(목회학 M.Div) 졸업
· 미국 Reformed Theological Seminary(목회학 박사 D.Min) 과정 수학
· 아름다운만남교회 담임목사

김건일 목사_ GBS 및 해설서

· 침례신학대학교 신학대학원(신학 M.Div)
· Southwestern Baptist Theological Seminary(신약학 Th.M)
· Southwestern Baptist Theological Seminary(신약학 Ph.D) 과정 수료
· 뿌리깊은교회 협동목사

권별주삶

아가페

주삶

• 주야로 묵상하는 삶 •

느헤미야

AGAPE
[주]아가페출판사

아가페

주삶 단체 활용법

「권별주삶」의 특징

- 「**권별주삶**」은 가족, 교회 소그룹, 직장 신우회 등 각종 성경공부 모임에 활용하면 좋습니다.
- 「**권별주삶**」은 날짜에 구애받지 않는 5일 동안의 개인 묵상과 1일의 주간성경공부(GBS)로 구성되어 있습니다.

「권별주삶」의 단체 활용법

➤ 5일 동안 개인적으로 묵상하고, 1주일에 1회씩 모여 GBS 모임을 가지면 좋습니다.

- 주중 첫날부터 5일째까지 개인묵상 시간을 통해 말씀을 묵상하고, 6일째는 지난 5일간 주신 메시지를 거듭 기억하며 복습합니다.
- 7일째 주간성경공부 모임에서, 한 주 동안 묵상한 말씀을 삶에 적용하고 체험과 깨달음을 서로 공유합니다.

➤ 단체 성경공부 모임의 말씀묵상을 하면서 아래의 구체적인 활용법을 따라하세요.

예) 토요일이나 주일에 GBS 모임을 할 경우

1주차	GBS	2주차	GBS	3주차	GBS	…	6주차	GBS
월,화,수,목,금 01~05회	1	월,화,수,목,금 06~10회	2	월,화,수,목,금 11~15회	3	…	월,화,수,목,금 26~30회	6

예) 금요일에 GBS 모임을 할 경우

1주차	GBS	2주차	GBS	3주차	GBS	…	6주차	GBS
토,월,화,수,목 01~05회	1	토,월,화,수,목 06~10회	2	토,월,화,수,목 11~15회	3	…	토,월,화,수,목 26~30회	6

「**권별주삶**」은 각종 성경공부 모임의 계획에 맞춰 차별화된 스케줄 구성이 가능합니다.

아가페 주삶20 개인 활용법

「권별주삶」의 특징

- 「**권별주삶**」은 날짜가 특정되지 않아 순차적으로 깊이 있는 말씀묵상이 가능합니다.
- 「**권별주삶**」은 개인별 맞춤 스케줄에 따라 시간을 활용함으로써, 하나님의 말씀을 거듭 상고하고 깊이 체험할 수 있게 도와줍니다.

「권별주삶」의 개인 활용법

➤ 아래 「**권별주삶**」의 개인 활용법을 따라 꾸준히 묵상하면서 하나님과 동행하세요.

- 먼저 묵상을 시작하는 날짜를 기록합니다. 개인 스케줄에 맞춰 날짜와 관계없이 성경을 이어서 빠짐없이 묵상할 수 있습니다.
- 주중 첫날부터 5일째까지 개인묵상 시간을 통해 말씀을 묵상하고, 6일째는 지난 5일간 주신 메시지를 거듭 기억하며 복습합니다.
- 7일째 주간성경공부 모임에서, 한 주 동안 묵상한 말씀을 삶에 적용하고 체험과 깨달음을 서로 공유합니다.
- 교훈과 묵상한 것을 메모합니다. 묵상과 적용이 「**권별주삶**」의 깊이 있는 해설과 곁들여져 말씀을 더욱 쉽게 이해하는 나만의 묵상노트가 됩니다.
- 「**권별 주삶**」 시리즈를 권별로 모아두세요. 성경의 문맥을 살려 그 자체로 말씀을 쉽게 이해하게 해주는 훌륭한 성경해설서로 활용할 수 있습니다.

*** 「권별주삶」을**

나만의 묵상노트이자 성경해설서로 만든다는 목표를 가지고 꾸준히 하면,

하나님과의 친밀한 교제 안에서 변화된 자신을 체험할 수 있습니다.

아가페 주삶

개인 말씀묵상 활용법

1 날짜 기록

묵상한 날짜를
기록합니다.

2 찬양과 기도

먼저 찬양한 후, 성령님의
도우심을 구하는 기도를
드립니다.

3 본문요약

'본문요약'을 읽고
흐름을 파악합니다.

4 개역개정성경 읽기

성경 본문을 정독합니다.

묵상 체크 □

01 월 일

예루살렘에 대한 소식을 듣는 느헤미야

느헤미야 1:1-4 • 새찬송 501장 | 통일 255장

• 말씀묵상 전에 성령님의 인도하심을 구하는 기도를 드리십시오.

본문요약 I 바사의 아닥사스다 왕 20년에 느헤미야는 예루살렘에서 온 형제 하나니로부터 고국의 소식을 듣게 된다. 특히 고국의 백성들이 환난과 능욕을 받고 있으며, 140여 년 전에 허물어진 예루살렘 성벽과 성문도 여전히 복구되지 못한 채 폐허 상태로 있다는 소식을 들은 느헤미야는 비전과 사명감을 불태운다.

1 하가랴의 아들 느헤미야의 말이라 아닥사
스다 왕 제이십 년 기슬르 월에 내가 수
산 궁에 있는데
2 내 형제들 가운데 하나인 하나니가 두어
사람과 함께 유다에서 내게 이르렀기로
내가 그 사로잡힘을 면하고 남아 있는 유
다와 예루살렘 사람들의 형편을 물은즉
3 그들이 내게 이르되 사로잡힘을 면하고
남아 있는 자들이 그 지방 거기에서 큰
환난을 당하고 능욕을 받으며 예루살렘
성은 허물어지고 성문들은 불탔다 하는지
라
4 내가 이 말을 듣고 앉아서 울고 수일 동
안 슬퍼하며 하늘의 하나님 앞에 금식하
며 기도하여

1. 오늘 하나님께서 나에게 주신 깨달음은 무엇입니까?

2. 말씀을 어떻게 내 삶에 구체적으로 적용해야 합니까?

13

7 묵상과 적용

'묵상과 적용' 질문을 통해 깨달은 말씀과
적용한 내용을 적습니다.

'말씀묵상'은

말씀과 기도를 통해 날마다 하나님의 음성에 귀 기울이고 그 음성을 따라 살아가고자 하는 그리스도인을 위한 경건의 시간입니다. '말씀묵상'은 하루 중 가장 귀중한 시간에 아무도 방해하지 않는 곳에서 해야 합니다. 그리고 깨달은 말씀을 주야로 묵상하는 것입니다.

절별 해설

1 하가랴의 아들 느헤미야의 말이라 이 표제는 예언서의 제목들을 연상시킨다. 즉, 느헤미야서가 개인의 이야기나 어록이 아니라, 예언서처럼 그를 통해 역사하시는 하나님의 구원 사역을 증거하는 책이라는 사실을 보여준다.
아닥사스다 왕 제이십 년 기슬르 월에 내가 수산 궁에 있는데 여기 1장 1절부터 7장까지는 느헤미야가 "내가"라는 1인칭 시점으로 이야기를 풀어 간다. 그래서 이 부분을 가리켜 '느헤미야 회고록'(Nehemiah Memoir = NM)이라고 부른다. 이 회고록의 집필 목적과 성격에 대해, 느헤미야가 아닥사스다 왕에게 보낸 업무 수행 보고서로 보는가 하면, 하나님의 구원 역사를 증거하기 위해 기록해 둔 글로 보기도 한다. "아닥사스다 왕 제이십 년 기슬르 월"은 BC 445년 11월 무렵이며, "수산 궁"은 다리오 1세가 바사(페르시아) 제국의 수도로 삼고 겨울 궁전을 세웠던 곳이다. 성경에서는 수산 궁이 에스더 이야기의 무대로 등장하며(에 1장), 다니엘이 미래에 대한 이상을 보았던 장소로 나온다(단 8:2).

2 내 형제들 가운데 하나인 하나니가 느헤미야가 하나니를 가리켜 "형제"라 불렀고, 또 "아우"(7:2)라고 부른 점으로 미루어 친형제이거나 적어도 형제만큼 가까운 사이였을 것이다.
사로잡힘을 면하고 남아 있는 유다와 예루살렘 사람들 문자적으로는 BC 586년 유다가 망했을 때 바벨론 포로로 끌려가지 않고 유다와 예루살렘에 남아 있던 사람들을
다. 하지만 느헤미야의 주된 관심 대상은
들이었던 점으로 미루어, 당시 유다와 예
유다 백성 전체를 가리키는 말로 볼 수

3 예루살렘 성은 허물어지고 성문들은 불
루살렘 성벽과 성문은 BC 586년 느부갓네
었다. 그러나 그 일은 이미 140여 년 전에
야가 전해 들은 소식은 아마도 최근에 예
이었을 것이다. 즉, 에스라가 BC 458년
재건과 성곽 공사를 시도했는데, 대적들이
소를 올려 공사가 중단된 사건을 가리키

4 느헤미야는 고국에 대한 비통한 소식
다. 전에 에스라도 그러했다(스 9:3-4;
는 슬퍼하기만 한 것이 아니라, 에스라와
에 금식하며 기도했다. 즉, 인간적인 방법
보다는 철저히 신앙적인 방법을 취했다.
가 기도의 사람이었음을 보여준다. 느헤
걸쳐 그의 기도하는 모습이 언급되어 있
5:19; 6:14; 13:14,22,29,31).

14

쉬운성경

1 다음은 하가랴의 아들 느헤미야의 말입니다. 나 느헤미야가 아닥사스다 왕 이십 년 기슬르 월*에 페르시아의 수도인 수산에 있을 때의 일입니다.

2 나의 형제인 하나니가 다른 사람들과 함께 유다에서 왔습니다. 나는 그들에게 포로로 끌려오지 않고 남아 있는 유다 사람들이 잘 있는지, 그리고 예루살렘은 어떠한지 물었습니다.

3 그들이 대답했습니다. "포로로 끌려오지 않고 유다 지방에 남아 있는 사람들은 많은 고생을 하고 있으며 멸시 당하고 있습니다. 예루살렘 성벽은 무너졌고 그 성문들은 불타 버렸습니다."

4 나는 그 말을 듣고 자리에 주저앉아 여러 날 동안, 울었습니다. 슬퍼서 음식도 먹지 않았습니다. 그리고 하늘의 하나님께 기도드렸습니다.

5 쉬운성경 읽기

쉬운성경을 정독하며
본문을 대조합니다.

6 절별 해설

'절별 해설'을 참고하며 읽습니다.

8 저자의 묵상

절별 해설 집필자가 묵상 후
전하는 메시지입니다.

저자의 묵상

느헤미야란 이름은 '여호와께서 위로하신다'라는 뜻으로, 포로 후기 시대에 두려움과 자포자기 상태에 빠져 있던 예루살렘의 유다 백성을 위로하고 회복하는 일에 부름 받은 인물로서 안성맞춤인 이름이었다. 느헤미야는 유다 총독으로 부임해서 폐허로 남아 있던 예루살렘을 재건한다. 외경인 〈집회서〉에서는, 느헤미야를 무너진 예루살렘 성벽을 다시 쌓고 성문과 빗장을 달아 백성의 살 집을 건축해 준 인물로 칭송한다(집회서 49:13). 그뿐만 아니라 〈마카베오서〉에서도 예루살렘 성전과 제단을 재건하고(마카베오하 1:18), 책들을 수집하여 도서관을 건립한 인물로 기억되고 있다(마카베오하 2:13). 느헤미야의 마음을 움직이고 비전을 갖게 한 계기는 다름 아닌 고국의 백성들이 '큰 환난을 당하고 능욕을 받는다'라는 소식이었다(1:3). 게다가 예루살렘 성벽이 파괴된 지 140여 년이 흘렀고, 에스라의 수고와 헌신이 대적들의 반대에 부닥쳤다는 소식은 느헤미야의 가슴에 불을 붙였다. 하나님은 예루살렘의 안타까운 소식을 느헤미야의 비전과 사명감에 불을 붙이는 촉매제로 사용하셨다. 느헤미야서를 읽는 당신의 가슴에도 하나님의 불이 붙기를 축원한다.

무릎 기도 하나님, 이 시대에 필요한 주의 일꾼들의 가슴에 뜨거운 불을 붙여 주시고, 저의 가슴에도 불을 붙여 주셔서 주님의 사역을 감당하는 도구로 사용하여 주소서.

9 무릎 기도

'무릎 기도'로 기도합니다.

ESV - Nehemiah 1

1 The words of Nehemiah the son of Hacaliah. Now it happened in the month of Chislev, in the twentieth year, as I was in Susa the citadel,
2 that Hanani, one of my brothers, came with certain men from Judah. And I asked them concerning the Jews who escaped, who had survived the exile, and concerning Jerusalem.
3 And they said to me, "The remnant there in the province who had survived the exile is in great trouble and shame. The wall of Jerusalem is broken down, and its gates are destroyed by fire."
4 As soon as I heard these words I sat down and wept and mourned for days, and I continued fasting and praying before the God of heaven.

1 citadel 성, 요새 2 concerning …에 관하여 exile 포로 3 remnant 나머지 in trouble 곤경에 빠진 break down 부수다 be destroyed by fire 소실(燒失)되다 4 as soon as …하자 곧 weep 울다 mourn 슬퍼하다 fast 금식하다

15

10

한글과 영어 본문(ESV)
대조를 통해
본문의 바른 뜻을
파악할 수 있습니다.

아가페

주삶 단체 활용법 – 소그룹·구역예배

구역예배, 청년부 성경공부, 직장 신우회 등 각종 성경공부 모임에 활용하면 좋습니다.

주간 그룹성경공부 • GBS

1주차 (1회~5회)

1

주중에 전 구성원이
개인적으로 매일
말씀을 묵상하고,
1주일에 1회씩 모여
GBS 교재 부분을 가지고
나눕니다.

기도와 기회

느헤미야 2:1-9 | 새찬송 366장 • 통일 485장

주간 말씀묵상 나눔

지난 한 주간 말씀을 묵상한 것이나 삶에 적용한 것이 있으면 돌아가며 간단히 나누어 봅시다.

2

GBS를 시작할 때
지난 한 주간 개인 묵상을
통해 깨달은 것이나 삶에
적용한 일이 있으면
한 사람씩 돌아가며
나눕니다.

• 오늘의 성경공부 목표

하나님께서 어떻게 우리의 기도를 응답하시는지 그리고 우리는 어떻게 그 기도가 이루어지도록 준비해야 하는지 알아봅시다.

1 아닥사스다 왕 제이십 년 니산 월에 왕 앞에 포도주가 있기로 내가 그 포도주를 왕에게 드렸는데 이전에는 내가 왕 앞에서 수심이 없었더니
2 왕이 내게 이르시되 네가 병이 없거늘 어찌하여 얼굴에 수심이 있느냐 이는 필연 네 마음에 근심이 있음이로다 하더라 그때에 내가 크게 두려워하여
3 왕께 대답하되 왕은 만세수를 하옵소서 내 조상들의 묘실이 있는 성읍이 이제까지 황폐하고 성문이 불탔사오니 내가 어찌 얼굴에 수심이 없사오리이까 하니
4 왕이 내게 이르시되 그러면 네가 무엇을 원하느냐 하시기로 내가 곧 하늘의 하나님께 묵도하고
5 왕에게 아뢰되 왕이 만일 좋게 여기시고 종이 왕의 목전에서 은혜를 얻었사오면 나를 유다 땅 나의 조상들의 묘실이 있는 성읍에 보내어 그 성을 건축하게 하옵소서 하였는데
6 그때에 왕후도 왕 곁에 앉아 있었더라 왕이 내게 이르시되 네가 몇 날에 다녀올 길이며 어느 때에 돌아오겠느냐 하고 왕이 나를 보내기를 좋게 여기시기로 내가 기한을 정하고
7 내가 또 왕에게 아뢰되 왕이 만일 좋게 여기시거든 강 서쪽 총독들에게 내리시는 조서를 내게 주사 그들이 나를 용납하여 유다에 들어가기까지 통과하게 하시고
8 또 왕의 삼림 감독 아삽에게 조서를 내리사 그가 성전에 속한 영문의 문과 성곽과

129

'말씀묵상'은

말씀과 기도를 통해 날마다 하나님의 음성에 귀 기울이고 그 음성을 따라 살아가고자 하는 그리스도인을 위한 경건의 시간입니다. '말씀묵상'은 하루 중 가장 귀중한 시간에 아무도 방해하지 않는 곳에서 해야 합니다. 그리고 깨달은 말씀을 주야로 묵상하는 것입니다.

내가 들어갈 집을 위하여 들보로 쓸 재목을 내게 주게 하옵소서 하매 내 하나님의 선한 손이 나를 도우시므로 왕이 허락하고	9 군대 장관과 마병을 보내어 나와 함께하게 하시기로 내가 강 서쪽에 있는 총독들에게 이르러 왕의 조서를 전하였더니

• 함께 읽어보기

사람들은 자신의 종교가 무엇이든 어려움에 닥치게 되면 자연스럽게 기도를 하게 됩니다. 가만히 있으면 불안하고 기도라도 해야 조금이라도 마음의 안정을 찾을 수 있기 때문입니다. 그렇다고 대부분 꼭 그들의 기도가 응답받는다는 확신을 가지고 기도하는 것은 아닙니다. 문제가 해결되면 그들이 기도했다는 사실조차 잊어버리곤 합니다. 우리가 하나님께 드리는 기도는 어떠합니까?
느헤미야는 자신의 백성이 당하는 고난과 예루살렘 성벽이 무너졌다는 소식을 들은 이후 마음에 깊은 수심이 가득했습니다. 그가 먼저 한 것은 금식과 기도였습니다. 그러나 그는 기도하는 것으로 끝내지 않았습니다. 그는 하나님이 하셔야 할 것과 자신이 해야 할 것을 분명히 구분했습니다. 그것은 믿음이 없어서가 아니라 오히려 하나님이 하실 것을 믿었기에 자신이 해야 할 것을 열심히 준비할 수 있었던 것입니다. 여기에 그의 이야기가 있습니다.

도입 질문

1 절박한 순간에 했던 기도를 기억하고 있습니까? 하나님이 어떻게 그 기도에 응답하셨는지 떠올려 보십시오.

함께 나누기

2 왕이 물어보았을 때 느헤미야는 ...

3 느헤미야의 얼굴에 수심이 있었던 ...

130

3

GBS 순서에 따라 리더가 진행하며, 각자 묵상을 통해 느낀 것과 깨달은 것을 나눕니다.

내가 들어갈 집을 위하여 들보로 쓸 재목을 내게 주게 하옵소서 하매 내 하나님의 선한 손이 나를 도우시므로 왕이 허락하고	9 군대 장관과 마병을 보내어 나와 함께하게 하시기로 내가 강 서쪽에 있는 총독들에게 이르러 왕의 조서를 전하였더니

• 함께 읽어보기

사람들은 자신의 종교가 무엇이든 어려움에 닥치게 되면 자연스럽게 기도를 하게 됩니다. 가만히 있으면 불안하고 기도라도 해야 조금이라도 마음의 안정을 찾을 수 있기 때문입니다. 그렇다고 대부분 꼭 그들의 기도가 응답받는다는 확신을 가지고 기도하는 것은 아닙니다. 문제가 해결되면 그들이 기도했다는 사실조차 잊어버리곤 합니다. 우리가 하나님께 드리는 기도는 어떠합니까?
느헤미야는 자신의 백성이 당하는 고난과 예루살렘 성벽이 무너졌다는 소식을 들은 이후 마음에 깊은 수심이 가득했습니다. 그가 먼저 한 것은 금식과 기도였습니다. 그러나 그는 기도하는 것으로 끝내지 않았습니다. 그는 하나님이 하셔야 할 것과 자신이 해야 할 것을 분명히 구분했습니다. 그것은 믿음이 없어서가 아니라 오히려 하나님이 하실 것을 믿었기에 자신이 해야 할 것을 열심히 준비할 수 있었던 것입니다. 여기에 그의 이야기가 있습니다.

도입 질문

1 절박한 순간에 했던 기도를 기억하고 있습니까? 하나님이 어떻게 그 기도에 응답하셨는지 떠올려 보십시오.

함께 나누기

2 왕이 물어보았을 때 느헤미야는 왜 두려워하였습니까? 2절

3 느헤미야의 얼굴에 수심이 있었던 이유는 무엇이었습니까? 3절

130

"복 있는 사람은
악인들의 꾀를 따르지 아니하며
죄인들의 길에 서지 아니하며
오만한 자들의 자리에 앉지 아니하고
오직 여호와의 율법을 즐거워하여
그의 율법을 주야로 묵상하는도다"

- 시편 1:1-2 -

1~30 days

느헤미야를 묵상하기 전에

저자와 기록 시기

본래 히브리어 성경은 에스라서와 느헤미야서를 한 권으로 묶어 '에즈라'라고 이름 붙였으나, 초대교회 교부 오리겐(Origen)과 5세기경 라틴어로 번역된 〈불가타(Vulgata) 성경〉 때부터 이 둘을 구분하기 시작했다. 그러다가 1448년에 발간된 현대 히브리어 성경이 이 둘을 분리하여 수록했고, 1590년 〈제네바 성경〉이 거기에 각 책의 주인공 이름을 따서 "에스라"와 "느헤미야"라는 제목을 붙였다. 그 후 1611년 영어성경인 〈킹 제임스 성경〉이 그 방식을 그대로 가져와 에스라서와 느헤미야서로 구분하여 불렀으며, 그 영향을 받은 영어성경들과 한글성경들이 그것을 그대로 따르고 있다.

'여호와께서 위로하신다'라는 뜻을 가진 느헤미야는 에스라와 동시대 인물이다. 느헤미야는 바사(페르시아) 왕 아닥사스다 1세의 수산 궁에서 '왕의 술잔 드는 자'(왕의 술 관원)라는 직책을 맡아 왕의 총애를 받던 신하였다. 그는 예루살렘 성벽이 허물어졌다는 말을 듣고 왕에게 요청하여 세 번째이자 마지막 포로 귀환을 이끌었고, 마침내 예루살렘 성벽을 재건했다. 느헤미야서는 이런 성벽 재건 사역과 느헤미야의 리더십[지도력]을 기록하고 있다.

한편, 느헤미야서의 저자와 관련하여 크게 3가지 학설이 제기되고 있다. (1)에스라가 에스라-느헤미야-역대기를 저술했다는 설(에스라 공동 저작설), (2)에스라와 느헤미야가 각각 자기 이름으로 된 책을 저술했다는 설(느헤미야 단일 저작설), (3)역대기 저자가 에스라-느헤미야-역대기를 최종 편집했다는 설(역대기 사가 편집설) 등이 있다. 각각의 주장이 제기하는 근거는 나름대로 일리가 있지만, 여전히 큰 논쟁 중이다. 결론적으로, 느헤미야서의 주요 부분은 적어도 느헤미야가 1인칭 화법으로 직접 저술하였으며, 그 기록 시기는 느헤미야가 활동하던 당시인 BC 445-425년 사이로 보는 것이 가장 타당할 것 같다.

역사적 배경과 기록 목적

느헤미야서는 에스라서와 말라기서와 더불어 포로 귀환 이후 신약 시대가 열리기 전까지 구약 시대의 마지막 역사를 다루는 아주 중요한 성경책이다.

BC 538년 총독 스룹바벨과 세스바살 그리고 대제사장 예수아(여호수아)를 중심으로 제1차 포로 귀환이 이루어진다. 이때 하나님께 제사드리는 번제단이 복원되고 예배가 회복되었으며 성전 복원을 위한 기초가 놓였다. 하지만 대적들의 방해로 성전 복원 공사가 중단된 상태에 이르고 만다. 이때 선지자 학개와 스가랴의 말씀에 힘입어 성전 재건이 다시 시작되었고, 마침내 BC 516/515년에 성전이 완공된다. 하지만 여전히 예루살렘 성벽은 허물어진 상태에 있었다. 제1차 포로 귀환 후 약 80년 뒤인 BC 458년에 학사 에스라를 중심으로 제2차 포로 귀환이 이루어지고, 이때 비로소 성벽 재건에 착수하게 된다. 하지만 여전히 대적들의 방해로 공사에 진전이 거의 이루어지지 못하고 있었다. 이때 BC 445/444년 느헤미야를 중심으로 제3차 포로 귀환이 이루어진다. 느헤미야는 스룹바벨의 귀환 이후 94년간이나 완성하지 못했던 성벽 재건 사역을 강력한 리더십으로 52일 만에 성취한다.

느헤미야서는 무너졌던 예루살렘 성벽의 재건과 그 사건을 전후한 신앙 개혁 운동을 보여줌으로써 유다 민족이 새롭게 하나님의 은혜를 경험하고 회복되어 가는 과정을 보여준다. 이 말씀은 오늘 이 시대를 사는 그리스도인들에게 큰 도전과 용기를 불어넣어 준다.

핵심 메시지와 특징

느헤미야가 이룩한 업적은 크게 두 가지로 꼽을 수 있다. 하나는, 예루살렘 성벽을 보수해서 준공한 것이고, 다른 하나는, 사회 개혁을 통해 포로 귀환 공동체의 결속력을 다짐으로써 이상적인 다윗 왕국의 기초를 놓은 것이다. 그런 의미에서 느헤미야서는 세 가지 중요한 메시지를 던져 준다.

첫째로, 이스라엘의 포로 후기 역사는 하나님의 구원 역사임을 강조한다. 이 점은 에스라서와 일맥상통한다. 하나님은 이스라엘을 버리신 분이 아니라, 징계하신 후에 새롭게 회복하시는 자비와 긍휼과 은혜의 하나님이심을 보여준다.

둘째로, 하나님에 대한 신앙고백과 기도의 중요성을 강조한다. 에스라와 마찬가지로 느헤미야도 기도의 사람이었고, 어려움에 부닥칠 때마다 기도의 모범을 보여주었으며, 각종 난관을 기도로 극복하며 성취를 이뤘다. 이런 느헤미야의 모습은 평신도 리더십의 모델이 되기에 충분하다.

셋째로, 예배의 중요성과 말씀에 대한 순종을 강조한다. 에스라와 느헤미야는 유다 공동체가 위기에 처할 때마다 예배 회복에 집중하고 말씀 순종을 통한 개혁에 힘을 쏟았다. 그들의 리더십을 따라 백성들은 삶의 모든 영역에서 하나님의 뜻에 합당한 삶을 살기로 결단한다. 한마디로, 느헤미야서는 외적으로는 예루살렘 성벽 재건을 통해 국가의 기틀을 다지고, 내적으로는 신앙 개혁을 통해 하나님 나라 백성으로서의 결속력을 다지는 모습을 보여줌으로써, 현시대까지 큰 교훈을 남겨 주고 있다.

단락 구분

느헤미야서는 크게 두 부분으로 나누어진다. 전반부(1-7장)는 느헤미야의 귀환과 예루살렘 성벽 재건 작업에 대해, 후반부(8-13장)는 언약 갱신을 통해 이스라엘 백성을 개혁하고 영적 부흥을 추구하는 소위 백성 재건 작업에 대해 다루고 있다. 이를 세부적으로 구분하면 다음과 같다.

Ⅰ. 성벽 재건 작업(1-7장)

1. 예루살렘에 대한 소식을 들은 느헤미야(1장)
2. 느헤미야의 귀환과 성벽 재건 준비(2장)
3. 성벽 공사 시작(3장)
4. 대적들의 방해와 극복(4장)
5. 유다 공동체 내부의 갈등과 느헤미야의 희생(5장)
6. 느헤미야에 대한 음모와 성벽 완공(6장)
7. 후속 조치와 귀환한 유다 사람들의 명단(7장)

Ⅱ. 백성 재건 작업(8-13장)

1. 율법 낭독과 초막절 준수(8장)
2. 백성들의 회개 기도(9장)
3. 언약에 서명한 사람들의 명단과 백성들의 서약(10장)
4. 예루살렘과 주변 도시에 정착한 사람들의 명단(11장)
5. 제사장과 레위 사람들의 명단과 예루살렘 성벽의 봉헌(12장)
6. 느헤미야의 개혁(13장)

01 예루살렘에 대한 소식을 듣는 느헤미야

월 일

느헤미야 1:1-4 • 새찬송 501장 | 통일 255장

• 말씀묵상 전에 성령님의 인도하심을 구하는 기도를 드리십시오.

본문요약 | 바사의 아닥사스다 왕 20년에 느헤미야는 예루살렘에서 온 형제 하나니로부터 고국의 소식을 듣게 된다. 특히 고국의 백성들이 환난과 능욕을 받고 있으며, 140여 년 전에 허물어진 예루살렘 성벽과 성문도 여전히 복구되지 못한 채 폐허 상태로 있다는 소식을 들은 느헤미야는 비전과 사명감을 불태운다.

1 하가랴의 아들 느헤미야의 말이라 아닥사스다 왕 제이십 년 기슬르 월에 내가 수산 궁에 있는데
2 내 형제들 가운데 하나인 하나니가 두어 사람과 함께 유다에서 내게 이르렀기로 내가 그 사로잡힘을 면하고 남아 있는 유다와 예루살렘 사람들의 형편을 물은즉
3 그들이 내게 이르되 사로잡힘을 면하고 남아 있는 자들이 그 지방 거기에서 큰 환난을 당하고 능욕을 받으며 예루살렘 성은 허물어지고 성문들은 불탔다 하는지라
4 내가 이 말을 듣고 앉아서 울고 수일 동안 슬퍼하며 하늘의 하나님 앞에 금식하며 기도하여

1. 오늘 하나님께서 나에게 주신 깨달음은 무엇입니까?

2. 말씀을 어떻게 내 삶에 구체적으로 적용해야 합니까?

절별 해설

1 하가랴의 아들 느헤미야의 말이라 이 표제는 예언서의 제목들을 연상시킨다. 즉, 느헤미야서가 개인의 이야기나 어록이 아니라, 예언서처럼 그를 통해 역사하시는 하나님의 구원 사역을 증거하는 책이라는 사실을 보여준다.
아닥사스다 왕 제이십 년 기슬르 월에 내가 수산 궁에 있는데 여기 1장 1절부터 7장까지는 느헤미야가 "내가"라는 1인칭 시점으로 이야기를 풀어 간다. 그래서 이 부분을 가리켜 '느헤미야 회고록'(Nehemiah Memoir = NM)이라고 부른다. 이 회고록의 집필 목적과 성격에 대해, 느헤미야가 아닥사스다 왕에게 보낸 업무 수행 보고서로 보는가 하면, 하나님의 구원 역사를 증거하기 위해 기록해 둔 글로 보기도 한다. "아닥사스다 왕 제이십 년 기슬르 월"은 BC 445년 11월 무렵이며, "수산 궁"은 다리오 1세가 바사(페르시아) 제국의 수도로 삼고 겨울 궁전을 세웠던 곳이다. 성경에서는 수산 궁이 에스더 이야기의 무대로 등장하며(에 1장), 다니엘이 미래에 대한 이상을 보았던 장소로 나온다(단 8:2).

2 내 형제들 가운데 하나인 하나니가 느헤미야가 하나니를 가리켜 "형제"라 불렀고, 또 "아우"(7:2)라고 부른 점으로 미루어 친형제이거나 적어도 형제만큼 가까운 사이였을 것이다.
사로잡힘을 면하고 남아 있는 유다와 예루살렘 사람들 문자적으로는 BC 586년 유다가 망했을 때 바벨론 포로로 끌려가지 않고 유다와 예루살렘에 남아 있던 사람들을 가리키는 말처럼 보인다. 하지만 느헤미야의 주된 관심 대상은 포로에서 귀환한 사람들이었던 점으로 미루어, 당시 유다와 예루살렘에서 고난당하던 유다 백성 전체를 가리키는 말로 볼 수 있다.

3 예루살렘 성은 허물어지고 성문들은 불탔다 하는지라 본래 예루살렘 성벽과 성문은 BC 586년 느부갓네살 군대에 의해 파괴되었다. 그러나 그 일은 이미 140여 년 전에 일어난 일이고, 느헤미야가 전해 들은 소식은 아마도 최근에 예루살렘에서 발생한 사건이었을 것이다. 즉, 에스라가 BC 458년 예루살렘을 찾아가 성전 재건과 성곽 공사를 시도했는데, 대적들이 아닥사스다 왕에게 상소를 올려 공사가 중단된 사건을 가리키는 것 같다(스 4:7-23).

4 느헤미야는 고국에 대한 비통한 소식을 듣고 주저앉아 울었다. 전에 에스라도 그러했다(스 9:3-4; 10:1). 그런데 느헤미야는 슬퍼하기만 한 것이 아니라, 에스라와 마찬가지로 하나님 앞에 금식하며 기도했다. 즉, 인간적인 방법으로 문제를 해결하기보다는 철저히 신앙적인 방법을 취했다. 또한 이것은 느헤미야가 기도의 사람이었음을 보여준다. 느헤미야서에는 모두 9번에 걸쳐 그의 기도하는 모습이 언급되어 있다(1:5-11; 2:4; 4:4-5; 5:19; 6:14; 13:14,22,29,31).

쉬운성경

1 다음은 하가랴의 아들 느헤미야의 말입니다. 나 느헤미야가 아닥사스다 왕 이십 년 기슬르 월*에 페르시아의 수도인 수산에 있을 때의 일입니다.

2 나의 형제인 하나니가 다른 사람들과 함께 유다에서 왔습니다. 나는 그들에게 포로로 끌려오지 않고 남아 있는 유다 사람들이 잘 있는지, 그리고 예루살렘은 어떠한지 물었습니다.

3 그들이 대답했습니다. "포로로 끌려오지 않고 유다 지방에 남아 있는 사람들은 많은 고생을 하고 있으며 멸시당하고 있습니다. 예루살렘 성벽은 무너졌고 그 성문들은 불타 버렸습니다."

4 나는 그 말을 듣고 자리에 주저앉아 여러 날 동안, 울었습니다. 슬퍼서 음식도 먹지 않았습니다. 그리고 하늘의 하나님께 기도드렸습니다.

* 1:1 이달은 B.C. 446년 11월에서 12월 사이에 해당된다.

저자의 묵상

느헤미야란 이름은 '여호와께서 위로하신다'라는 뜻으로, 포로 후기 시대에 두려움과 자포자기 상태에 빠져 있던 예루살렘의 유다 백성을 위로하고 회복하는 일에 부름 받은 인물로서 안성맞춤인 이름이었다. 느헤미야는 유다 총독으로 부임해서 폐허로 남아 있던 예루살렘을 재건한다. 외경인 〈집회서〉에서는, 느헤미야를 무너진 예루살렘 성벽을 다시 쌓고 성문과 빗장을 달아 백성의 살 집을 건축해 준 인물로 칭송한다(집회서 49:13). 그뿐만 아니라 〈마카베오서〉에서도 예루살렘 성전과 제단을 재건하고(마카베오하 1:18), 책들을 수집하여 도서관을 건립한 인물로 기억되고 있다(마카베오하 2:13). 느헤미야의 마음을 움직이고 비전을 갖게 한 계기는 다름 아닌 고국의 백성들이 '큰 환난을 당하고 능욕을 받는다'라는 소식이었다(1:3). 게다가 예루살렘 성벽이 파괴된 지 140여 년이 흘렀고, 에스라의 수고와 헌신이 대적들의 반대에 부닥쳤다는 소식은 느헤미야의 가슴에 불을 붙였다. 하나님은 예루살렘의 안타까운 소식을 느헤미야의 비전과 사명감에 불을 붙이는 촉매제로 사용하셨다. 느헤미야서를 읽는 당신의 가슴에도 하나님의 불이 붙기를 축원한다.

무릎기도 | 하나님, 이 시대에 필요한 주의 일꾼들의 가슴에 뜨거운 불을 붙여 주시고, 저의 가슴에도 불을 붙여 주셔서 주님의 사역을 감당하는 도구로 사용하여 주소서.

ESV - Nehemiah 1

1 The words of Nehemiah the son of Hacaliah. Now it happened in the month of Chislev, in the twentieth year, as I was in Susa the citadel,

2 that Hanani, one of my brothers, came with certain men from Judah. And I asked them concerning the Jews who escaped, who had survived the exile, and concerning Jerusalem.

3 And they said to me, "The remnant there in the province who had survived the exile is in great trouble and shame. The wall of Jerusalem is broken down, and its gates are destroyed by fire."

4 As soon as I heard these words I sat down and wept and mourned for days, and I continued fasting and praying before the God of heaven.

1 citadel 성, 요새 2 concerning …에 관하여 exile 포로 3 remnant 나머지 in trouble 곤경에 빠진 break down 부수다 be destroyed by fire 소실(燒失)되다 4 as soon as …하자 곧 weep 울다 mourn 슬퍼하다 fast 금식하다

02 이스라엘을 위한 느헤미야의 기도

느헤미야 1:5-11 • 새찬송364장 | 통일 482장

월 일

• 말씀묵상 전에 성령님의 인도하심을 구하는 기도를 드리십시오.

본문요약 | 예루살렘 사람들의 안타까운 소식을 들은 느헤미야는 금식하며 기도한다. 무엇보다 느헤미야는 이스라엘의 죄를 자신의 죄로 여기며 회개한다. 그리고 하나님이 언약에 신실하신 분임을 기억하고 그분의 은혜와 구원을 간구한다. 아울러 왕에게 소원을 아뢸 수 있도록 그에게 은혜를 입게 해 달라고 기도하였고, 마침내 왕의 술 관원이 되었다.

5 이르되 하늘의 하나님 여호와 크고 두려
우신 하나님이여 주를 사랑하고 주의 계
명을 지키는 자에게 언약을 지키시며 긍
휼을 베푸시는 주여 간구하나이다
6 이제 종이 주의 종들인 이스라엘 자손을
위하여 주야로 기도하오며 우리 이스라
엘 자손이 주께 범죄한 죄들을 자복하오
니 주는 귀를 기울이시며 눈을 여시사 종
의 기도를 들으시옵소서 나와 내 아버지
의 집이 범죄하여
7 주를 향하여 크게 악을 행하여 주께서 주
의 종 모세에게 명령하신 계명과 율례와
규례를 지키지 아니하였나이다
8 옛적에 주께서 주의 종 모세에게 명령하
여 이르시되 만일 너희가 범죄하면 내가
너희를 여러 나라 가운데에 흩을 것이요
9 만일 내게로 돌아와 내 계명을 지켜 행하
면 너희 쫓긴 자가 하늘 끝에 있을지라도
내가 거기서부터 그들을 모아 내 이름을
두려고 택한 곳에 돌아오게 하리라 하신
말씀을 이제 청하건대 기억하옵소서
10 이들은 주께서 일찍이 큰 권능과 강한 손
으로 구속하신 주의 종들이요 주의 백성
이니이다
11 주여 구하오니 귀를 기울이사 종의 기도
와 주의 이름을 경외하기를 기뻐하는 종
들의 기도를 들으시고 오늘 종이 형통하
여 이 사람 앞에서 은혜를 입게 하옵소서
하였나니 그때에 내가 왕의 술 관원이 되
었느니라

5 하늘의 하나님 여호와 크고 두려우신 하나님이여 … 언약을 지키시며 긍휼을 베푸시는 주여 간구하나이다 느헤미야는 하나님의 성품에 근거하여 기도하면서, 하나님을 4가지 호칭으로 부른다. (1)하늘의 하나님: 일반적으로 페르시아 제국에서 신을 부를 때 사용하던 호칭이지만, 느헤미야는 이스라엘의 하나님께서 온 하늘과 우주를 다스리시는 분임을 이 호칭에 담아 고백한다. (2)여호와: 출애굽을 통해 이스라엘과 특별한 언약과 관계를 맺으신 분임을 보여준다. (3)크고 두려우신 하나님: 하나님의 위엄과 권능을 표현한다. (4)언약을 지키시며 긍휼을 베푸시는 주: 하나님은 이스라엘과 맺은 언약을 잊어버리지 않고 신실하게 지키시는 분이다. 특히 "긍휼"(*히*, 헤세드)은 그분의 자비와 변함없는 사랑을 함축하는 용어이다.

6-7 우리 이스라엘 자손이 주께 범죄한 죄들을 자복하오니 느헤미야의 본격적인 중보 기도는 죄의 고백으로부터 시작한다. 예루살렘의 유다 사람들이 고통 속에 있고 예루살렘 성벽은 폐허가 되어 버린 이 상황은, 하나님의 "계명과 율례와 규례"를 지키지 않은 결과라고 고백한다. 그리고 "나와 내 아버지의 집"이 죄를 범한 이스라엘의 일원이라고 고백함으로써 동족의 범죄를 자신의 죄로 동일시한다. 이것이 바로 공동체를 이끌어 갈 바른 지도자의 태도이다.

8-9 하나님은 이스라엘이 죄를 지으면 그들을 세계 여러 나라로 흩어 버리겠다고 하셨다(레 26:33; 신 4:27; 렘 9:16). 그리고 그 죄로 인해 이스라엘은 바벨론에 포로로 잡혀갔던 것이다. 따라서 이스라엘이 회복될 수 있는 길은 하나님이 이스라엘과 맺은 약속을 잊지 않고 기억하는 데 달려 있다고 느헤미야는 확실히 믿었기에, 그는 "기억하옵소서"라고 간구한다. 여기 "내 이름을 두려고 택한 곳"은 성전이 있는 예루살렘을 가리킨다(신 12:5; 왕상 11:36).

11 이 사람 앞에서 은혜를 입게 하옵소서 "이 사람"은 아닥사스다 왕을 가리킨다. 그러면 이 표현이 이방 왕을 하대하는 말처럼 보이지만, 절대자이신 하나님 앞에서는 세상 모든 군주가 연약한 인간에 불과하다는 의미에서 이렇게 표현했다고 생각된다. 느헤미야는 에스라의 사역을 중단시킨(스 4:21) 장본인인 아닥사스다 왕에게 "은혜를 입게" 해 달라고, 다시 말해 그의 결정을 번복시킬 수 있도록 간청할 기회를 달라고 하나님께 간구했다. 그 결과 느헤미야는 왕의 총애를 받는 "술 관원"이 되었다. **술 관원** 왕의 식탁과 왕궁 잔치 석상에서 왕이 마시게 될 술을 검사하는 임무를 담당한 관리이다. 술 관원은 때에 따라서는 왕과 왕비의 말벗이나 상담자 역할을 했기 때문에, 왕의 절대적인

5 나는 이렇게 기도했습니다.
"하늘의 하나님이신 여호와여, 여호와는 위대하고 두려운 하나님이시며, 주를 사랑하고 주의 계명을 지키는 사람들에게 사랑의 언약을 지키시는 하나님이십니다.

6 주의 종이 이스라엘을 위해 밤낮으로 드리는 기도를 꼭 들어주십시오. 저희 이스라엘 백성이 주께 지은 죄를 제가 고백합니다. 제 아비의 집과 저 역시 주께 죄를 지었습니다.

7 저희가 주께 큰 잘못을 저질렀습니다. 주께서 주의 종 모세에게 주신 계명과 규례와 율법을 저희가 지키지 않았습니다.

8 주의 종 모세에게 말씀하신 것을 기억해 주십시오. 주님께서 이렇게 말씀하셨습니다. '만약 너희가 죄를 짓는다면, 내가 너희를 나라들 가운데 흩어 놓겠다.

9 그러나 나에게 돌아와 내 명령을 따르고 지키면 흩어진 백성이 땅끝에 있더라도, 내가 그들을 모을 것이다. 그리고 그들을 나의 이름을 두려고 택한 곳으로 데려올 것이다.'

10 주께서는 그들을 크신 능력과 힘으로 구원하셨습니다.

11 주여, 주의 종인 제 기도를 꼭 들어주십시오. 그리고 주의 이름을 섬기려는 주의 종들이 드리는 기도를 들어주십시오. 이제 주의 종인 제가 하는 일이 잘되게 해 주십시오. 페르시아의 왕이 저를 돕게 해 주십시오."
그때, 나는 왕에게 술을 따라 올리던 사람이었습니다.

신임을 받았을 뿐만 아니라 왕에게 상당한 영향력을 미칠 수 있었다. 그러므로 느헤미야가 술 관원이 되었다는 것은 하나님의 크신 은혜로, 하나님께서 그를 통해 일하기 시작하셨다는 뜻으로 볼 수 있다.

저자의 묵상

기도는 비전을 갖게 하고 구체적인 계획을 세우게 한다. 오늘 본문의 느헤미야의 기도가 그 증거이다. 느헤미야가 처음 예루살렘의 안타까운 소식을 들었을 때 할 수 있는 일은 기도하는 일뿐이었다. 그래서 수일 동안 슬퍼하며 울다가 하나님 앞에 나아가 금식하며 기도하기 시작했다. 느헤미야는 혼자만 기도한 것이 아니라, "주의 이름을 경외하기를 기뻐하는 종들"(11절)과 함께 기도했다. 오늘날의 표현으로 말하면 공동체 기도 내지는 합심 기도를 한 것이다. 특히 느헤미야는 하나님의 성품에 의지하여 기도했다. 언약을 신실하게 지키시는 하나님께서 이스라엘과 맺은 언약을 기억하셔서 출애굽 때처럼 큰 권능과 강한 손으로 이스라엘을 구원해 주시기를 간구했다(출 32:11 ; 느 1:10). 그렇게 기도하는 동안 느헤미야의 마음속에 구체적인 비전이 생겼다. 바로 문제의 원인 역할을 한 "이 사람", 즉 아닥사스다 왕을 만나 직접 소원을 아뢸 기회를 달라고 하나님께 기도한 것이다. 이렇듯 기도는 비전과 계획을 마음속에 불러일으킨다. 만약 지금 비전이 구체적으로 보이지 않는다면 지금이 바로 기도할 때임을 잊지 말자.

무릎 기도 하나님 아버지, 앞이 보이지 않고 답답할 때 다른 무엇보다 기도하게 하소서. 기도하는 가운데 비전을 보여주시며, 구체적인 계획이 떠오르게 하소서.

ESV - Nehemiah 1

5 And I said, "O LORD God of heaven, the great and awesome God who keeps covenant and steadfast love with those who love him and keep his commandments,
6 let your ear be attentive and your eyes open, to hear the prayer of your servant that I now pray before you day and night for the people of Israel your servants, confessing the sins of the people of Israel, which we have sinned against you. Even I and my father's house have sinned.
7 We have acted very corruptly against you and have not kept the commandments, the statutes, and the rules that you commanded your servant Moses.
8 Remember the word that you commanded your servant Moses, saying, 'If you are unfaithful, I will scatter you among the peoples,
9 but if you return to me and keep my commandments and do them, though your outcasts are in the uttermost parts of heaven, from there I will gather them and bring them to the place that I have chosen, to make my name dwell there.'
10 They are your servants and your people, whom you have redeemed by your great power and by your strong hand.
11 O Lord, let your ear be attentive to the prayer of your servant, and to the prayer of your servants who delight to fear your name, and give success to your servant today, and grant him mercy in the sight of this man." Now I was cupbearer to the king.

5 steadfast 변함없는 commandment 언약 6 confess 자백하다 sin against… …에게 죄를 짓다 7 corruptly 타락하여 statute 율례 8 scatter 흩어 버리다 9 outcast 추방자 uttermost 가장 멀리 떨어진 10 redeem 구속하다 11 attentive to… …을 경청하는 grant mercy 자비를 내리다 in the sight of …의 앞에서 cupbearer 술 관원

03 예루살렘으로 간 느헤미야

월 일

느헤미야 2:1-10 • 새찬송 361장 | 통일 480장

• 말씀묵상 전에 성령님의 인도하심을 구하는 기도를 드리십시오.

본문요약 | 아닥사스다 왕은 술 관원인 느헤미야가 수심에 가득 차 있는 모습을 보고 이유를 묻는다. 느헤미야는 예루살렘 성의 황폐함을 이야기하고 그 성의 중건을 허락해 달라고 간청한다. 왕은 그를 예루살렘 총독으로 임명하여 예루살렘 성을 재건하도록 허락한다. 느헤미야의 예루살렘 도착 소식을 들은 대적 산발랏과 도비야는 큰 근심에 빠진다.

1 아닥사스다 왕 제이십 년 니산 월에 왕 앞에 포도주가 있기로 내가 그 포도주를 왕에게 드렸는데 이전에는 내가 왕 앞에서 수심이 없었더니

2 왕이 내게 이르시되 네가 병이 없거늘 어찌하여 얼굴에 수심이 있느냐 이는 필연 네 마음에 근심이 있음이로다 하더라 그때에 내가 크게 두려워하여

3 왕께 대답하되 왕은 만세수를 하옵소서 내 조상들의 묘실이 있는 성읍이 이제까지 황폐하고 성문이 불탔사오니 내가 어찌 얼굴에 수심이 없사오리이까 하니

4 왕이 내게 이르시되 그러면 네가 무엇을 원하느냐 하시기로 내가 곧 하늘의 하나님께 묵도하고

5 왕에게 아뢰되 왕이 만일 좋게 여기시고 종이 왕의 목전에서 은혜를 얻었사오면 나를 유다 땅 나의 조상들의 묘실이 있는 성읍에 보내어 그 성을 건축하게 하옵소서 하였는데

6 그때에 왕후도 왕 곁에 앉아 있었더라 왕이 내게 이르시되 네가 몇 날에 다녀올 길이며 어느 때에 돌아오겠느냐 하고 왕이 나를 보내기를 좋게 여기시기로 내가 기한을 정하고

7 내가 또 왕에게 아뢰되 왕이 만일 좋게 여기시거든 강 서쪽 총독들에게 내리시는 조서를 내게 주사 그들이 나를 용납하여 유다에 들어가기까지 통과하게 하시고

8 또 왕의 삼림 감독 아삽에게 조서를 내리사 그가 성전에 속한 영문의 문과 성곽과 내가 들어갈 집을 위하여 들보로 쓸 재목을 내게 주게 하옵소서 하매 내 하나님의 선한 손이 나를 도우시므로 왕이 허락하고

9 군대 장관과 마병을 보내어 나와 함께하게 하시기로 내가 강 서쪽에 있는 총독들에게 이르러 왕의 조서를 전하였더니

10 호론 사람 산발랏과 종이었던 암몬 사람 도비야가 이스라엘 자손을 흥왕하게 하려는 사람이 왔다 함을 듣고 심히 근심하더라

1. 오늘 하나님께서 나에게 주신 깨달음은 무엇입니까?

2. 말씀을 어떻게 내 삶에 구체적으로 적용해야 합니까?

절별 해설

1 아닥사스다 왕 제이십 년 니산 월에 느헤미야가 예루살렘의 황폐한 소식을 들었던 때가 기슬르 월(11월 중순–12월)이고, 아닥사스다 왕을 접견한 때가 니산 월(삼사월)이니, 약 4개월의 시간이 흐른 셈이었다. 그 동안에 느헤미야는 계속 기도하였다. 기도하며 때를 기다리는 것이야말로 지도자의 중요한 덕목이다.

2 어찌하여 얼굴에 수심이 있느냐 … 그때에 내가 크게 두려워하여 4개월 동안 슬픔에 잠겨 금식하며 기도한 느헤미야는 기력과 체력이 많이 소진된 상태였고, 그것이 얼굴에 그대로 나타났다. 그러나 즐거운 잔치에서 근심 어린 얼굴빛을 하는 것은 왕의 노여움을 사서 파면이나 처형까지 당할 위험한 행동이었다. 따라서 왕의 물음에 느헤미야는 크게 두려워할 수밖에 없었다.

3 내 조상들의 묘실이 있는 성읍이 이제까지 황폐하고 성문이 불탔사오니 내가 어찌 얼굴에 수심이 없사오리이까 10여 년 전 에스라가 예루살렘 성벽을 재건하려 했을 때 유다 사람들을 모함하는 대적들의 상소를 받아들여 공사를 중단시킨 장본인이 바로 아닥사스다 왕이었다(스 4:7–23). 이에 느헤미야는 '예루살렘'이라는 직접적인 지명을 언급하지 않고 "내 조상들의 묘실이 있는 성읍"이라는 간접적인 표현을 사용했다. 이것은 느헤미야가 왕을 자극하지 않으면서 동시에 조상들을 위해 후손으로서 도리를 다하지 못하고 있다는 개인적인 슬픔을 수심의 이유로 밝히기 위함이었다. 근동에 널리 퍼져 있는 조상 숭배 사상으로 왕의 동정심을 유발하려 했던 것이다.

4 내가 곧 하늘의 하나님께 묵도하고 느헤미야는 왕과 대화하는 그 찰나의 순간에도 "하나님께 묵도"하였다. 블렌킨소프(Blenkinsopp)는 이것을 '침묵 기도'(silent invocation)라고 불렀다. 이것은 느헤미야가 매 순간 하나님의 인도하심과 영감을 구했다는 뜻이다.

5–8 느헤미야는 왕에게 세 가지를 간구한다. 첫째로, 예루살렘 성벽의 건축을 허락해 달라고 간청했다(5절). 둘째로, 예루살렘까지 무사히 가도록 총독들에게 보여줄 조서를 써 달라고 부탁했다(7절). 셋째로, 건축을 위해 필요한 자재를 얻을 수 있는 조서를 써 달라고 요청했다(8절). 이 모든 요구가 허락된 것은 '내 하나님의 선한 손의 도움' 때문이라고 고백한다. 느헤미야는 모든 것을 신앙의 눈으로 해석하며, 모든 영광을 하나님께 돌리는 지혜롭고 경건한 인물이었다.

쉬운성경

1 아닥사스다 왕 이십 년 니산 월*에 일어난 일입니다. 왕이 포도주를 달라고 해서 나는 포도주를 가져다가 왕께 드렸습니다. 전과 달리 슬픔에 가득 찬 나의 모습을 보고,

2 왕이 나에게 말했습니다. "어찌하여 그렇게 슬픈 얼굴을 하고 있소? 아프지는 않은 것 같은데, 무슨 걱정되는 일이라도 있소?" 나는 너무나 놀라서

3 왕에게 말했습니다. "왕이여, 오래오래 사시기를 빕니다. 제가 슬픈 얼굴을 한 까닭은 제 조상이 묻혀 있는 성이 폐허가 되고 그 성문들이 불에 타 버렸기 때문입니다."

4 그러자 왕이 "그대가 원하는 것이 무엇이오?"라고 물었습니다. 나는 하늘의 하나님께 잠깐 기도드리고 나서

5 왕에게 대답했습니다. "괜찮으시다면, 그리고 제가 왕의 마음에 드신다면 제 조상이 묻혀 있는 유다의 그 성으로 저를 보내 주십시오. 제가 그 성을 다시 짓겠습니다."

6 그때에 왕비도 왕의 곁에 앉아 있었습니다. 왕이 나에게 물었습니다. "그대가 여행하는 데 시간이 얼마나 걸리겠소? 언제쯤 돌아올 수 있겠소?" 왕은 나를 기꺼이 보내 주려 했습니다. 그래서 나는 시간이 얼마나 걸릴지 말씀드렸습니다.

7 내가 또 왕에게 말했습니다. "괜찮으시다면 유프라테스강 서쪽 지방의 총독들에게 보내는 편지를 써 주십시오. 그래서 제가 유다까지 가는 길을 그들이 허락하게 해 주십시오.

8 그리고 왕의 숲을 관리하는 아삽에게도 편지를 써 주십시오. 아삽을 시켜 저에게 목재를 주게 해 주십시오. 성전 곁에 있는 성의 문짝을 만드는 데 목재가 필요하고 성벽과 제가 살 집을 만드는 데도 나무가 필요합니다." 하나님께서 나에게 은혜를 베풀

* 2:1 이달은 B.C. 445년 4월에서 5월 사이에 해당된다.

절별 해설

10 산발랏, 도비야 이 둘은 예루살렘 성벽 복구 때 느헤미야를 대적한 대표적인 원수들이다. 산발랏은 페르시아의 지배 아래 있던 사마리아 지방에서 실제적인 권력을 가지고 있었고, 도비야는 그의 종이었다. 따라서 느헤미야가 성벽을 재건하여 예루살렘이 강화되면 자신의 세력이 약화될 수 있었으므로 성벽 재건을 막으려 했다. 산발랏은 바벨론식 이름으로 '달의 신이 생명을 주었다'라는 뜻이고, 도비야는 '여호와는 선하시다'라는 뜻을 가진 이름이지만 전혀 이름값을 하지 못했다. 이 두 사람은 유다 지도자들과 돈독한 관계를 맺고 있었다(6:17-19). 또한 제사장 엘리아십과도 깊은 관계를 맺고, 심지어 성전 안에 거처를 둘 정도로 영향력이 있었다(13:4-7, 28). 이들은 이런 관계를 배경 삼아 느헤미야를 대적했다.

어 주셔서 왕이 내 말을 듣고 편지를 써 주었습니다.

9 그리하여 나는 유프라테스강 서쪽 지방의 총독들에게 가서 왕이 쓴 편지를 건네주었습니다. 왕은 장교들과 기병들까지 주어 나와 함께 가게 하였습니다.

10 호론 사람 산발랏과 암몬 사람의 지도자 도비야가 그 말을 들었습니다. 그들은 이스라엘 백성을 도우러 온 사람이 있다는 말을 듣고 기분이 상했습니다.

저자의 묵상

느헤미야는 인내하며 하나님의 때를 기다릴 줄 아는 인물이었다. 아닥사스다 왕에게 예루살렘에 대해 이야기를 하고 싶은 마음이 간절했지만, 그는 4개월 동안을 인내하면서 하나님이 주시는 기회를 기다렸다. 우리에게 익숙한 찬양, "주님의 시간에 그의 뜻 이뤄지리 기다려"라는 구절을 몸소 보여준 셈이다. 그뿐만 아니라 느헤미야는 지혜롭고 경건한 사람이었다. 그는 막연히 기도만 한 것이 아니라, 기도하면서 하나님이 주신 지혜를 발휘하여 구체적인 청사진을 그리고 있었다. 그리고 마침내 기회가 왔을 때 왕에게 무엇이 필요한지를 일목요연하게 간청했다. 종종 기도만 하는 사람은 아무런 계획도 없는 무모한 사람이라는 오해가 있다. 하지만 정말 기도하는 사람은 하나님이 주시는 영감을 통해 구체적인 계획을 수립해 간다. 무엇보다도 느헤미야는 매 순간 기도하는 사람이었다. 그는 왕과 대화를 나누는 그 찰나의 순간에도 하나님께 기도하기를 쉬지 않았다. 오늘도 하나님이 주실 기회를 기다리며 매 순간 기도하기를 바란다.

무릎 기도 하나님 아버지, 느헤미야와 같이 매 순간 하나님께 기도하게 하시고, 당신의 영감을 힘입어 구체적인 청사진을 차근차근 수립해 갈 수 있도록 도와주소서.

ESV - Nehemiah 2

1 In the month of Nisan, in the twentieth year
of King Artaxerxes, when wine was before
him, I took up the wine and gave it to the
king. Now I had not been sad in his
presence.
2 And the king said to me, "Why is your face
sad, seeing you are not sick? This is nothing
but sadness of the heart." Then I was very
much afraid.
3 I said to the king, "Let the king live forever!
Why should not my face be sad, when the
city, the place of my fathers' graves, lies in
ruins, and its gates have been destroyed by
fire?"
4 Then the king said to me, "What are you
requesting?" So I prayed to the God of
heaven.
5 And I said to the king, "If it pleases the king,
and if your servant has found favor in your
sight, that you send me to Judah, to the city
of my fathers' graves, that I may rebuild it."
6 And the king said to me (the queen sitting
beside him), "How long will you be gone,
and when will you return?" So it pleased the
king to send me when I had given him a
time.
7 And I said to the king, "If it pleases the king,
let letters be given me to the governors of
the province Beyond the River, that they
may let me pass through until I come to
Judah,
8 and a letter to Asaph, the keeper of the
king's forest, that he may give me timber to
make beams for the gates of the fortress of
the temple, and for the wall of the city, and
for the house that I shall occupy." And the
king granted me what I asked, for the good
hand of my God was upon me.
9 Then I came to the governors of the
province Beyond the River and gave them
the king's letters. Now the king had sent
with me officers of the army and horsemen.
10 But when Sanballat the Horonite and Tobiah
the Ammonite servant heard this, it
displeased them greatly that someone had
come to seek the welfare of the people of
Israel.

2 seeing …이므로 nothing but… 바로 …이다 3 lie in ruins 황폐해 있다 4 request 바라다 5 find favor in one's sight …의 눈에 들다 rebuild 재건하다 7 governor 총독 8 keeper 관리인 timber 목재 beam 들보 fortress 요새 occupy 거주하다 grant 허락하다 10 displease 근심하게 하다 welfare 복지

• MEMO •

04 느헤미야의 야간 시찰

월 일

느헤미야 2:11-20 • 새찬송 359장 | 통일 401장

• 말씀묵상 전에 성령님의 인도하심을 구하는 기도를 드리십시오.

본문요약 I 느헤미야는 예루살렘에 이르러 3일을 보낸 뒤 몇 사람을 데리고 비밀리에 예루살렘 성벽 야간 시찰을 나간다. 무너진 성벽과 불탄 성문을 확인한 느헤미야는 제사장들과 귀족들과 방백들을 모아 놓고 성벽 재건 계획을 발표하며 그들의 참여를 독려한다. 사기충천한 그들과 달리, 산발랏을 비롯한 대적들은 성벽 재건을 방해하려 한다.

11 내가 예루살렘에 이르러 머무른 지 사흘
만에
12 내 하나님께서 예루살렘을 위해 무엇을
할 것인지 내 마음에 주신 것을 내가 아
무에게도 말하지 아니하고 밤에 일어나
몇몇 사람과 함께 나갈새 내가 탄 짐승
외에는 다른 짐승이 없더라
13 그 밤에 골짜기 문으로 나가서 용정으로
분문에 이르는 동안에 보니 예루살렘 성
벽이 다 무너졌고 성문은 불탔더라
14 앞으로 나아가 샘 문과 왕의 못에 이르러
서는 탄 짐승이 지나갈 곳이 없는지라
15 그 밤에 시내를 따라 올라가서 성벽을 살
펴본 후에 돌아서 골짜기 문으로 들어와
돌아왔으나
16 방백들은 내가 어디 갔었으며 무엇을 하
였는지 알지 못하였고 나도 그 일을 유다
사람들에게나 제사장들에게나 귀족들에
게나 방백들에게나 그 외에 일하는 자들
에게 알리지 아니하다가
17 후에 그들에게 이르기를 우리가 당한 곤
경은 너희도 보고 있는 바라 예루살렘이
황폐하고 성문이 불탔으니 자, 예루살렘
성을 건축하여 다시 수치를 당하지 말자
하고
18 또 그들에게 하나님의 선한 손이 나를 도
우신 일과 왕이 내게 이른 말씀을 전하였
더니 그들의 말이 일어나 건축하자 하고
모두 힘을 내어 이 선한 일을 하려 하매
19 호론 사람 산발랏과 종이었던 암몬 사람
도비야와 아라비아 사람 게셈이 이 말을
듣고 우리를 업신여기고 우리를 비웃어
이르되 너희가 하는 일이 무엇이냐 너희
가 왕을 배반하고자 하느냐 하기로
20 내가 그들에게 대답하여 이르되 하늘의
하나님이 우리를 형통하게 하시리니 그
의 종들인 우리가 일어나 건축하려니와
오직 너희에게는 예루살렘에서 아무 기
업도 없고 권리도 없고 기억되는 바도 없
다 하였느니라

1. 오늘 하나님께서 나에게 주신 깨달음은 무엇입니까?

2. 말씀을 어떻게 내 삶에 구체적으로 적용해야 합니까?

절별 해설

11-12 내가 아무에게도 말하지 아니하고 밤에 일어나 몇몇 사람과 함께 나갈새 느헤미야는 예루살렘에 귀환하여 3일을 쉰 뒤에, 성벽 재건이라는 본래의 계획을 착수하기 위해 야간 시찰을 나간다. 아마도 그의 일거수일투족이 대적들에게 보고되고 있었을 것이다. 따라서 모두가 잠든 밤 시간대에 믿을 만한 몇 사람만 데리고 시찰함으로써, 철저하게 보안을 유지하여 일을 그르치지 않으려고 애를 썼다. 이를 통해 느헤미야의 신중한 지도력을 엿볼 수 있다.

13-15 느헤미야의 야간 시찰 방향을 보면, 남서쪽의 골짜기 문에서 시작하여 시계 반대 방향으로 〈용정—분문—샘 문—왕의 못〉에 이르렀고, 더 이상 진행할 수 없어 골짜기 문으로 되돌아왔다. "골짜기 문"은 BC 8세기 웃시야 왕 때 요새화된 곳으로(대하 26:9) 예루살렘 남서쪽 성벽에 있다. "용정"은 예루살렘 남쪽에 위치한 힌놈의 골짜기와 기드론 골짜기가 만나는 지점에 있는 '욥의 샘'(*히*, 비르 아욥)을 가리키는데, 현대의 '엔로겔 샘'으로 추정된다. "분문"은 골짜기 문에서 약 500미터 떨어져 있는 곳으로(3:13), 힌놈의 골짜기에 있는 쓰레기 매립지로 통하는 문이다. 예레미야는 이 문을 '하시드 문'(질그릇 조각 문)이라고 불렀는데(렘 19:2), 아마도 당시의 쓰레기가 대부분 깨진 항아리였기 때문일 것이다. "샘 문"은 느헤미야 당시에 새롭게 건축된 문으로(3:15) 성벽 봉헌식에서 중요하게 언급된다(12:37). "왕의 못"은 구약성경에서 유일하게 이곳에만 언급된 곳으로 '실로아 연못'(사 8:6)과 동일한 곳으로 추정된다.

[참조] 느헤미야 성벽 재건 지도(35쪽)

17-18 예루살렘 성을 건축하여 다시 수치를 당하지 말자 비밀리에 정보를 수집한 느헤미야는 마침내 백성들을 소집하여 집회를 열고, 자신이 온 목적이 예루살렘 성을 재건하여 다시는 수치를 당하지 않는 것이라고 밝혔다. 그는 허물어져 방치된 성벽을 치안 문제로 보지 않고, 이스라엘 민족의 자존심 문제로 보았다. 따라서 예루살렘 성벽 재건은 곧 이스라엘의 자존심 회복과 직결된다고 동기 부여를 했다. 거기에 개인적인 간증도 덧붙였다. 10여 년 전 공사 중단을 지시했던 아닥사스다 왕의 마음을 바꿔 성벽 재건을 허락받았다는 소식과 더불어 그 모든 일이 '하나님의 선한 손의 도우심'(2:8) 덕분이라는 간증은 백성들을 감동하게 하기에 충분했다. 느헤미야의 말에 위로와 도전을 받은 백성들은 성벽 재건이라는 "선한 일"에 헌신을 다짐했다.

쉬운성경

11 나는 예루살렘에 이르러 삼 일 동안을 머물렀습니다.

12 그러다가 밤에 몇 사람을 데리고 길을 나섰습니다. 하나님께서 예루살렘을 위해 나에게 명하신 것을 아무에게도 말하지 않았습니다. 거기에는 내가 탄 당나귀 외에 다른 짐승은 한 마리도 없었습니다.

13 밤중에 나는 '골짜기 문'을 지나 밖으로 나갔습니다. '용의 샘'을 지나 '거름 문'으로 가면서 예루살렘 성벽을 조사했습니다. 성벽은 무너져 있었고, 문들은 불에 타 있었습니다.

14 나는 계속해서 '샘 문'과 '왕의 연못'으로 갔습니다. 하지만 내가 탄 짐승이 지나갈 길이 없었습니다.

15 그래서 그날 밤에는 골짜기를 따라 올라가면서 성벽을 조사했습니다. 그러다가 몸을 돌려 '골짜기 문'을 지나서 되돌아왔습니다.

16 관리들은 내가 어디를 다녀왔으며 무슨 일을 했는지 알지 못했습니다. 나는 그때까지도 유다 사람들이나 제사장들이나 귀족들이나 관리들이나, 일을 맡아서 할 다른 사람들에게 아무 말도 하지 않았습니다.

17 그러다가 후에 그들에게 말했습니다. "여러분은 우리가 어떤 고통을 겪고 있는지 알 것입니다. 예루살렘은 폐허가 되었고, 그 성문들은 모두 불타 버렸습니다. 자, 이제 예루살렘 성벽을 다시 쌓읍시다. 그래서 더 이상 이런 부끄러움을 당하지 않도록 합시다."

18 나는 그들에게 하나님께서 내게 은혜를 베풀어 주신 것과 왕이 나에게 한 말을 일러 주었습니다. 그러자 그들이 대답했습니다. "성벽 쌓는 일을 시작합시다." 그들은 열심을 내서 일하기 시작했습니다.

19 호론 사람 산발랏과 암몬 사람의 지도자 도비야와 아라비아 사람 게셈은 이 일에 대해 듣자마자 우리를 놀리고 비웃으며 "무슨

절별 해설

19-20 느헤미야의 호소에 대한 대적들의 반응은 두 가지였다. 하나는 업신여김이고, 다른 하나는 비웃음이었다. 심지어 느헤미야를 반역죄로 구속할 수도 있다고 엄포를 놓았다. 이에 느헤미야는 왕의 조서를 근거로 얼마든지 법적 대응을 할 수 있었지만, 하나님의 도우심을 확신하며 신앙적으로 그들에게 맞섰다. 여기서 "아무 기업도 없고 권리도 없고 기억되는 바도 없다"라는 말은 대적들이 더 이상 법적, 사회적, 종교적 권리를 행사할 수 없다는 뜻이다.

일을 하고 있는 거요? 왕에게 반역을 하겠다는 거요?" 하고 말했습니다.

20 그래서 나는 그들에게 대답했습니다. "하늘의 하나님께서 우리가 하는 일이 성공할 수 있도록 도와주실 것이오. 우리는 하나님의 종이오. 우리는 성벽 쌓는 일을 시작할 것이오. 하지만 당신들은 예루살렘과 아무 상관이 없소. 당신들은 예루살렘에서 차지할 몫도 없고, 요구할 권한도 없소."

저자의 묵상

느헤미야는 대적들의 업신여김과 비웃음 앞에서 전혀 위축되지 않았다. 그뿐만 아니라 법적으로 얼마든지 대항할 수 있었음에도 불구하고, 그는 철저히 하나님이 우리를 형통하게 하실 것이라는 확신을 가지고 신앙적으로 그들을 맞섰다. 느헤미야는 특별히 세 가지 사실을 대적들에게 확인 시켜 주었다. 첫째, 하나님께서 우리를 형통하게 하실 것이다. 즉, 예루살렘 성벽 재건은 전적으로 하나님이 하시는 일임을 강조한다. 둘째, 성벽 재건은 주의 백성만이 할 수 있는 일이다. 다른 민족은 참여하고 싶어도 할 수 없는 일임을 강조한다. 그런 의미에서 성벽 공사는 주의 종들인 이스라엘 백성에게 강요되는 '의무'가 아니라, 그들만이 누릴 수 있는 '특권'이었다. 셋째, 대적들에게는 아무런 권리도 없음을 선언한다. 당시 대적들은 막강한 권력을 가진 자들이었다. 하지만 이스라엘 공동체는 그들에게 절대 굴복하거나 그들을 받아들이지 않을 것을 천명한 셈이다. 오늘날 우리 각자에게도 하나님이 맡기신 사역들이 있다. 이 사역들은 결코 의무가 아니라 특권임을 깨달아야 한다. 따라서 여기에 헌신하는 것은 '희생'이 아니라 '축복'임을 기억하자.

무릎 기도 하나님 아버지, 우리에게 맡겨 주신 사명을 부담이나 의무로 여기지 아니하고, 하나님의 특별한 선물이자 특권으로 여겨, 희생하는 마음이 아닌 헌신하는 마음으로 감당하게 하소서.

ESV - Nehemiah 2

11 So I went to Jerusalem and was there three days.
12 Then I arose in the night, I and a few men with me. And I told no one what my God had put into my heart to do for Jerusalem. There was no animal with me but the one on which I rode.
13 I went out by night by the Valley Gate to the Dragon Spring and to the Dung Gate, and I inspected the walls of Jerusalem that were broken down and its gates that had been destroyed by fire.
14 Then I went on to the Fountain Gate and to the King's Pool, but there was no room for the animal that was under me to pass.
15 Then I went up in the night by the valley and inspected the wall, and I turned back and entered by the Valley Gate, and so returned.
16 And the officials did not know where I had gone or what I was doing, and I had not yet told the Jews, the priests, the nobles, the officials, and the rest who were to do the work.
17 Then I said to them, "You see the trouble we are in, how Jerusalem lies in ruins with its gates burned. Come, let us build the wall of Jerusalem, that we may no longer suffer derision."
18 And I told them of the hand of my God that had been upon me for good, and also of the words that the king had spoken to me. And they said, "Let us rise up and build." So they strengthened their hands for the good work.
19 But when Sanballat the Horonite and Tobiah the Ammonite servant and Geshem the Arab heard of it, they jeered at us and despised us and said, "What is this thing that you are doing? Are you rebelling against the king?"
20 Then I replied to them, "The God of heaven will make us prosper, and we his servants will arise and build, but you have no portion or right or claim* in Jerusalem."

* 2:20 Or *memorial*

13 inspect 시찰하다 14 there is no room for… …을 위한 공간이 전혀 없다 16 official 관리 noble 귀족 17 suffer 겪다 derision 비웃음, 조롱 18 tell of… …을 알리다 strengthen 강하게 하다 19 jeer at… …을 비웃다 despise 멸시하다 rebel against… …에 대항하다 20 reply 대답하다 prosper 형통하다 claim 권리, 자격

• MEMO •

05 협력을 통해 재건된 성벽

월 일

느헤미야 3:1-15 • 새찬송 79장 | 통일 40장

• 말씀묵상 전에 성령님의 인도하심을 구하는 기도를 드리십시오.

본문요약 | 느헤미야는 예루살렘 성벽 재건을 위하여 각자에게 역할을 분담했다. 그리고 유다 백성들은 대제사장으로부터 시작하여 지위 고하를 막론하고 모든 사람이 각자의 몫을 맡아 기쁘게 성벽 건축에 참여했다. 그리하여 무너진 성문들과 망대들을 다시 세웠으며, 이런 성벽 재건을 통해 궁극적으로 무너진 이스라엘 공동체를 다시 세웠다.

1 그때에 대제사장 엘리아십이 그의 형제 제사장들과 함께 일어나 양문을 건축하여 성별하고 문짝을 달고 또 성벽을 건축하여 함메아 망대에서부터 하나넬 망대까지 성별하였고
2 그 다음은 여리고 사람들이 건축하였고 또 그 다음은 이므리의 아들 삭굴이 건축하였으며
3 어문은 하스나아의 자손들이 건축하여 그 들보를 얹고 문짝을 달고 자물쇠와 빗장을 갖추었고
4 그 다음은 학고스의 손자 우리아의 아들 므레못이 중수하였고 그 다음은 므세사벨의 손자 베레갸의 아들 므술람이 중수하였고 그 다음은 바아나의 아들 사독이 중수하였고
5 그 다음은 드고아 사람들이 중수하였으나 그 귀족들은 그들의 주인들의 공사를 분담하지 아니하였으며
6 옛 문은 바세아의 아들 요야다와 브소드야의 아들 므술람이 중수하여 그 들보를 얹고 문짝을 달고 자물쇠와 빗장을 갖추었고
7 그 다음은 기브온 사람 믈라댜와 메로놋 사람 야돈이 강 서쪽 총독의 관할에 속한 기브온 사람들 및 미스바 사람들과 더불어 중수하였고
8 그 다음은 금장색 할해야의 아들 웃시엘 등이 중수하였고 그 다음은 향품 장사 하나냐 등이 중수하되 그들이 예루살렘의 넓은 성벽까지 하였고
9 그 다음은 예루살렘 지방의 절반을 다스리는 후르의 아들 르바야가 중수하였고
10 그 다음은 하루맙의 아들 여다야가 자기 집과 마주 대한 곳을 중수하였고 그 다음은 하삽느야의 아들 핫두스가 중수하였고
11 하림의 아들 말기야와 바핫모압의 아들 핫숩이 한 부분과 화덕 망대를 중수하였고
12 그 다음은 예루살렘 지방 절반을 다스리는 할로헤스의 아들 살룸과 그의 딸들이 중수하였고
13 골짜기 문은 하눈과 사노아 주민이 중수하여 문을 세우며 문짝을 달고 자물쇠와 빗장을 갖추고 또 분문까지 성벽 천 [1]규빗을 중수하였고
14 분문은 벧학게렘 지방을 다스리는 레갑의 아들 말기야가 중수하여 문을 세우며 문짝을 달고 자물쇠와 빗장을 갖추었고
15 샘 문은 미스바 지방을 다스리는 골호세의 아들 살룬이 중수하여 문을 세우고 덮었으며 문짝을 달고 자물쇠와 빗장을 갖추고 또 왕의 동산 근처 셀라 못가의 성벽을 중수하여 다윗 성에서 내려오는 층계까지 이르렀고

1) 히, 암마

1. 오늘 하나님께서 나에게 주신 깨달음은 무엇입니까?

2. 말씀을 어떻게 내 삶에 구체적으로 적용해야 합니까?

절별 해설

1 대제사장 엘리아십이 그의 형제 제사장들과 함께 일어나 양문을 건축하여 성별하고 느헤미야가 주도한 예루살렘 성벽 재건은 북쪽에 있는 "양문"에서부터 시작하여 시계 반대 방향으로 진행되었다. 양문은 베데스다 연못(요 5:2) 근처에 있었는데, 이 문을 통해 성전에서 제사드릴 짐승들을 운반했기 때문에 이런 이름이 붙은 것 같다. 그래서 이 양문은 성전 제사를 주도하는 대제사장과 제사장 일가에서 맡아 공사를 한 것으로 보인다. 그리고 제사장들은 공사의 중요성을 고려하여 성벽 공사 전후에 봉헌식을 올림으로 "성별"하였다. 또한 양문과 더불어 그 옆에 이어진 함메아 망대와 하나넬 망대도 함께 건축한 후 성별하였다.

3-4 "어문"은 두로 사람들이 잡은 물고기를 팔기 위해 예루살렘으로 들어올 때 사용하던 문으로 이곳에서 수산 시장이 열렸다. 이 공사에 참여한 지역과 사람들의 이름이 언급되어 있으나 그것만으로는 자세한 정보를 파악하기가 쉽지 않다. 다만 "므레못"이란 이름이 여러 번 언급되는데, 아마도 에스라로부터 성전 기명을 인수받았던 제사장으로 추측된다(스 8:33).

5 그 귀족들은 그들의 주인들의 공사를 분담하지 아니하였으며 모두가 협력해서 성벽을 보수하는 가운데 드고아 지역의 귀족들은 동참하지 않고 비협조적인 태도를 취했다. 이 구절은 포로로 잡혀가지 않고 유다 땅에 남아 있던 사람들과 포로에서 돌아와 정착하려고 애쓰던 귀환한 유다 사람들 사이에 갈등이 있었음을 암시한다.

6-9 "옛 문"은 '미쉬네 문'으로 불리기도 하며 예루살렘 제2구역으로 들어가는 문을 가리킨다. 흥미롭게도 "금장색"(금은 세공업자들)과 향품 장사들, 그리고 예루살렘 지방을 다스리던 관리들 같은 당시 사회의 중산층을 형성했던 사람들이 공사를 도왔다.

10 자기 집과 마주 대한 곳을 중수하였고 모든 사람이 자연스럽게 공사에 참여하는 가운데 성벽 근처에 살던 사람들은 자기 집과 마주한 성벽을 중축하였다. 비록 큰 부분은 아니라 할지라도 자신이 감당할 수 있는 작은 부분을 감당하는 모습은 아름답게 보인다.

11 화덕 망대 이것은 빵이나 도자기를 굽던 사람들의 거주 지역에 세워진 것 같다.

12 살룸과 그의 딸들이 중수하였고 성벽 공사에 남성뿐만

쉬운성경

1 대제사장 엘리아십과 그의 동료 제사장들이 일을 하러 나섰습니다. 그들은 '양문'을 다시 세웠습니다. 그리고 그 문을 거룩히 구별하고 문짝을 제자리에 달았습니다. 그들은 '함메아 망대'와 '하나넬 망대'까지 성벽을 쌓고 거룩하게 구별했습니다.

2 그 다음은 여리고 사람들이 쌓았고, 그 다음은 이므리의 아들 삭굴이 쌓았습니다.

3 하스나아의 아들들은 '물고기 문'을 세웠습니다. 그들은 들보를 얹고 문짝과 자물쇠와 빗장을 달았습니다.

4 그 다음은 우리아의 아들 므레못이 보수했습니다. 우리아는 학고스의 아들입니다. 그 다음은 베레갸의 아들 므술람이 보수했습니다. 베레갸는 므세사벨의 아들입니다. 그 다음은 바아나의 아들 사독이 보수했습니다.

5 그 다음은 드고아 사람들이 보수했습니다. 그러나 드고아의 귀족들은 그 감독들 밑에서 일하지 않았습니다.

6 바세아의 아들 요야다와 브소드야의 아들 므술람이 '옛 문'을 보수했습니다. 그들은 들보를 얹고 문짝과 자물쇠와 빗장을 달았습니다.

7 그 다음은 기브온 사람 믈라댜와 메로놋 사람 야돈이 기브온과 미스바 사람들과 함께 보수했습니다. 이들은 유프라테스강 서쪽 지방을 다스리는 총독 아래 있던 사람들입니다.

8 그 다음은 금세공업자 할해야의 아들 웃시엘이 보수했습니다. 그 다음은 향품을 만드는 사람인 하나냐가 '넓은 벽'에 이르기까지 예루살렘을 복구했습니다.

9 그 다음은 후르의 아들 르바야가 보수했습니다. 르바야는 예루살렘의 절반을 다스리던 사람입니다.

10 그 다음은 하루맙의 아들 여다야가 보수했습니다. 그는 자기 집 맞은편에서 일했습니다. 그 다음은 하삽느야의 아들 핫두스가 보수했습니다.

11 하림의 아들 말기야와 바핫모압의 아들 핫숩이 성벽의 다른 부분을 보수했습니다. 그리고 그들은 '가마 망대'를 보수했습니다.

절별 해설

아니라 "딸들"(여성들)도 동참했다는 사실은 당시 여성들이 유다 사회 재건에 한몫을 감당했음을 보여준다.

13-15 골짜기 문, 분문, 샘 문 성벽 재건 때 모두 10개의 문이 중수되었는데, 그 가운데 남쪽에 위치한 대표적인 세 개의 성문이 골짜기 문과 분문과 샘 문이다. "골짜기 문"은 느헤미야가 야간 시찰을 할 때 나갔던 문으로(2:13-15), 옛적에 웃시야 왕이 요새화했던 곳이다(대하 26:9). "분문"은 성안에 있던 쓰레기와 오물을 실어 나를 때 사용했던 문으로 힌놈 골짜기와 연결되어 있다. "샘 문"은 엔로겔 샘으로 가는 문으로 남동쪽 모퉁이에 위치했다.

[참조] 느헤미야 성벽 재건 지도(35쪽)

12 그 다음은 할로헤스의 아들 살룸이 보수했습니다. 그는 예루살렘의 절반을 다스리던 사람입니다. 그의 딸들이 그를 도와 함께 일했습니다.

13 하눈과 사노아 사람들이 '골짜기 문'을 보수했습니다. 그들은 문을 세우고 문짝과 자물쇠와 빗장을 달았습니다. 그들은 또 '거름 문'까지 성벽 천 규빗*을 보수했습니다.

14 '거름 문'은 레갑의 아들 말기야가 보수했습니다. 그는 벧학게렘 지역을 다스리던 사람입니다. 그는 문을 세우고 문짝과 자물쇠와 빗장을 달았습니다.

15 '샘 문'은 골호세의 아들 살룬이 보수했습니다. 그는 미스바 지역을 다스리던 사람입니다. 그는 문을 세우고 그 위에 지붕을 얹었습니다. 그리고 들보를 얹고 문짝과 자물쇠와 빗장을 달았습니다. 그는 또한 '왕의 정원' 곁에 있는 '실로암 연못'*의 성벽도 수리했습니다. 그는 그 성벽을 다윗 성에서 내려오는 계단까지 보수했습니다.

* 3:13 1,000규빗은 약 450m에 해당된다.
* 3:15 또는 '셀라 못가'라고도 한다.

저자의 묵상

예루살렘 성은 BC 586년 바벨론 왕 느부갓네살의 공격에 의해 허물어졌다. 그로부터 141년이 지난 BC 445년 7월 말에 비로소 느헤미야의 지도 아래 재건이 시작되었다. 예루살렘 성벽 재건은 대단히 큰 공사였으나 불과 52일 만에 성취된다. 이렇게 단시간 내에 재건된 배경에는 몇 가지 중요한 요인이 있음을 보게 된다. 제일 먼저 주목할 점은 바로 느헤미야의 리더십[지도력]이다. 느헤미야는 모든 일을 혼자 도맡아 하는 원맨쇼가 아닌, 각자가 책임감을 느끼고 성심껏 일할 수 있도록 위임하는 리더십을 발휘했다. 이것을 잘 보여주는 표현이 바로 "그 다음은"이란 말이다. 느헤미야 3장에서 무려 31번이나 사용된 이 표현은 일을 분담하고 위임하는 모습을 잘 묘사한다. 두 번째 요인은 각자가 감당할 수 있는 만큼 맡아서 일했다는 점이다. 여기에는 험한 공사 일을 전혀 해 보지 않은 금은 세공업자, 향품 장사, 그리고 지방 관리들까지 참여했으며, 심지어 여성들까지 동참했고, 일부 사람들은 자기 집과 마주한 곳의 성벽을 맡아서 중수했다. 이렇듯 모두가 각자의 위치에서 각자에게 알맞은 역할을 맡아 공통의 꿈을 이루어 가는 모습이야말로 공동체의 아름다운 모습이 아니겠는가! 당신은 다른 사람들과 동역하기를 즐거워하는가?

무릎기도 하나님 아버지, 우리에게 훌륭한 지도자를 세워 주시고, 또 우리 각자가 자신이 속한 교회와 공동체와 사회 속에서 각자의 몫을 기쁘게 감당하게 하소서.

ESV - Nehemiah 3

1 Then Eliashib the high priest rose up with
his brothers the priests, and they built the
Sheep Gate. They consecrated it and set its
doors. They consecrated it as far as the
Tower of the Hundred, as far as the Tower
of Hananel.
2 And next to him the men of Jericho built.
And next to them* Zaccur the son of Imri
built.
3 The sons of Hassenaah built the Fish Gate.
They laid its beams and set its doors, its
bolts, and its bars.
4 And next to them Meremoth the son of
Uriah, son of Hakkoz repaired. And next to
them Meshullam the son of Berechiah, son
of Meshezabel repaired. And next to them
Zadok the son of Baana repaired.
5 And next to them the Tekoites repaired, but
their nobles would not stoop to serve their
Lord.*
6 Joiada the son of Paseah and Meshullam
the son of Besodeiah repaired the Gate of
Yeshanah.* They laid its beams and set its
doors, its bolts, and its bars.
7 And next to them repaired Melatiah the
Gibeonite and Jadon the Meronothite, the
men of Gibeon and of Mizpah, the seat of
the governor of the province Beyond the
River.
8 Next to them Uzziel the son of Harhaiah,
goldsmiths, repaired. Next to him Hananiah,
one of the perfumers, repaired, and they
restored Jerusalem as far as the Broad
Wall.
9 Next to them Rephaiah the son of Hur, ruler
of half the district of* Jerusalem, repaired.
10 Next to them Jedaiah the son of Harumaph
repaired opposite his house. And next to
him Hattush the son of Hashabneiah
repaired.
11 Malchijah the son of Harim and Hasshub
the son of Pahath-moab repaired another
section and the Tower of the Ovens.
12 Next to him Shallum the son of Hallohesh,
ruler of half the district of Jerusalem,
repaired, he and his daughters.
13 Hanun and the inhabitants of Zanoah
repaired the Valley Gate. They rebuilt it and
set its doors, its bolts, and its bars, and
repaired a thousand cubits* of the wall, as
far as the Dung Gate.
14 Malchijah the son of Rechab, ruler of the
district of Beth-haccherem, repaired the
Dung Gate. He rebuilt it and set its doors, its
bolts, and its bars.
15 And Shallum the son of Col-hozeh, ruler of
the district of Mizpah, repaired the Fountain
Gate. He rebuilt it and covered it and set its
doors, its bolts, and its bars. And he built the
wall of the Pool of Shelah of the king's
garden, as far as the stairs that go down
from the city of David.

* 3:2 Hebrew *him*
* 3:5 Or *lords*
* 3:6 Or *of the old city*
* 3:9 Or *foreman of half the portion assigned to;* also verses 12, 14, 15, 16, 17, 18
* 3:13 A *cubit* was about 18 inches or 45 centimeters

1 consecrate 성별하다　3 beam 들보　bolt 자물쇠　bar 빗장　5 noble 귀족　stoop 굴복하다　7 province (행정단위인) 주[도]　8 goldsmith 금세공인　restore 복구하다　broad (폭이) 넓은　9 ruler 통치자　district 지역, 지구　11 section 구역, 지구　13 inhabitant 주민　15 fountain 샘　pool (연)못

• MEMO •

06 마침내 꿈은 이루어진다

월 일

느헤미야 3:16-32 • 새찬송 545장 | 통일 344장

• 말씀묵상 전에 성령님의 인도하심을 구하는 기도를 드리십시오.

본문요약 I 본문은 예루살렘 성벽 남쪽에서부터 동편에 이르는 지역의 성벽 재건 사업에 대해 묘사한다. 특히 이곳은 포로 이전 시기에 가옥들과 더불어 성벽이 모두 파괴되었던 지역이다. 따라서 제사장으로부터 상인에 이르기까지 모두가 한마음이 되어 성벽 재건에 제 몫을 담당함으로써 마침내 성벽 재건의 꿈을 현실로 이루었다.

16 그 다음은 벧술 지방 절반을 다스리는 아
스북의 아들 느헤미야가 중수하여 다윗의
묘실과 마주 대한 곳에 이르고 또 파서
만든 못을 지나 용사의 집까지 이르렀고
17 그 다음은 레위 사람 바니의 아들 르훔이
중수하였고 그 다음은 그일라 지방 절반
을 다스리는 하사뱌가 그 지방을 대표하
여 중수하였고
18 그 다음은 그들의 형제들 가운데 그일라
지방 절반을 다스리는 헤나닷의 아들 바
왜가 중수하였고
19 그 다음은 미스바를 다스리는 예수아의
아들 에셀이 한 부분을 중수하여 성 굽이
에 있는 군기고 맞은편까지 이르렀고
20 그 다음은 삽배의 아들 바룩이 한 부분을
힘써 중수하여 성 굽이에서부터 대제사장
엘리아십의 집 문에 이르렀고
21 그 다음은 학고스의 손자 우리야의 아들
므레못이 한 부분을 중수하여 엘리아십의
집 문에서부터 엘리아십의 집 모퉁이에
이르렀고
22 그 다음은 평지에 사는 제사장들이 중수
하였고
23 그 다음은 베냐민과 핫숩이 자기 집 맞은
편 부분을 중수하였고 그 다음은 아나냐
의 손자 마아세야의 아들 아사랴가 자기
집에서 가까운 부분을 중수하였고
24 그 다음은 헤나닷의 아들 빈누이가 한 부
분을 중수하되 아사랴의 집에서부터 성
굽이를 지나 성 모퉁이에 이르렀고
25 우새의 아들 발랄은 성 굽이 맞은편과 왕
의 윗 궁에서 내민 망대 맞은편 곧 시위
청에서 가까운 부분을 중수하였고 그 다
음은 바로스의 아들 브다야가 중수하였고
26 (그때에 느디님 사람은 오벨에 거주하여
동쪽 수문과 마주 대한 곳에서부터 내민
망대까지 이르렀느니라)
27 그 다음은 드고아 사람들이 한 부분을 중
수하여 내민 큰 망대와 마주 대한 곳에서
부터 오벨 성벽까지 이르렀느니라
28 마문 위로부터는 제사장들이 각각 자기
집과 마주 대한 부분을 중수하였고
29 그 다음은 임멜의 아들 사독이 자기 집과
마주 대한 부분을 중수하였고 그 다음은
동문지기 스가냐의 아들 스마야가 중수
하였고
30 그 다음은 셀레먀의 아들 하나냐와 살랍
의 여섯째 아들 하눈이 한 부분을 중수하
였고 그 다음은 베레갸의 아들 므술람이
자기의 방과 마주 대한 부분을 중수하였
고
31 그 다음은 금장색 말기야가 함밉갓 문과
마주 대한 부분을 중수하여 느디님 사람
과 상인들의 집에서부터 성 모퉁이 성루
에 이르렀고
32 성 모퉁이 성루에서 양문까지는 금장색
과 상인들이 중수하였느니라

1. 오늘 하나님께서 나에게 주신 깨달음은 무엇입니까?

2. 말씀을 어떻게 내 삶에 구체적으로 적용해야 합니까?

16 아스북의 아들 느헤미야가 중수하여 다윗의 묘실과 마주 대한 곳에 이르고 아스북의 아들 느헤미야는 본서의 주인공 느헤미야와는 다른 동명이인이다. 그가 중수한 "다윗의 묘실"은 다윗과 유다 왕들이 묻힌 왕실 묘지를 가리킨다(왕상 2:10). 또한 "파서 만든 못"은 일종의 인공 연못으로 '셀라 못'(3:15)과는 다른 '왕의 못'(2:14)이나 '아랫못'(사 22:9)으로 추정된다. "용사의 집"은 다윗 시대부터 군사들이 거주하던 병영을 가리킨다(삼하 23:8-39).

19 성 굽이에 있는 군기고 "성 굽이"는 성벽이 각도를 틀어 돌아가는 부분을 가리키며, "군기고"는 오늘날로 말하면 무기 창고를 의미한다.

20-24 여기서는 몇몇 개인 저택들에 대해 언급하고 있다. 대제사장 "엘리아십의 집"(20-21절)을 비롯해서 '베냐민과 핫숩의 집'(23절), '아사랴의 집'(23-24절) 등이 그것이다. 이것은 예루살렘 성벽 주위로 부자들이 살던 큰 저택들이 있었음을 보여준다. 그리고 "자기 집에서 가까운 부분을 중수하였고"(23절)라는 구절에서 알 수 있듯이, 느헤미야는 개인 저택 소유자들에게 자신들의 저택과 연결된 성벽의 공사를 맡겨서 보수하도록 함으로써 공사의 편의를 도모했다.

22 평지에 사는 제사장들 여기서 말하는 "평지"는 여리고 부근의 요단 들판을 가리킨다. 따라서 이곳은 제사장들의 집단 거주지였을 것으로 추정된다.

25 시위청 영어성경에는 'the court of the guard'(NIV) 혹은 'the court of the prison'(KJV)으로 번역되는데, 아마도 왕궁의 경비들이 머물던 곳으로 이곳에 감옥도 있었던 것 같다. 예레미야 선지자가 한때 이곳에 갇히기도 했다(렘 32:2). 그리고 그 근처에 "감옥 문"(12:39)이 위치하고 있었다.

26-27 오벨, 동쪽 수문 "오벨"은 히브리어로 '구릉'이란 뜻이며, 다윗 도성과 성전 산 사이에 위치한 언덕을 가리킨다. 이곳에 거주하던 "느디님 사람"은 기브온이나 다른 가나안 부족들 출신으로 성전 노예가 된 사람들의 자손을 일컫는다(민 31:30, 47; 수 9:27). "수문"은 기혼 샘으로부터 물을 길으러 다닐 때 주로 사용하던 문이라서 그렇게 이름 붙었을 것이다.

28 마문 말이나 말 탄 사람이 예루살렘 성에 들어갈 때 사용하던 문을 가리킨다.

쉬운성경

16 그 다음은 아스북의 아들 느헤미야가 보수했습니다. 느헤미야는 벧술 구역의 절반을 다스리던 사람입니다. 그는 다윗의 묘지 맞은편에서부터 사람들이 만든 연못과 '용사의 집'에 이르기까지 보수했습니다.

17 그 다음은 레위 사람들이 보수했습니다. 그들은 바니의 아들 르훔 밑에서 일했습니다. 그 다음은 하사뱌가 자기 구역을 보수했습니다. 하사뱌는 그일라 구역 절반을 다스리던 사람입니다.

18 그 다음은 헤나닷의 아들 바왜가 친척인 레위 사람들과 함께 일했습니다. 바왜는 그일라 구역의 나머지 절반을 다스리던 사람입니다.

19 그 다음은 예수아의 아들 에셀이 일했습니다. 에셀은 미스바를 다스리던 사람입니다. 그는 성벽의 다른 부분을 보수했습니다. 그는 무기 창고로 올라가는 길 맞은편에서부터 성벽이 꺾이는 곳까지 보수했습니다.

20 그 다음은 삽배의 아들 바룩이 열심히 보수했습니다. 그는 성벽이 꺾이는 곳에서부터 대제사장 엘리아십의 집 문까지 보수했습니다.

21 그 다음은 우리아의 아들 므레못이 보수했습니다. 우리아는 학고스의 아들입니다. 그는 성벽의 다른 부분, 곧 엘리아십의 집 문에서부터 그 집 끝까지 보수했습니다.

22 그 다음은 그 주위에 사는 제사장들이 보수했습니다.

23 그 다음은 베냐민과 핫숩이 자기 집 앞에서 일했습니다. 그 다음은 마아세야의 아들 아사랴가 자기 집 옆을 보수했습니다. 마아세야는 아나냐의 아들입니다.

24 그 다음은 헤나닷의 아들 빈누이가 성벽의 다른 부분, 곧 아사랴의 집에서부터 성벽이 꺾이는 곳을 지나 모퉁이까지 보수했습니다.

25 우새의 아들 발랄은 성벽이 꺾이는 곳의 맞은편과 윗 왕궁에서 튀어나온 망대를 보수했습니다. 그 망대는 왕의 경호대 뜰에서 가까운 곳에 있습니다. 그 다음은 바로스의 아들 브다야가 보수했습니다.

26 성전 종들인 느디님 사람들은 오벨 언덕 위에 살았습니다. 그들은 동쪽으로 '물 문' 맞은편까지, 그리고 왕궁에서 튀어나온 망대가 있는 곳까지 보수했습니다.

절별 해설

31-32 함밉갓 문 "함밉갓 문"은 '감옥 문'(12:39)과 동일한 것으로 추측되는데, '점호 문'이라고 번역되기도 한다. 이 문 광장에서는 성전이나 왕궁 수비대의 조회와 점호가 이루어졌을 것으로 추측된다(대하 32:6). 금장색과 상인들이 이 지역을 보수했다는 것은 그들의 주거지가 이곳에 있었으며, 성 안쪽으로 순례자들을 대상으로 하는 시장이 형성되었음을 알려 준다.

[참조] 느헤미야 성벽 재건 지도(35쪽)

27 그 다음은 드고아 사람들이 보수했습니다. 그들은 왕궁에서 튀어나온 큰 망대에서부터 오벨 성벽까지 보수했습니다.

28 제사장들은 '말 문'에서 성벽까지 보수했습니다. 그들은 각기 자기 집 앞 성벽을 보수했습니다.

29 그 다음은 임멜의 아들 사독이 자기 집 맞은편을 보수했습니다. 그 다음은 동문의 문지기인 스가냐의 아들 스마야가 보수했습니다.

30 그 다음은 셀레먀의 아들 하나냐와 살랍의 여섯째 아들 하눈이 다른 쪽 성벽을 보수했습니다. 그 다음은 베레갸의 아들 므술람이 자기 사는 곳 맞은편을 보수했습니다.

31 그 다음은 금세공업자 말기야가 보수했습니다. 말기야는 성전 종들과 상인들의 집, 곧 '점호 문' 맞은편과 성벽 모퉁이 위의 방까지 보수했습니다.

32 성벽 모퉁이 위의 방에서 '양문'까지는 금세공업자들과 상인들이 보수했습니다.

저자의 묵상

느헤미야의 비전은 무너진 예루살렘 성벽과 불타 버린 성문을 복원함으로써 훼파된 성전을 회복하는 것이었다. 그런데 느헤미야는 단순히 건물과 벽만을 재건하려고 한 것이 아니라, 그 일을 통해 패배감과 자괴감에 빠져 있던 이스라엘 공동체를 재건하려고 했다. 성벽 재건을 통해 공동체 재건을 함께 이루는 것이 바로 그의 비전이었다. 그러나 이 일은 느헤미야 혼자 할 수 있는 일이 아니었다. 그 일은 백성들과 함께해야만 가능한 일이었다. 느헤미야의 리더십 아래 그의 비전대로 온 백성들이 하나 되어 한마음으로 예루살렘 성벽 재건에 참여했다는 사실을 보여주는 증거가 바로 3장에 언급된 수많은 이름들이다. 그런 의미에서 오늘 본문에 기록된 이름들은 참으로 아름다운 이름들이다. 비록 우리는 그 이름들을 다 기억하지 못하지만, 느헤미야는 그 이름들을 기록하였고, 하나님은 그 이름들을 반드시 기억하실 것이다. 이처럼 우리도 주님의 교회와 공동체를 위해, 그리고 복음과 하나님의 나라를 위해 수고할 때, 설령 사람들은 우리의 이름을 기억하지 못할지라도 하나님은 반드시 우리의 이름을 기록하시고 기억해 주실 것이다.

무릎 기도 하나님 아버지, 당신이 주신 꿈과 비전을 위해 남이 알아주든 몰라주든 상관없이 신실하게 사명을 감당하도록 도와주시고, 마지막 날에 칭찬받는 성도가 되게 하소서.

ESV - Nehemiah 3

16 After him Nehemiah the son of Azbuk, ruler of half the district of Beth-zur, repaired to a point opposite the tombs of David, as far as the artificial pool, and as far as the house of the mighty men.
17 After him the Levites repaired: Rehum the son of Bani. Next to him Hashabiah, ruler of half the district of Keilah, repaired for his district.
18 After him their brothers repaired: Bavvai the son of Henadad, ruler of half the district of Keilah.
19 Next to him Ezer the son of Jeshua, ruler of Mizpah, repaired another section opposite the ascent to the armory at the buttress.*
20 After him Baruch the son of Zabbai repaired* another section from the buttress to the door of the house of Eliashib the high priest.
21 After him Meremoth the son of Uriah, son of Hakkoz repaired another section from the door of the house of Eliashib to the end of the house of Eliashib.
22 After him the priests, the men of the surrounding area, repaired.
23 After them Benjamin and Hasshub repaired opposite their house. After them Azariah the son of Maaseiah, son of Ananiah repaired beside his own house.
24 After him Binnui the son of Henadad repaired another section, from the house of Azariah to the buttress and to the corner.
25 Palal the son of Uzai repaired opposite the buttress and the tower projecting from the upper house of the king at the court of the guard. After him Pedaiah the son of Parosh
26 and the temple servants living on Ophel repaired to a point opposite the Water Gate on the east and the projecting tower.
27 After him the Tekoites repaired another section opposite the great projecting tower as far as the wall of Ophel.
28 Above the Horse Gate the priests repaired, each one opposite his own house.
29 After them Zadok the son of Immer repaired opposite his own house. After him Shemaiah the son of Shecaniah, the keeper of the East Gate, repaired.
30 After him Hananiah the son of Shelemiah and Hanun the sixth son of Zalaph repaired another section. After him Meshullam the son of Berechiah repaired opposite his chamber.
31 After him Malchijah, one of the goldsmiths, repaired as far as the house of the temple servants and of the merchants, opposite the Muster Gate,* and to the upper chamber of the corner.
32 And between the upper chamber of the corner and the Sheep Gate the goldsmiths and the merchants repaired.

* 3:19 Or *corner*, also verses 20, 24, 25
* 3:20 Some manuscripts *vigorously repaired*
* 3:31 Or *Hammiphkad Gate*

16 artificial 인공의　19 ascent 오르막(길)　armory 무기고　buttress 부벽(扶壁)　20 high priest 대제사장　22 surrounding 인근의　25 projecting 툭 튀어나온　court 안마당, 안뜰　27 as far as… (거리·정보·범위) …까지　29 keeper 지키는 사람　30 chamber 방　31 goldsmith 금세공인　merchant 상인　muster 소집, 점호

• MEMO •

| 느헤미야 성벽 재건 지도 |

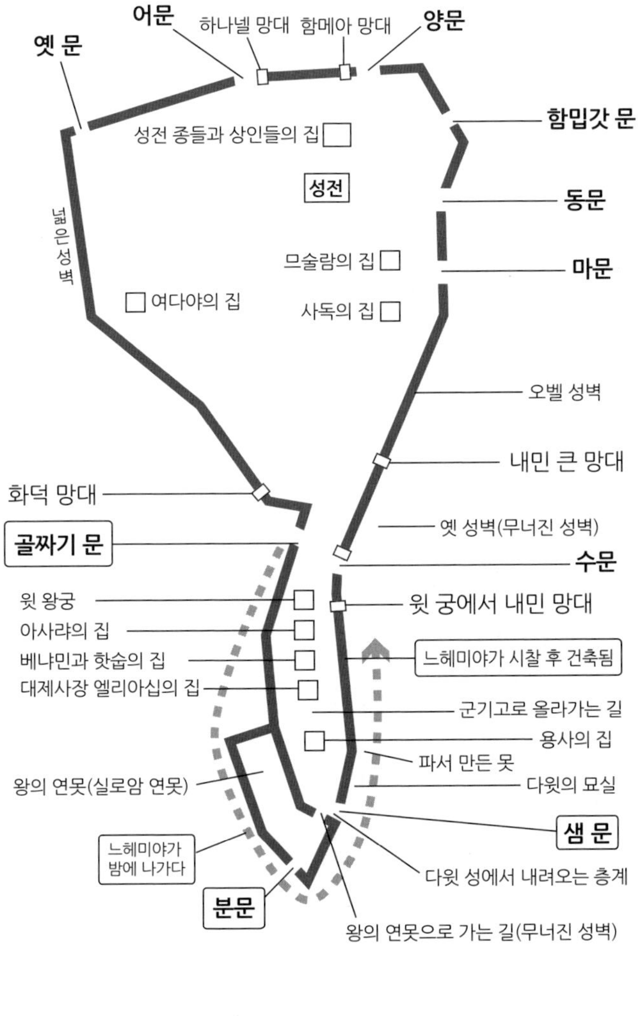

어문
하나넬 망대
함메아 망대
양문
옛 문
함밉갓 문
성전 종들과 상인들의 집
성전
동문
넓은 성벽
므술람의 집
마문
여다야의 집
사독의 집
오벨 성벽
내민 큰 망대
화덕 망대
옛 성벽(무너진 성벽)
골짜기 문
수문
윗 왕궁
윗 궁에서 내민 망대
아사랴의 집
베냐민과 핫숩의 집
느헤미야가 시찰 후 건축됨
대제사장 엘리아십의 집
군기고로 올라가는 길
용사의 집
파서 만든 못
왕의 연못(실로암 연못)
다윗의 묘실
샘 문
느헤미야가 밤에 나가다
다윗 성에서 내려오는 층계
분문
왕의 연못으로 가는 길(무너진 성벽)

07 대적의 방해와 느헤미야의 기도

월 일

느헤미야 4:1-6 • 새찬송 300장 | 통일 406장

• 말씀묵상 전에 성령님의 인도하심을 구하는 기도를 드리십시오.

본문요약 | 산발랏과 도비야는 성벽 공사에 참여한 느헤미야와 유다 사람들을 비웃고 조롱하며 하나님의 역사를 방해했다. 느헤미야는 이들에게 맞대응하기보다는 그들에게 받은 모욕과 아픔을 하나님께 가지고 나아가 기도를 드리며 하나님의 심판을 호소한다. 한편, 백성들은 느헤미야를 신뢰하고 한마음이 되어 공사를 절반쯤 진행하였다.

1 산발랏이 우리가 성을 건축한다 함을 듣고 크게 분노하여 유다 사람들을 비웃으며

2 자기 형제들과 사마리아 군대 앞에서 일러 말하되 이 미약한 유다 사람들이 하는 일이 무엇인가, 스스로 견고하게 하려는가, 제사를 드리려는가, 하루에 일을 마치려는가 불탄 돌을 흙무더기에서 다시 일으키려는가 하고

3 암몬 사람 도비야는 곁에 있다가 이르되 그들이 건축하는 돌 성벽은 여우가 올라가도 곧 무너지리라 하더라

4 우리 하나님이여 들으시옵소서 우리가 업신여김을 당하나이다 원하건대 그들이 욕하는 것을 자기들의 머리에 돌리사 노략거리가 되어 이방에 사로잡히게 하시고

5 주 앞에서 그들의 악을 덮어 두지 마시며 그들의 죄를 도말하지 마옵소서 그들이 건축하는 자 앞에서 주를 노하시게 하였음이니이다 하고

6 이에 우리가 성을 건축하여 전부가 연결되고 높이가 절반에 이르렀으니 이는 백성이 마음 들여 일을 하였음이니라

1. 오늘 하나님께서 나에게 주신 깨달음은 무엇입니까?

2. 말씀을 어떻게 내 삶에 구체적으로 적용해야 합니까?

절별 해설

1 산발랏이 … 크게 분노하여 1907년 이집트의 엘레판틴 섬(Elephantine Island)에서 발견된 아람어 파피루스에 보면, 산발랏은 느헤미야 시대에 사마리아 총독이었다. 산발랏은 성벽 재건으로 예루살렘이 강화되면 자신의 세력이 약화될 우려가 있으므로 공사를 방해한 것 같다.

2 산발랏은 성벽을 재건하는 이스라엘 공동체의 사기를 떨어뜨리기 위해 다섯 개의 질문으로 조롱한다. 여기서 "사마리아 군대"는 정식 페르시아 주둔군이라기보다는 사마리아인들로 구성된 일종의 민병대였을 것이다. 산발랏은 이들을 동원하여 느헤미야와 유다 사람들을 위협하며 질문을 던졌다. 그의 질문들을 쉽게 풀어 쓰면 이렇다. (1)힘이 약한 유다 사람들이 도대체 무슨 일을 할 수 있겠는가? (2)이 성벽을 자기들 힘으로 견고하게 쌓을 수나 있겠는가? (3)하나님께 매달려 보겠다는 것인가? (4)하루 만에 공사를 끝낼 심산인가? (5)불타 버린 흙무더기 속에 재활용할 석재라도 남아 있단 말인가? 이 질문들은 결국 능력도 없는 유다 백성들이 전문가가 할 일을 한다고 설치고 있으니 한심하다는 뜻을 담고 있다. 이런 산발랏의 조롱은 이스라엘의 자존심에 비수를 꽂는 것일 뿐만 아니라, 하나님을 비웃는 신성 모독이었다.

3 도비야는 … 이르되 그들이 건축하는 돌 성벽은 여우가 올라가도 곧 무너지리라 도비야는 산발랏의 말에 맞장구를 쳤다. 유다 백성들이 쌓은 성벽은 너무 약하여 여우 한 마리가 올라가도 무너질 것이라고 조롱했다. 그러나 고고학적 탐사를 통해 밝혀진 내용에 따르면, 느헤미야가 재건한 성벽은 두께가 약 2.7m나 될 정도로 견고하고 튼튼하게 지어졌다.

4-5 우리 하나님이여 들으시옵소서 느헤미야는 산발랏과 도비야에게 힘으로 맞서지 않고, 하나님께 나아가 그 모든 상황을 기도로 승화시켰다. 느헤미야의 기도는 시편에 나오는 탄식시를 연상시킨다(시 17:6; 54:2; 61:1; 64:1). 그는 4가지를 기도했다. (1)대적들의 업신여김을 헤아려 주소서. (2)대적들의 조롱과 비웃음이 자신들에게로 돌아가게 하소서. (3)대적들이 노략거리가 되어 다른 나라에 잡혀가게 하소서. (4)대적들의 죄를 덮어 두거나 무시하지 마시고 심판하여 주소서. 한마디로, 느헤미야의 기도는 보복과 심판을 강력히 염원하고 있다.

5 그들이 건축하는 자 앞에서 주를 노하시게 하였음이니이다 느헤미야가 이토록 강력한 보복 기도를 드린 이유는 산발랏과 도비야의 행위가 유다 백성뿐만 아니라 하나님을 조롱하고 그분의 노를 불붙게 한 종교적인 적대 행위였기 때문이다.

쉬운성경

1 산발랏은 우리가 성벽을 보수하고 있다는 것을 듣고 몹시 화를 내며 분을 참지 못했습니다. 그는 유다 사람들을 비웃었습니다.

2 그가 자기 친구들과 사마리아 군대 장교들에게 말했습니다. "이 미약한 유다 사람들이 도대체 무슨 일을 하고 있는 건가? 그들이 성벽을 다시 쌓을 수 있을까? 그들이 제물을 바칠 수 있을까? 그들은 하루 만에 성벽을 다시 쌓을 수 있다고 생각하나 보다. 그러나 쓰레기요, 잿더미에 지나지 않는 돌들을 다시 세울 수는 없을 것이다."

3 암몬 사람 도비야가 산발랏 곁에 있다가 말했습니다. "그들이 쌓고 있는 성벽은 여우 한 마리가 올라가더라도 무너지게 될 것입니다."

4 나 느헤미야가 기도드렸습니다. "우리의 하나님, 우리의 기도를 들어주십시오. 우리는 미움을 받고 있습니다. 산발랏과 도비야가 하는 욕이 그들에게 되돌아가게 해 주십시오. 그들이 다른 나라로 잡혀가게 해 주십시오.

5 그들의 허물을 가리지 마십시오. 그들의 죄를 못 본 체하지 마십시오. 그들은 성벽을 쌓고 있는 사람들 앞에서 하나님을 욕되게 했습니다."

6 우리는 성벽 쌓는 일을 계속하여 절반쯤 쌓았습니다. 백성들은 힘닿는 데까지 열심히 일했습니다.

6 이에 우리가 성을 건축하여 전부가 연결되고 높이가 절반에 이르렀으니 이는 백성이 마음 들여 일을 하였음이니라 대적들의 비방은 오히려 유다 백성에게 자극제가 되어 그들이 "마음 들여", 즉 의욕으로 가득 찬 마음으로 일하도록 북돋웠다. 자신들이 절대 무능하지 않다는 것을 보여주겠다는 각오를 다지게 했다. 그 결과 절반의 높이지만 성벽 두르기를 모두 마칠 수 있었다. 한마디로, 적의 침략을 방어할 수 있는 어엿한 도성이 된 것이다.

저자의 묵상

산발랏과 도비야를 비롯한 대적들의 비웃음과 조롱에 대처하는 느헤미야의 태도는 오늘날 성도들에게 귀감이 된다. 느헤미야는 직접적인 대응 대신, 하나님께 강력한 기도로 호소한다. 신학자 브레네만(Breneman)은 느헤미야의 기도를 이렇게 설명한다. (1)느헤미야의 기도는 죄에 대한 하나님의 심판을 촉구한다. (2)느헤미야는 개인적인 복수를 하려 하지 않고, 하나님께서 행동하시기를 기도했다. (3)느헤미야의 기도는 하나님의 일과 그분의 영광에 대한 간절한 염원을 담고 있다. (4)대적 앞에서 담대한 신앙을 갖도록 격려하기 위해 수사적인 표현을 사용하고 있다. 이런 느헤미야의 기도는 혼자 독방에서 드린 기도라기보다는 모든 백성과 함께한 자리에서 드린 일종의 대표 기도였다. 그 기도는 하나님께 드리는 기도인 동시에 백성들에게는 강력한 메시지가 되었을 것이다. 결국 유다 백성들은 느헤미야의 기도를 통해 마음에 의욕이 크게 일어나서 성벽 두르기를 완수할 수 있었다. 때로는 직접적인 대응보다는 기도가, 그리고 개인적인 기도보다는 공동체가 함께 드리는 기도가 더욱 강력한 힘의 원동력이 된다.

무릎 기도 | 하나님 아버지, 대적들의 조롱과 비방, 혹은 협박 앞에서 주눅 들지 않도록 강한 마음과 믿음을 주시며, 오히려 하나님께 기도함으로써 문제를 풀어 가는 성도가 되게 하소서.

ESV - Nehemiah 4

1 * Now when Sanballat heard that we were building the wall, he was angry and greatly enraged, and he jeered at the Jews.
2 And he said in the presence of his brothers and of the army of Samaria, "What are these feeble Jews doing? Will they restore it for themselves?* Will they sacrifice? Will they finish up in a day? Will they revive the stones out of the heaps of rubbish, and burned ones at that?"
3 Tobiah the Ammonite was beside him, and he said, "Yes, what they are building—if a fox goes up on it he will break down their stone wall!"
4 Hear, O our God, for we are despised. Turn back their taunt on their own heads and give them up to be plundered in a land where they are captives.
5 Do not cover their guilt, and let not their sin be blotted out from your sight, for they have provoked you to anger in the presence of the builders.
6 So we built the wall. And all the wall was joined together to half its height, for the people had a mind to work.

* 4:1 Ch 3:33 in Hebrew
* 4:2 Or *Will they commit themselves to God?*

1 enrage 격분하게 하다 jeer at… …을 비웃다 2 in the presence of… …앞에서 feeble 미약한 for oneself 스스로 sacrifice 제물을 바치다 heap 무더기 rubbish 쓰레기 at that 그것도 4 despise 업신여기다 taunt 조롱, 놀림거리 plunder 약탈하다 captive 포로 5 blot out 완전히 지워버리다 provoke… to anger …을 화나게 하다

08 대적들이 위협해 올 때

월 일

느헤미야 4:7-14 • 새찬송 350장 | 통일 393장

• 말씀묵상 전에 성령님의 인도하심을 구하는 기도를 드리십시오.

본문요약 I 예루살렘 성이 재건되어 간다는 소식을 들은 대적들은 예루살렘을 침략할 군사적인 계획을 세웠다. 이 소식을 들은 유다 사람들은 힘이 빠지고 두려움에 사로잡혔다. 느헤미야는 동요하는 백성들을 안정시키고 적절한 조치를 통해 대적들의 침략에 대응할 만반의 준비를 했다.

7 산발랏과 도비야와 아라비아 사람들과 암
몬 사람들과 아스돗 사람들이 예루살렘
성이 중수되어 그 허물어진 틈이 메꾸어
져 간다 함을 듣고 심히 분노하여
8 다 함께 꾀하기를 예루살렘으로 가서 치
고 그곳을 요란하게 하자 하기로
9 우리가 우리 하나님께 기도하며 그들로
말미암아 파수꾼을 두어 주야로 방비하는
데
10 유다 사람들은 이르기를 흙무더기가 아직
도 많거늘 짐을 나르는 자의 힘이 다 빠
졌으니 우리가 성을 건축하지 못하리라
하고
11 우리의 원수들은 이르기를 그들이 알지
못하고 보지 못하는 사이에 우리가 그들
가운데 달려 들어가서 살육하여 역사를
그치게 하리라 하고
12 그 원수들의 근처에 거주하는 유다 사람
들도 그 각처에서 와서 열 번이나 우리에
게 말하기를 너희가 우리에게로 와야 하
리라 하기로
13 내가 성벽 뒤의 낮고 넓은 곳에 백성이
그들의 종족을 따라 칼과 창과 활을 가지
고 서 있게 하고
14 내가 돌아본 후에 일어나서 귀족들과 민
장들과 남은 백성에게 말하기를 너희는
그들을 두려워하지 말고 지극히 크시고
두려우신 주를 기억하고 너희 형제와 자
녀와 아내와 집을 위하여 싸우라 하였느
니라

1. 오늘 하나님께서 나에게 주신 깨달음은 무엇입니까?

2. 말씀을 어떻게 내 삶에 구체적으로 적용해야 합니까?

절별 해설

7-8 예루살렘으로 가서 치고 그곳을 요란하게 하자 산발랏과 도비야는 자신들의 예상과는 달리 유다 사람들이 힘을 내어 성벽 두르기를 마쳤다는 소식을 듣고 심히 분노하였다. 그래서 그들은 주변 민족들과 함께 군사를 일으켜 예루살렘을 무력으로 공격할 계획을 세웠다. 느헤미야와 유다 사람들을 혼란에 빠뜨리려 한 것이다. 북쪽으로는 산발랏과 사마리인들이, 동쪽으로는 도비야와 암몬 사람들이, 남쪽으로는 게셈과 아라비아 사람들이, 서쪽으로는 아스돗 사람들이 예루살렘을 사방으로 에워싸 공격하기로 했다. 예루살렘은 사면초가에 빠지는 신세가 되었다.

9 우리 하나님께 기도하며 그들로 말미암아 파수꾼을 두어 주야로 방비하는데 대적들의 기습 공격 소식을 들은 느헤미야는 두 가지 대책을 세운다. 먼저, 언제나 그렇듯이 하나님께 기도를 드렸다. 느헤미야는 진정한 도움과 구원이 하나님의 손에 달려 있음을 믿었다. 동시에 "파수꾼" 즉, 경비병을 세워 밤낮으로 방비하게 했다. 기도가 영적인 대책이라면, 파수꾼은 현실적인 대책인 셈이다. 올바른 신앙인은 영적 세계와 현실 세계 사이에서 항상 균형을 맞추는 사람이다.

10 흙무더기가 아직도 많거늘 짐을 나르는 자의 힘이 다 빠졌으니 우리가 성을 건축하지 못하리라 이것은 공사에 참여했던 사람들이 불렀던 탄식 섞인 비관적인 노랫말이다. 계속되는 방해와 긴장으로 인하여 백성들의 사기는 저하되고 무력해졌다. 결국 느헤미야는 외부의 적과 싸워야 할 뿐만 아니라, 내부의 적, 즉 백성들의 절망과 불평, 고통, 좌절 등과도 싸워야만 했다. 항상 문제는 안과 밖에 모두 존재하는 법이다.

11 그들이 알지 못하고 보지 못하는 사이에 … 달려 들어가서 살륙하여 역사를 그치게 하리라 느헤미야의 대적들은 기습 공격을 통해 성벽 공사를 중단시킬 것이라고 공공연히 선포했다. 원수들의 위협과 책동은 유다 사람들의 사기를 떨어뜨리고 두려움에 사로잡히게 했다.

12 열 번이나 우리에게 말하기를 너희가 우리에게로 와야 하리라 대적들의 주변에 거주하던 유다 사람들이 열 번이나 반복하며 했던 말은 "너희가 우리에게로 와야 하리라"는 말이었다. 이 말이 모호하기 때문에 그 뜻을 두고 여러 주장이 있다. 공통된 해석은, 원수들의 공격이 임박했으니 죽지 않고 살려면 빨리 공사 현장을 떠나 각자 집으로 돌아가야 한다는 뜻으로 본다. 이 말속에서 유다 공동체의 결속력을 와해시키려는 원수들의 속셈이 엿보인다.

13-14 느헤미야는 동요하는 백성들을 안정시키기 위해 두 가지 조치를 취한다. (1)일부 백성들을 가문별로 차출하여 수비군을 결성한 뒤 완전 무장시켜 경계를 서게 했다. (2)두려워하지 말고 하나님을 기억하며 가족들을 위해 싸우라고 격려했다. 일종의 정신 무장을 시킨

쉬운성경

7 그러나 산발랏과 도비야와 아라비아 사람들과 암몬 사람들과 아스돗 사람들은 예루살렘 성벽을 보수하는 일이 계속되고 성벽의 틈새도 메워지고 있다는 말을 듣자 화를 냈습니다.

8 그들은 예루살렘에 해를 끼칠 궁리를 했습니다. 예루살렘에 와서 싸움을 걸고 혼란에 빠뜨릴 계획을 세운 것입니다.

9 그래서 우리는 하나님께 기도드렸습니다. 또한 경비병을 세워 밤낮으로 지키게 했습니다.

10 그때, 유다 백성이 이렇게 말했습니다. "일꾼들이 지쳐 가고 있다. 온통 먼지와 흙더미뿐이다. 우린 이제 성벽 쌓는 일에 지쳤다."

11 더구나 우리의 원수들은 이렇게 말했습니다. "우리는 아무도 모르게 유다 사람들을 죽여 버리고 그들이 하던 일을 그만두게 할 것이다."

12 원수들 가까이에 사는 유다 사람들이 와서 "적들이 우리를 공격하려고 호시탐탐 기회를 노리고 있습니다" 하고 열 번이나 일러 주었습니다.

13 그래서 나는 집안별로 몇 사람을 뽑아 성벽 뒤 가장 낮은 곳의 빈터에 두었습니다. 그들은 칼과 창과 활을 가지고 그 자리를 지켰습니다.

14 그런 뒤에 나는 둘레를 살펴보고 자리에서 일어나 귀족과 관리와 백성들에게 말했습니다. "그들을 두려워하지 마십시오. 주를 기억하십시오. 주는 두렵고 위대하신 분입니다. 여러분의 형제와 자녀와 가정을 위해 싸우십시오."

셈이다. 유다 사람들이 두려움을 이기는 가장 큰 비결은 전능하신 하나님을 기억하는 것이다. 하나님에 대한 믿음과 확신이 없다면 신앙적인 차원에서 볼 때 예루살렘 성벽 재건은 허사에 지나지 않는다. 느헤미야가 추구한 비전은 성벽 재건을 통해 백성들의 신앙을 재건하는 것이었다.

저자의 묵상

느헤미야는 대적들의 침략 계획과 기습 소식으로 인해 불안과 두려움에 휩싸여 있던 백성들을 안정시키기 위해 특단의 조치를 취한다. 먼저, 하나님께 기도로 나아가 모든 상황을 아뢰었다. 이어서, 가문별로 장정들을 선발하여 일종의 수비군을 조직하여 경계를 맡겼다. 마지막으로, 하나님을 기억하고 가족들을 위해 싸우라고 격려했다. 특히, 성벽 재건은 하나님께서 기뻐하시는 일이기 때문에 그분이 보호하실 뿐만 아니라 반드시 완공하도록 도와주실 것이라는 믿음을 백성들에게 심어 주었다. 따라서 그들의 믿음대로 성벽이 완공되었을 경우, 성벽 재건뿐만 아니라 공동체의 신앙 재건까지 함께 이루어지는 결과를 낳는다.

오늘날 우리가 하는 모든 일들도 이처럼 이중적인 의미가 있다. 우리가 기도하는 어떤 일이 성취되었을 때, 그것은 현실적인 성취뿐만 아니라 하나님을 더욱 깊이 알고 신뢰하는 신앙적인 성취를 이루게 된다. 실제로 하나님은 우리의 신앙적인 성숙을 위해 현실의 소원과 비전을 이루어 주신다. 진정으로 중요한 것은, 현실적인 꿈의 성취가 아니라, 그것을 허락해 주신 하나님을 바라보는 것이다.

무릎 기도 | 하나님 아버지, 현실의 어려움 앞에서 두려워 떠는 자가 되지 말게 하시고, 느헤미야처럼 먼저 기도하게 하소서. 아울러 올바로 대처해 나아갈 수 있는 지혜와 믿음을 주소서.

ESV - Nehemiah 4

7 *But when Sanballat and Tobiah and the Arabs and the Ammonites and the Ashdodites heard that the repairing of the walls of Jerusalem was going forward and that the breaches were beginning to be closed, they were very angry.

8 And they all plotted together to come and fight against Jerusalem and to cause confusion in it.

9 And we prayed to our God and set a guard as a protection against them day and night.

10 In Judah it was said,* "The strength of those who bear the burdens is failing. There is too much rubble. By ourselves we will not be able to rebuild the wall."

11 And our enemies said, "They will not know or see till we come among them and kill them and stop the work."

12 At that time the Jews who lived near them came from all directions and said to us ten times, "You must return to us."*

13 So in the lowest parts of the space behind the wall, in open places, I stationed the people by their clans, with their swords, their spears, and their bows.

14 And I looked and arose and said to the nobles and to the officials and to the rest of the people, "Do not be afraid of them. Remember the Lord, who is great and awesome, and fight for your brothers, your sons, your daughters, your wives, and your homes."

* 4:7 Ch 4:1 in Hebrew
* 4:10 Hebrew *Judah said*
* 4:12 The meaning of the Hebrew is uncertain

7 breach 갈라진 틈 8 plot together to… …하려고 공모하다 cause confusion 혼란을 초래하다 10 bear 나르다 fail 약해지다 rubble 돌무더기 13 station 배치하다, 두다 clan 씨족, 집안 spear 창 bow 활 14 noble 귀족

☐ 묵상 체크

09 우리 하나님이 우리를 위하여 싸우시리라

월 일

느헤미야 4:15-23 • 새찬송 351장 | 통일 389장

• 말씀묵상 전에 성령님의 인도하심을 구하는 기도를 드리십시오.

본문요약 I 침략에 대비하여 느헤미야와 백성들이 방어 대책을 세웠다는 소식을 들은 대적들은 공격 계획을 포기한다. 느헤미야는 이것이 하나님의 은혜라고 선포한다. 그러면서도 만약의 사태를 대비하여 더욱 강력한 군대를 조직하고, 공사하는 백성들을 무장시켰으며, 성안에서 숙식하게 함으로써 성벽 공사에 박차를 가했다. 무엇보다 이 모든 일에 느헤미야는 지도자로서의 솔선수범을 보여주었다.

15 우리의 대적이 우리가 그들의 의도를 눈치챘다 함을 들으니라 하나님이 그들의 꾀를 폐하셨으므로 우리가 다 성에 돌아와서 각각 일하였는데

16 그때로부터 내 수하 사람들의 절반은 일하고 절반은 갑옷을 입고 창과 방패와 활을 가졌고 민장은 유다 온 족속의 뒤에 있었으며

17 성을 건축하는 자와 짐을 나르는 자는 다 각각 한 손으로 일을 하며 한 손에는 병기를 잡았는데

18 건축하는 자는 각각 허리에 칼을 차고 건축하며 나팔 부는 자는 내 곁에 섰었느니라

19 내가 귀족들과 민장들과 남은 백성에게 이르기를 이 공사는 크고 넓으므로 우리가 성에서 떨어져 거리가 먼즉

20 너희는 어디서든지 나팔 소리를 듣거든 그리로 모여서 우리에게로 나아오라 우리 하나님이 우리를 위하여 싸우시리라 하였느니라

21 우리가 이같이 공사하는데 무리의 절반은 동틀 때부터 별이 나기까지 창을 잡았으며

22 그때에 내가 또 백성에게 말하기를 사람마다 그 종자와 함께 예루살렘 안에서 잘지니 밤에는 우리를 위하여 파수하겠고 낮에는 일하리라 하고

23 나나 내 형제들이나 종자들이나 나를 따라 파수하는 사람들이나 우리가 다 우리의 옷을 벗지 아니하였으며 물을 길으러 갈 때에도 각각 병기를 잡았느니라

1. 오늘 하나님께서 나에게 주신 깨달음은 무엇입니까?

2. 말씀을 어떻게 내 삶에 구체적으로 적용해야 합니까?

절별 해설

15 하나님이 그들의 꾀를 폐하셨으므로 대적들의 기습 공격 계획을 들은 느헤미야는 적절한 방어 태세를 취하였다. 그러자 대적들은 침략 계획이 발각되어 예루살렘을 쉽게 공격할 수 없음을 깨닫고 작전을 철회했다. 방어 태세를 갖춘 예루살렘을 공격할 경우 승리를 장담할 수 없을뿐더러, 승리하더라도 자신들의 피해 역시 만만치 않을 것이기 때문이다. 느헤미야는 적들의 공격 포기가 하나님께서 그들의 계획을 폐하신 결과라고 고백한다. 그런 면에서 느헤미야는 눈앞의 현실만 보지 않고, 배후에 계신 하나님의 손길을 보는 영적 안목을 지닌 지도자였다.

16 절반은 일하고 절반은 갑옷을 입고 창과 방패와 활을 가졌고 느헤미야는 무작정 기도만 하는 사람이 아니라, 현실적인 대책을 세우는 일에도 최선을 다하는 인물이었다. 대적들의 침략에 대비하여, 처음에는 파수꾼을 세웠고(4:9), 다음에는 "칼과 창과 활"로 무장한 일종의 수비군을 조직했으며(4:13), 이번에는 "갑옷을 입고 창과 방패와 활"로써 완전 무장한 군대를 세웠다. 적들의 위협이 커짐에 따라 더욱더 확실한 대비책을 마련한 셈이다.

17–18 느헤미야는 심지어 성벽을 공사하는 인부들까지 무장을 하게 했다. 성벽을 공사하는 자들과 자재를 나르는 자들도 한 손으로는 일하고, 다른 손에는 무기를 소지하게 했다. 또한 건축하는 사람들에게는 허리에 칼을 차게 했다. 그리고 곳곳에 나팔수를 배치하여 적들이 공격할 때 재빨리 신호할 수 있도록 조치를 취했다. 이러한 방비로 대적들의 침략이 더욱 어려워진 셈이다.

20 우리 하나님이 우리를 위하여 싸우시리라 성벽 공사가 광범위한 지역에서 동시다발적으로 진행되었기 때문에, 한 곳이라도 공격을 받아 나팔이 울리면 그곳으로 다 같이 모이도록 체계를 구축했다. 무엇보다 느헤미야는 "우리 하나님이 우리를 위하여 싸우시리라"고 선포했다. 대적들과의 전투는 하나님이 앞장서시는 '거룩한 전쟁' 즉, 성전(聖戰)임을 강조한 셈이다. 느헤미야는 여호와께서 성을 지켜 주시지 않으면 파수꾼의 경성함[깨어 있음]이 헛됨을 알았던 것이다(시 127:1).

21 동틀 때부터 별이 나기까지 하나님께서 자신들을 위해 거룩한 전쟁을 하실 것이라는 느헤미야의 격려에 힘입어 백성들은 "동틀 때부터 별이 나기까지" 밤낮으로 성벽 공사에 힘을 쏟았다. 결국 대적들의 협박이 오히려 성벽 공사를 가속화시키는 도화선이 된 셈이다. 이를 두고 전화위복(轉禍爲福)이라 할 수 있다.

22–23 성벽 공사가 막바지를 향해 가면서 느헤미야는 세 가지 조치를 취한다. (1)여러 조로 나누어 불침번을 서게 함으로써 나머지 사람들은 잠을 자거나 휴식을 취할 시간을 갖게 했다. (2)공사하는 백성들을 밤에도 예루살렘 성안에 머물게 했다. 이것은 예루살렘

쉬운성경

15 원수들은 자기들의 계획이 탄로 났다는 것을 알게 되었습니다. 하나님께서 그들의 계획을 헛되게 하셨습니다. 그래서 우리 모두는 다시 성벽 쌓는 일을 시작했습니다. 사람마다 자기 일터로 돌아갔습니다.

16 그날부터 내 종들 가운데 절반은 성벽 쌓는 일을 하고, 나머지 절반은 창과 방패와 활과 갑옷으로 무장했습니다. 그리고 관리들은 성벽을 쌓는 유다 백성 뒤에 섰습니다.

17 짐을 나르는 사람은 한 손으로 짐을 나르고 다른 한 손으로는 무기를 들었습니다.

18 성벽 쌓는 사람도 허리에 칼을 차고 일했습니다. 나팔을 부는 사람은 내 곁에 있었습니다.

19 나는 귀족과 관리와 백성들에게 말했습니다. "이 일은 매우 방대하오. 게다가 우리는 성벽을 따라 넓게 퍼져서 서로 떨어진 채 일하고 있소.

20 그러니 여러분은 어디에서든지 나팔 소리가 나거든 그곳으로 모이시오. 우리의 하나님께서 우리를 위해 싸워 주실 것이오."

21 그렇게 우리는 일을 계속했습니다. 절반은 창을 들고 일했습니다. 우리는 해가 뜰 때부터 별이 보일 때까지 일했습니다.

22 그때, 내가 또 백성에게 말했습니다. "밤에는 누구나 다 자기의 부하와 함께 예루살렘 안으로 들어와 묵으면서 보초를 서고, 낮에는 일을 하시오."

23 나와 형제들과 종들과 나를 따라다니는 경호병들은 그 누구도 자기 옷을 벗지 않았습니다. 물을 길으러 갈 때조차도 무기를 가지고 다녔습니다.

성을 출입할 때 일어날 수 있는 대적들의 기습 공격을 대비하기 위한 안전 조치이기도 하고, 공사 마지막에 해이해질 수 있는 마음을 다잡기 위한 조치로도 볼 수 있다. (3)무엇보다도 느헤미야는 이 일에 "나"와 "우리"도 함께한다고 말함으로써 지도자로서의 솔선수범하는 본을 보여주었다.

저자의 묵상

성벽 공사의 근본 목적은 하나님께 온전한 예배를 드리는 것이었다. 대적들은 유다 공동체가 성벽 공사를 통해 하나님을 향하여 한마음이 되지 못하도록 온갖 음모를 꾸미고 기습 공격 계획을 세웠다. 하지만 느헤미야를 중심으로 뭉친 유다 백성들은 오히려 위기를 기회로 삼아 성벽 공사에 박차를 가하는 한편, 적들의 공격에 대비하여 최선의 방비책을 세웠다. 무엇보다 하나님이 자신들을 위해 싸우신다는 굳은 믿음은 백성들의 두려움을 담대함으로 바꿔 놓았다. 한마디로, 느헤미야는 인간적인 대책과 영적인 대책을 함께 세우는 지도자였다.

오늘날도 믿음으로 신실하게 살고자 하는 성도에게 악한 마귀는 사람과 환경을 동원하여 끊임없이 공격한다. 그래서 때로는 눈앞에 보이는 현실로 인해 낙심하거나 좌절하기도 하고, 심지어 믿음에서 멀어지기도 한다. 그러나 우리는 느헤미야와 같이 인간적인 노력과 하나님을 향한 신앙적인 노력을 함께 추구해야 한다. 무엇보다 눈앞의 현실만 볼 것이 아니라, 배후에서 역사하시는 하나님의 손길을 함께 보며, 두려움을 극복하고 위기를 기회로 변화시켜 나아가야 한다.

무릎 기도 | 하나님 아버지, 모든 일의 배후에 보이지 않는 하나님의 손길이 역사하심을 믿고, 두려운 마음 대신 담대한 마음으로 최선을 다해 주어진 상황을 헤쳐 나가게 하소서.

ESV - Nehemiah 4

15 When our enemies heard that it was known to us and that God had frustrated their plan, we all returned to the wall, each to his work.
16 From that day on, half of my servants worked on construction, and half held the spears, shields, bows, and coats of mail. And the leaders stood behind the whole house of Judah,
17 who were building on the wall. Those who carried burdens were loaded in such a way that each labored on the work with one hand and held his weapon with the other.
18 And each of the builders had his sword strapped at his side while he built. The man who sounded the trumpet was beside me.
19 And I said to the nobles and to the officials and to the rest of the people, "The work is great and widely spread, and we are separated on the wall, far from one another.
20 In the place where you hear the sound of the trumpet, rally to us there. Our God will fight for us."
21 So we labored at the work, and half of them held the spears from the break of dawn until the stars came out.
22 I also said to the people at that time, "Let every man and his servant pass the night within Jerusalem, that they may be a guard for us by night and may labor by day."
23 So neither I nor my brothers nor my servants nor the men of the guard who followed me, none of us took off our clothes; each kept his weapon at his right hand.*

* 4:23 Or *his weapon when drinking*

15 frustrate 좌절시키다　16 from that day on 그날 이래로　work on… …에 애쓰다　spear 창　shield 방패　a coat of mail 쇠사슬 갑옷　17 labor 일하다　weapon 무기　18 strap 가죽끈으로 잡아매다　19 separate 떼어 놓다　20 rally 다시 모이다

10 가난한 백성들의 부르짖음

월 일

느헤미야 5:1-11 • 새찬송 543장 | 통일 342장

• 말씀묵상 전에 성령님의 인도하심을 구하는 기도를 드리십시오.

본문요약 | 성벽 공사가 한창 진행될 무렵 백성들과 그들의 가족은 가난과 빈곤의 문제로 큰 어려움을 겪고 있었다. 급기야 견디지 못한 아내들이 나서서 느헤미야에게 호소와 원망을 쏟아 놓는다. 느헤미야는 빈곤 문제의 직접적인 가해자인 귀족들과 민장들을 꾸짖고 설득함으로써 빈곤 문제를 공동체적으로 해결해 나간다. 아울러 자신부터 솔선수범을 보여주었다.

1 그때에 백성들이 그들의 아내와 함께 크게 부르짖어 그들의 형제인 유다 사람들을 원망하는데

2 어떤 사람은 말하기를 우리와 우리 자녀가 많으니 양식을 얻어먹고 살아야 하겠다 하고

3 어떤 사람은 말하기를 우리가 밭과 포도원과 집이라도 저당 잡히고 이 흉년에 곡식을 얻자 하고

4 어떤 사람은 말하기를 우리는 밭과 포도원으로 돈을 빚내서 왕에게 세금을 바쳤도다

5 우리 육체도 우리 형제의 육체와 같고 우리 자녀도 그들의 자녀와 같거늘 이제 우리 자녀를 종으로 파는도다 우리 딸 중에 벌써 종 된 자가 있고 우리의 밭과 포도원이 이미 남의 것이 되었으나 우리에게는 아무런 힘이 없도다 하더라

6 내가 백성의 부르짖음과 이런 말을 듣고 크게 노하였으나

7 깊이 생각하고 귀족들과 민장들을 꾸짖어 그들에게 이르기를 너희가 각기 형제에게 높은 이자를 취하는도다 하고 대회를 열고 그들을 쳐서

8 그들에게 이르기를 우리는 이방인의 손에 팔린 우리 형제 유다 사람들을 우리의 힘을 다하여 도로 찾았거늘 너희는 너희 형제를 팔고자 하느냐 더구나 우리의 손에 팔리게 하겠느냐 하매 그들이 잠잠하여 말이 없기로

9 내가 또 이르기를 너희의 소행이 좋지 못하도다 우리의 대적 이방 사람의 비방을 생각하고 우리 하나님을 경외하는 가운데 행할 것이 아니냐

10 나와 내 형제와 종자들도 역시 돈과 양식을 백성에게 꾸어 주었거니와 우리가 그 이자 받기를 그치자

11 그런즉 너희는 그들에게 오늘이라도 그들의 밭과 포도원과 감람원과 집이며 너희가 꾸어 준 돈이나 양식이나 새 포도주나 기름의 백분의 일을 돌려보내라 하였더니

1. 오늘 하나님께서 나에게 주신 깨달음은 무엇입니까?

2. 말씀을 어떻게 내 삶에 구체적으로 적용해야 합니까?

절별 해설

1 그때에 백성들이 그들의 아내와 함께 크게 부르짖어 그들의 형제인 유다 사람들을 원망하는데 여기서 말하는 "그때"는 성벽 공사 기간을 말한다. 성벽 공사는 아브 월 4일에 시작하여 52일 뒤인 엘룰 월 25일에 완공되었다. 요즘으로 따지면 7월 말에 시작하여 9월 초에 완공된 셈이다. 따라서 성벽 공사 시기는 올리브 열매, 대추야자 열매, 여름 무화과 등이 수확되는 시기였다. 또한 채권자들이 빚과 이자를 거둬들이는 시기이기도 했다. 그런데 대부분의 남자들이 성벽 공사에 참여하여 농사를 마무리할 수 없자, 극심한 경제적 궁핍에 처한 아내들은 크게 부르짖었다. 물론 유다 공동체의 빈곤 문제는 갑자기 생겨난 어제오늘의 문제가 아니라, 오랫동안 곪아 온 뿌리 깊은 문제였다. 그런데 이 누적된 문제가 성벽 공사 기간에 터져 버린 것이다.

2-4 백성들과 아내들이 제기한 빈곤의 문제는 (1)식구가 많은 가정의 식량 부족 문제(2절), (2)흉년에 곡식을 얻고자 저당 잡힌 토지 문제(3절), (3)세금 때문에 진 빚 문제(4절) 등으로 이루어졌다. 이로 인해 유다 공동체 안에 극심한 빈부 격차와 불평등이라는 경제적 위기에 부딪히게 되었다. 설상가상으로 바사(페르시아)의 과중한 과세 정책이 정치, 경제, 사회 전반에 불안정을 초래했다.

5 우리에게는 아무런 힘이 없도다 가난한 백성들의 항의는 결국 '우리는 하나님의 거룩한 한 백성이다'라는 느헤미야의 주장에 대한 반발이었다. 한 백성이라는 생각 때문에 가난을 무릅쓰고 성벽 공사에 참여했는데, 결국 돌아온 것은 더욱 비참한 빈곤뿐이었다. 백성들은 원망할 수밖에 없었다. 급기야 자식을 종으로 팔고, 밭과 포도원을 저당 잡히는 일이 벌어졌다.

6-8 동족들 사이에 이런 일이 있으리라고는 상상도 못했던 느헤미야는 백성들의 부르짖음을 듣고 크게 노하였다. 하지만 그는 감정적으로 대응하지 않고, 신중하게 문제에 접근했다. 먼저 사태의 심각성을 파악한 후에, 귀족들과 민장들을 꾸짖었다. 그들은 동족들에게 불법적인 고리대금업을 일삼으며 "높은 이자를 취하던" 가해자들이었다. 그뿐만 아니라, 동족을 이방인에게 노예로 팔기까지 했다. 느헤미야는 포로로 잡혀 있던 동족을 해방하기 위해 그토록 노력해 왔는데, 도리어 귀족들과 민장들은 동족을 노예로 팔아 이득을 취하고 있었다.

9 너희의 소행이 좋지 못하도다 느헤미야는 세 가지 차원에

쉬운성경

1 백성 가운데 어떤 사람들이 자기 아내와 더불어 그 형제 유다 사람들에게 큰 소리로 불평했습니다.

2 그 사람들은 이렇게 말했습니다. "우리는 자식들이 많아서 식구가 많다. 살아남으려면 먹을 곡식이 필요하다."

3 어떤 사람들은 이렇게 말했습니다. "먹을 것이 너무 부족하다. 곡식을 얻으려면 밭과 포도원과 집을 저당 잡힐 수밖에 없다."

4 또 어떤 사람들은 이렇게 말했습니다. "왕에게 세금을 바치려면 밭과 포도원을 저당 잡히고 돈을 빌려 쓸 수밖에 없다.

5 우리는 다른 유다 민족과 다를 바가 없으며, 우리의 아이들도 그들의 자녀만큼 귀하다. 그런데도 우리는 아들딸을 노예로 팔아야 한다. 우리의 딸들 중에는 벌써 팔린 아이도 있다. 더구나 우리의 밭과 포도원이 이미 다른 사람들에게 넘어갔는데도 우리가 할 수 있는 일은 아무것도 없다."

6 그들의 불평하는 말을 듣고, 나 역시 너무나 화가 났습니다.

7 나는 그 일에 대해서 생각한 뒤, 귀족들과 관리들을 나무랐습니다. 나는 이렇게 말했습니다. "여러분은 여러분의 형제들에게 빌려준 돈에 대해서 이자를 너무나 많이 받고 있소." 나는 이 문제를 다루기 위해 집회를 열었습니다.

8 나는 그들에게 이렇게 말했습니다. "우리의 동포 유다 사람들이 다른 나라에 팔려 갔지만, 우리는 힘닿는 대로 그들의 몸값을 치르고 데려왔소. 그런데 지금 여러분은 여러분의 동포를 팔고 있소. 우리가 우리 동포를 같은 동포에게 몸값을 받고 팔다니, 이게 말이나 되는 일이오?" 관리들은 잠자코 있었습니다. 그들은 아무 말도 할 수 없었습니다.

9 내가 또 말했습니다. "여러분이 하는 일은 옳지 않소. 여러분은 하나님을 두려워하며 살아야 하오. 우리의 이방인 원수들

절별 해설

서 귀족들과 민장들의 잘못을 지적하며 호소했다. 첫째, 하나님의 율법과 기준에 비추어 볼 때 그들의 소행은 옳지 못했다. 둘째, 그들의 소행은 대적인 이방인들의 조롱거리가 될 수 있다. 셋째, 하나님을 경외한다면 그들의 소행은 있을 수 없는 일이다. 즉, 그들의 도덕심과 애국심과 신앙심에 호소하며 결단과 구체적인 회개의 행동을 요구했다.

10-11 느헤미야는 말로만 결단을 요구한 것이 아니라, 느헤미야 자신과 가족과 측근들부터 이런 소행을 멈추겠다고 선언한다. 한마디로, 자신부터 솔선수범하는 자세를 통해 귀족들과 민장들을 설득했다.

이 우리를 비웃는 일은 없어야 하지 않겠소?

10 나와 내 형제들과 내 종들도 이 백성들에게 돈과 곡식을 빌려주고 있소. 하지만 이자를 받는 일은 하지 맙시다.

11 그들의 밭과 포도원과 올리브나무와 집을 당장 돌려주시오. 그리고 돈과 곡식과 새 포도주와 기름을 빌려주고 받은 이자도 돌려주시오."

저자의 묵상

"가난은 나라님도 구제 못한다"라는 옛말을 들먹이며 가난을 개인의 책임 탓으로만 돌리려는 사람들이 있다. 그러나 오늘날 가난은 사회 공동체의 문제이며, 사회와 국가가 함께 풀어 가야 할 과제로 인식되고 있다. 바로 느헤미야가 이런 인식을 보여준다. 느헤미야가 성벽 공사를 한창 진행하고 있을 무렵, 여름 수확기를 맞아 농사에 힘써야 할 남자들이 성벽 공사에 투입되면서 가난한 가정들의 빈곤 문제가 심각한 논쟁거리로 떠올랐다. 급기야 백성들의 아내들이 들고일어나 부르짖으며 원망을 토해냈다. 가난이 어제오늘의 문제가 아닌, 오랫동안 유다 공동체 안에서 곪아 온 뿌리 깊은 문제였음이 드러났다. 느헤미야는 이런 극심한 빈부 격차를 야기한 가해자들이 다름 아닌 유다 공동체의 귀족들과 관원들이었음을 알게 되었다. 느헤미야는 귀족들과 관원들을 불러 모아 놓고, 그들의 도덕심과 애국심, 그리고 무엇보다 신앙심에 호소하면서, 가난을 사회적인 공동 책임으로 여기고 함께 해결해 나갈 것을 호소한다. 그리고 자신부터 솔선수범을 보였다. 지금 당신 곁에 당신의 도움을 필요로 하는 사람은 누구인지 살펴보라.

무릎 기도 하나님 아버지, 자기의 이익만 생각하며 이웃을 돌아보지 않는 이 사회를 회복시켜 주시고, 나 자신부터 이웃과 공동체를 돌아볼 수 있도록 영적인 시야를 넓혀 주소서.

ESV - Nehemiah 5

1 Now there arose a great outcry of the people and of their wives against their Jewish brothers.

2 For there were those who said, "With our sons and our daughters, we are many. So let us get grain, that we may eat and keep alive."

3 There were also those who said, "We are mortgaging our fields, our vineyards, and our houses to get grain because of the famine."

4 And there were those who said, "We have borrowed money for the king's tax on our fields and our vineyards.

5 Now our flesh is as the flesh of our brothers, our children are as their children. Yet we are forcing our sons and our daughters to be slaves, and some of our daughters have already been enslaved, but it is not in our power to help it, for other men have our fields and our vineyards."

6 I was very angry when I heard their outcry and these words.

7 I took counsel with myself, and I brought charges against the nobles and the officials. I said to them, "You are exacting interest, each from his brother." And I held a great assembly against them

8 and said to them, "We, as far as we are able, have bought back our Jewish brothers who have been sold to the nations, but you even sell your brothers that they may be sold to us!" They were silent and could not find a word to say.

9 So I said, "The thing that you are doing is not good. Ought you not to walk in the fear of our God to prevent the taunts of the nations our enemies?

10 Moreover, I and my brothers and my servants are lending them money and grain. Let us abandon this exacting of interest.

11 Return to them this very day their fields, their vineyards, their olive orchards, and their houses, and the percentage of money, grain, wine, and oil that you have been exacting from them."

1 outcry 부르짖음 2 grain 곡식 3 mortgage 저당 잡히다 vineyard 포도원 famine 기근, 극심한 결핍 5 force to do 강제로 …시키다 enslave 노예로 만들다 7 take counsel with oneself 신중히 생각하다 bring a charge against… …의 죄를 묻다 exact 강제로 거둬들이다 interest 이자 hold an assembly 집회를 열다 8 as far as… …하는 한 9 prevent 막다 taunt 조롱 10 abandon 그만두다 11 this very day 바로 오늘 orchard 과수원

• MEMO •

11 모범을 보인 느헤미야

월 일

느헤미야 5:12-19 • 새찬송 575장 | 통일 302장

• 말씀묵상 전에 성령님의 인도하심을 구하는 기도를 드리십시오.

본문요약 | 느헤미야로부터 꾸짖음과 더불어 강력한 요청을 받은 귀족들과 민장들은 아무 조건 없이 이자를 받지 않고 담보를 돌려주기로 맹세한다. 한편, 느헤미야는 총독으로서의 자기 삶을 회고하면서 총독의 녹을 받지 않는 경건하고 청렴한 삶을 살았다는 사실을 기술한다. 느헤미야는 이를 통해 하나님을 경외하고 백성들을 사랑하는 지도자의 모습을 보여주었다.

12 그들이 말하기를 우리가 당신의 말씀대로
행하여 돌려보내고 그들에게서 아무것도
요구하지 아니하리이다 하기로 내가 제사
장들을 불러 그들에게 그 말대로 행하겠
다고 맹세하게 하고
13 내가 옷자락을 털며 이르기를 이 말대로
행하지 아니하는 자는 모두 하나님이 또
한 이와 같이 그 집과 산업에서 털어 버
리실지니 그는 곧 이렇게 털려서 빈손이
될지로다 하매 회중이 다 아멘 하고 여호
와를 찬송하고 백성들이 그 말한 대로 행
하였느니라
14 또한 유다 땅 총독으로 세움을 받은 때
곧 아닥사스다 왕 제이십 년부터 제삼십
이 년까지 십이 년 동안은 나와 내 형제
들이 총독의 녹을 먹지 아니하였느니라
15 나보다 먼저 있었던 총독들은 백성에게
서, 양식과 포도주와 또 은 사십 세겔을
그들에게서 빼앗았고 또한 그들의 종자
들도 백성을 압제하였으나 나는 하나님을
경외하므로 이같이 행하지 아니하고
16 도리어 이 성벽 공사에 힘을 다하며 땅을
사지 아니하였고 내 모든 종자들도 모여
서 일을 하였으며
17 또 내 상에는 유다 사람들과 민장들 백오
십 명이 있고 그 외에도 우리 주위에 있
는 이방 족속들 중에서 우리에게 나아온
자들이 있었는데
18 매일 나를 위하여 소 한 마리와 살진 양
여섯 마리를 준비하며 닭도 많이 준비하
고 열흘에 한 번씩은 각종 포도주를 갖추
었나니 비록 이같이 하였을지라도 내가
총독의 녹을 요구하지 아니하였음은 이
백성의 부역이 중함이었더라
19 내 하나님이여 내가 이 백성을 위하여 행
한 모든 일을 기억하사 내게 은혜를 베푸
시옵소서

1. 오늘 하나님께서 나에게 주신 깨달음은 무엇입니까?

2. 말씀을 어떻게 내 삶에 구체적으로 적용해야 합니까?

절별 해설

12 그들이 말하기를 … 그들에게서 아무것도 요구하지 아니하리이다 느헤미야의 요청을 받은 귀족과 민장들은 아무 조건 없이 가난한 백성들로부터 이자도 받지 않고 담보를 돌려주겠다고 맹세했다. 사실 예루살렘 성벽이 재건되면 가장 큰 이익을 볼 사람들이 그들이었다. 가진 것이 많았던 그들은 침략자들이 공격할 경우 잃을 게 많았다. 따라서 도덕적이고 종교적인 이유뿐만 아니라, 경제적인 이유 때문에라도 그들은 느헤미야의 제안을 받아들일 수밖에 없었다.

13 내가 옷자락을 털며 이르기를 … 이렇게 털려서 빈손이 될지로다 느헤미야는 귀족들과 민장들이 맹세를 번복할 것을 우려하여 일종의 맹세 의식을 거행했다. '옷자락에 있는 모든 것을 털어 버리는 행동'은, 그들이 맹세를 위반할 시 하나님께서 그들의 집과 재산을 그처럼 털어 버리실 것이라는 저주를 상징했다. 이에 백성들은 "아멘"으로 동의하고 하나님을 찬송했다.

14 유다 땅 총독으로 세움을 받은 때 … 총독의 녹을 먹지 아니하였느니라 느헤미야는 여기서 성벽 재건에 대한 이야기를 잠시 멈추고 자신의 이야기를 회고한다. 먼저 자신은 아닥사스다 왕 재위 20년부터 32년까지, 즉 BC 445년부터 433년까지 12년 동안 유다 총독을 역임했다고 말한다. 이어서, 자신이 총독이라는 막강한 권력을 가졌음에도 불구하고 '총독의 녹을 먹지 않았다'라고 회고한다. 사실 총독의 주요 업무는 세금을 징수하여 제반 행정을 처리하고 녹을 받는 것인데, 느헤미야는 그런 당연한 권리조차 행사하지 않았다고 말한다.

15 나는 하나님을 경외하므로 이같이 행하지 아니하고 느헤미야가 총독의 녹을 먹지 않은 가장 큰 이유는 그가 하나님을 경외했기 때문이다. 이전 총독들은 관할 구역의 백성들로부터 "양식과 포도주와 또 은 사십 세겔"을 거두어들였다. 하지만 느헤미야는 하나님을 경외하는 자의 청렴함을 보여주었다.

16–18 느헤미야는 총독으로서 자신의 업적을 크게 세 가지로 회고한다. (1)예루살렘 성벽 재건을 소명으로 거기에 최우선 순위를 두고 전념했다. (2)청렴한 삶을 살았다. "땅을 사지 아니하였고"라는 말은, 그가 부채 상환 능력이 없는 사람들의 재산과 토지를 저당 잡거나 부당하게 취득하지 않았다는 뜻이다. (3)근검절약에 힘썼다. 그는 자신을 방문하는 백성들과 외교 사절들을 대접하기 위해 준비하는 모든 음식에 들어가는 비용을 자비로 충당했다.

쉬운성경

12 그들이 말했습니다. "돌려주겠습니다. 그들에게서 아무것도 받지 않겠습니다. 당신이 말한 대로 하겠습니다." 나는 제사장들을 불렀습니다. 그리고 귀족과 관리들에게 그들이 한 말을 지키겠다는 맹세를 하게 했습니다.

13 나는 내 옷의 주머니를 털어 보이며 말했습니다. "누구든지 자기 약속을 지키지 않는 사람은 하나님께서 그 집과 재산을 이렇게 털어 버리실 것이오. 그런 사람은 빈털터리가 되고 말 것이오." 그러자 그곳에 있는 모든 사람이 "아멘"이라고 말했습니다. 그들은 여호와를 찬양했으며 사람들은 약속을 지켰습니다.

14 나는 아닥사스다 왕 이십 년에 유다 땅의 총독으로 임명되었습니다. 나는 아닥사스다 왕 삼십이 년까지 십이 년 동안 총독으로 있었습니다. 그동안, 나와 내 형제는 총독에게 지급되는 음식을 먹지 않았습니다.

15 나보다 먼저 총독으로 있던 사람들은 백성에게 무거운 짐을 지웠습니다. 그들은 각 사람에게서 은 사십 세겔*을 거두었습니다. 그리고 그들은 음식과 포도주도 거두어들였습니다. 심지어 그들의 종들까지도 백성을 부려 먹었습니다. 그러나 나는 하나님을 두려워하기 때문에 그런 일은 하지 않았습니다.

16 나는 성벽 쌓는 일에 힘을 쏟았습니다. 그곳에 모인 내 종들도 그러했습니다. 우리는 밭을 사들이지 않았습니다.

17 게다가 나는 우리 주변의 여러 나라에서 온 사람 말고도 유다 사람과 관리 백오십 명을 먹여 살렸습니다.

18 그들을 먹여 살리기 위해 날마다 황소 한 마리와 기름진 양 여섯 마리와 닭들을 준비했습니다. 그리고 열흘에 한 번씩 각종

* 5:15 40세겔은 약 456g에 해당된다.

절별 해설

18 내가 총독의 녹을 요구하지 아니하였음은 이 백성의 부역이 중함이었더라 느헤미야가 총독의 녹을 요구하지 않은 또 다른 이유는 백성들의 "부역" 즉, 과중한 조세 부담을 덜어 주기 위해서였다. 한마디로, 느헤미야는 백성의 형편을 살피며 공감하는 지도자의 모범을 보여준 셈이다.

19 내 하나님이여 내가 이 백성을 위하여 행한 모든 일을 기억하사 내게 은혜를 베푸시옵소서 느헤미야는 자신의 회고를 하나님께 대한 기도로 마치고 있다. 혹자는 이 기도를 자기 자랑이라며 못마땅하게 해석하기도 한다. 하지만 그보다는 사람의 마음과 행위를 살피시는 분은 오직 하나님이심을 믿고, 그분께 모든 소망을 두며 그분의 처분만을 바라는 기도자의 신앙을 보여주는 기도라고 볼 수 있다.

포도주도 준비했습니다. 그러나 나는 총독이 되면 당연히 받아야 할 음식을 한 번도 달라고 하지 않았습니다. 그렇게 한 까닭은 백성들의 짐이 너무 크다는 것을 알고 있었기 때문입니다.

19 "나의 하나님, 내가 이 백성을 위해 한 모든 일을 기억하시고 나에게 자비를 베풀어 주십시오."

저자의 묵상

오늘 본문은 느헤미야가 실천한 섬김과 봉사의 리더십[지도력]을 보여준다. 그는 총독으로서 자신이 마땅히 누릴 수 있는 권리조차 행사하지 않았다. 바로 "총독의 녹"을 취하지 않았다. 그 이유는 두 가지 때문이었다. 무엇보다도 느헤미야가 하나님을 경외하는 사람이었기 때문이다. 그에게는 거룩하신 하나님이 자신의 마음과 행위를 살피신다는 경건한 두려움이 있었다. 따라서 세상 기준으로 볼 때는 전혀 문제 될 게 없는 것조차도 하나님의 눈으로 바라보며 행동했다. 빈곤에 시달리는 유다 공동체의 상황과 가난한 백성들을 볼 때, 자신이 총독의 녹을 취하는 것이 하나님 보시기에 옳지 못하다고 여겼던 것이다. 또 다른 이유는 백성들의 과중한 조세 부담을 덜어 주기 위해서였다. 이전 총독들은 엄청난 음식과 비용을 매일 백성들로부터 빼앗다시피 했다. 느헤미야는 과세로 인해 고통당하는 백성들의 모습을 보며 안타까워했고, 그들을 배려하고 사랑하는 마음으로 자신이 받아야 할 몫을 내려놓는 청렴한 삶의 모범을 보여주었다. 오늘날 자기 이익 챙기기에 눈이 먼 이 시대 사람들에게 느헤미야의 귀감은 감동과 더불어 경종을 울려 준다.

무릎 기도 하나님 아버지, 느헤미야와 같은 섬김과 봉사의 리더십을 가진 지도자들을 우리에게 허락하시고, 우리 또한 그를 본받아 하나님을 경외하며 배려와 섬김을 실천하게 하소서.

ESV - Nehemiah 5

12 Then they said, "We will restore these and
require nothing from them. We will do as
you say." And I called the priests and made
them swear to do as they had promised.
13 I also shook out the fold* of my garment and
said, "So may God shake out every man
from his house and from his labor who does
not keep this promise. So may he be
shaken out and emptied." And all the
assembly said "Amen" and praised the
LORD. And the people did as they had
promised.
14 Moreover, from the time that I was
appointed to be their governor in the land of
Judah, from the twentieth year to the thirty-
second year of Artaxerxes the king, twelve
years, neither I nor my brothers ate the food
allowance of the governor.
15 The former governors who were before me
laid heavy burdens on the people and took
from them for their daily ration* forty
shekels* of silver. Even their servants lorded
it over the people. But I did not do so,
because of the fear of God.
16 I also persevered in the work on this wall,
and we acquired no land, and all my
servants were gathered there for the work.
17 Moreover, there were at my table 150 men,
Jews and officials, besides those who came
to us from the nations that were around us.
18 Now what was prepared at my expense* for
each day was one ox and six choice sheep
and birds, and every ten days all kinds of
wine in abundance. Yet for all this I did not
demand the food allowance of the governor,
because the service was too heavy on this
people.
19 Remember for my good, O my God, all that
I have done for this people.

* 5:13 Hebrew *bosom*

* 5:15 Compare Vulgate; Hebrew *took from them for food and wine after*

* 5:15 A *shekel* was about 2/5 ounce or 11 grams

* 5:18 Or *prepared for me*

13 shake out… …을 털다 fold 옷의 겹친 부분 empty 없어지게 하다 14 governor (식민지의) 총독 allowance 수당 15 lay a burden on… …에게 짐을 지우다 ration (식량 등의) 할당량 lord it over… …을 지배하다 16 persevere 끝까지 해내다 acquire 손에 넣다 18 expense 비용 choice 고르고 골라 뽑은 in abundance 풍부하게 demand 요구하다

• MEMO •

12 대적들의 음모를 극복한 느헤미야

월 일

느헤미야 6:1-9 • 새찬송 585장 | 통일 384장

• 말씀묵상 전에 성령님의 인도하심을 구하는 기도를 드리십시오.

본문요약 | 성벽 공사가 완공 단계에 접어들자 원수들은 더욱 격렬하게 방해 공작을 펼친다. 먼저 산발랏은 느헤미야에게 대화를 제의하면서, 이것을 기회로 삼아 암살 음모를 꾸민다. 이를 눈치챈 느헤미야가 정중히 거절하자, 이번에는 느헤미야가 역모를 꾸민다는 중상모략을 담은 편지로 그를 협박한다. 하지만 느헤미야는 이 모든 음모에 흔들리지 않고 하나님을 의지한다.

1 산발랏과 도비야와 아라비아 사람 게셈과 그 나머지 우리의 원수들이 내가 성벽을 건축하여 허물어진 틈을 남기지 아니하였다 함을 들었는데 그때는 내가 아직 성문에 문짝을 달지 못한 때였더라

2 산발랏과 게셈이 내게 사람을 보내어 이르기를 오라 우리가 오노 평지 한 촌에서 서로 만나자 하니 실상은 나를 해하고자 함이었더라

3 내가 곧 그들에게 사자들을 보내어 이르기를 내가 이제 큰 역사를 하니 내려가지 못하겠노라 어찌하여 역사를 중지하게 하고 너희에게로 내려가겠느냐 하매

4 그들이 네 번이나 이같이 내게 사람을 보내되 나는 꼭 같이 대답하였더니

5 산발랏이 다섯 번째는 그 종자의 손에 봉하지 않은 편지를 들려 내게 보냈는데

6 그 글에 이르기를 이방 중에도 소문이 있고 가스무도 말하기를 너와 유다 사람들이 모반하려 하여 성벽을 건축한다 하나니 네가 그 말과 같이 왕이 되려 하는도다

7 또 네가 선지자를 세워 예루살렘에서 너를 들어 선전하기를 유다에 왕이 있다 하게 하였으니 지금 이 말이 왕에게 들릴지라 그런즉 너는 이제 오라 함께 의논하자 하였기로

8 내가 사람을 보내어 그에게 이르기를 네가 말한 바 이런 일은 없는 일이요 네 마음에서 지어낸 것이라 하였나니

9 이는 그들이 다 우리를 두렵게 하고자 하여 말하기를 그들의 손이 피곤하여 역사를 중지하고 이루지 못하리라 함이라 이제 내 손을 힘 있게 하옵소서 하였노라

1. 오늘 하나님께서 나에게 주신 깨달음은 무엇입니까?

2. 말씀을 어떻게 내 삶에 구체적으로 적용해야 합니까?

절별 해설

1 산발랏, 도비야, 게셈 성벽 공사가 막바지에 접어들면서 원수들의 반대도 더욱 거세졌다. 특히 산발랏, 도비야, 게셈, 이 세 사람이 '악의 축'을 형성하며 방해 공작을 펼쳤다.

2 오라 우리가 오노 평지 한 촌에서 서로 만나자 하니 실상은 나를 해하고자 함이었더라 산발랏과 게셈은 느헤미야에게 오노 평지에서 만나자는 제의를 한다. 오노 평지는 아마도 유다와 사마리아의 접경 지역으로 추측된다. 얼핏 보기에 이 제안은 화해의 몸짓으로 보이지만, 정말 화해를 원했다면 오히려 스스로 무장 해제를 하고 예루살렘에서 만날 것을 제안하는 것이 더 합당해 보인다. 결국 대화를 핑계 삼아 느헤미야를 해하려는 음모를 꾸몄다.

3–4 내가 이제 큰 역사를 하니 내려가지 못하겠노라 느헤미야는 대적들의 제안에서 불순한 음모를 직감하고, 성벽 공사 때문에 바쁘다는 핑계를 대며 지혜롭게 거절한다. 그러자 산발랏 일당은 똑같은 제안을 네 번이나 거듭했다. 동일한 요청을 반복하면 상대방의 마음이 약해져서 결국 수락할 것이라고 예상했던 것 같다. 하지만 반복된 제의는 느헤미야의 의심만 가중시켰고, 그 역시 거절의 답신을 거듭 보냈다.

5 산발랏이 다섯 번째는 그 종자의 손에 봉하지 않은 편지를 들려 내게 보냈는데 느헤미야와의 회합이 불가능함을 깨달은 산발랏은 전략을 바꿔서 공개 서신으로 느헤미야를 협박했다. 일반적으로 고대 근동에서는 법률 문서를 작성할 때 봉인되지 않은 편지와 봉인된 편지, 이렇게 두 종류를 만들었다. 전자는 현장에서 공개하여 바로 사용하는 문서이고, 후자는 논쟁이 발생했을 경우에 증거로 보여주기 위해 보관하는 용도였다. 산발랏이 봉인되지 않은 공개 서신을 보냈다는 것은 누구나 읽어 볼 수 있게 함으로써 문제를 키우겠다는 의도였다.

6–7 그 글에 이르기를 편지의 내용은 두 가지였다. 하나는 느헤미야가 성벽을 건축하여 왕이 되려 하고 있다는 것이다. 다른 하나는, 느헤미야를 왕으로 선포해 줄 선지자를 이미 임명해 두었다는 것이다. 결국 이 편지는 느헤미야의 역모를 담고 있었다. 이것은 과거에 르훔과 사마리아 관리들이 에스라와 성전 건축자들을 모함했던 것과 동일한 방법이다. 그때 그들은 에스라와 성전 건축자들이 반역의 조짐을 보인다고 모함하며 이 사실을 아닥사스다 왕에게 상소로 올리는 바람에 성전 공사가 다리오 왕 2년까지 중단된 일이 있었다(스 4:7–24). 산발랏이 이같은 억지 주장을 담은 공개 서신을 느헤미야에게 보낸 것은 일종의 협박이나 다름없었다.

8–9 내가 사람을 보내어 그에게 이르기를 느헤미야는 산발랏의 이런 협박이 성벽 건축을 중단시키려는 음모임을 깨닫고

쉬운성경

1 내가 빈틈 하나 남기지 않고 성벽을 다 쌓았다는 말을 산발랏과 도비야와 아라비아 사람 게셈을 포함하여 우리의 원수들이 들었습니다. 하지만 그때까지도 문짝은 달지 못한 상태였습니다.

2 산발랏과 게셈이 나에게 전갈을 보냈습니다. "느헤미야여, 오노 평야의 한 마을에서 만납시다." 그러나 그들은 나를 해칠 계획을 꾸미고 있었습니다.

3 그래서 나는 사람들을 보내어 이렇게 말했습니다. "지금 중요한 일을 하고 있으므로 내려갈 수 없소. 이 일을 끝마치기 전까지는 당신들을 만날 수 없소."

4 산발랏과 게셈은 똑같은 전갈을 네 번이나 보냈습니다. 그때마다 나는 똑같은 대답을 하였습니다.

5 산발랏이 다섯 번째로 자기 종을 시켜 나에게 전갈을 보냈습니다. 그 종의 손에는 봉하지 않은 편지가 들려 있었습니다.

6 그 편지의 내용은 이러합니다.
"당신과 유다 사람들이 왕에게 반역할 계획을 세우고 있다는 소문이 온 나라에 퍼지고 있소. 가스무*도 그 소문이 옳다고 말하고 있소. 당신이 성벽을 쌓고 있는 것도 그 때문이라고 하오. 그 소문에 따르면, 당신이 그들의 왕이 되려 하고 있다는 것이오.

7 또한 당신이 예언자들을 내세워 예루살렘에서 '유다에 왕이 있다!'라고 선언하게 한다는 것이오. 왕도 이 말을 듣게 될 것이오. 그러니 이 문제를 가지고 함께 이야기해 봅시다."

8 그래서 내가 그에게 답장을 보냈습니다. "당신이 한 말은 사실이 아니오. 그것은 당신이 마음대로 지어낸 생각일 뿐이오."

9 우리의 원수들은 우리에게 겁을 주려 했습니다. 그들은 그렇게 하면 우리가 힘을 잃고 성벽 쌓는 일도 하지 못할 줄 알았던 것입니다. 그러나 나는 "하나님, 내 손에 힘을 주십시오"라고 기도했습니다.

* 6:6 '게셈'이라고도 한다.

산발랏의 만남에 대한 제의를 거듭 거절했다. 만약 느헤미야가 산발랏을 만난다면, 그 소문이 사실이기 때문에 그것을 무마시키려고 만난 것처럼 보일 수 있었다. 그래서 오히려 "이런 일은 없는 일이요 네 마음에서 지어낸 것이라"고 단호하게 대처했다. 그리고 느헤미야는 이런 억울함을 직접 풀기보다는 하나님을 찾아 "이제 내 손을 힘 있게 하옵소서"라고 그분께 처분을 맡겼다.

저자의 묵상

성벽 공사가 완공 단계에 이르자 느헤미야의 대적들은 초조함을 감추지 못했다. 어떡하든지 공사를 방해하고 중지시키기 위해 두 가지 음모를 꾸몄다. 먼저, 느헤미야에게 만남과 대화를 제의했다. 표면적으로는 화해의 몸짓처럼 보이지만, 거기에는 느헤미야를 대화의 장으로 끌어낸 후 해하려는 음모가 도사리고 있었다. 이런 낌새를 눈치챈 느헤미야는 바쁘다는 핑계를 대며 지혜롭게 거절했다. 그러자 이번에는 대적들이 전략을 바꿔 협박을 시도했다. 느헤미야가 역모를 꾸민다는 편지를 가짜로 만들어 공개한 것이다. 하지만 느헤미야는 냉정하고 단호하게 그들의 편지가 사실무근이며 지어낸 것이라고 선언한다. 그리고 하나님께 억울함을 호소했다. 느헤미야가 겪은 방해 공작은 어제오늘 일도 아닐뿐더러 오늘 우리에게도 비일비재하게 일어나는 일이다. 악한 마귀는 우리 주변 사람들을 동원하여 우리를 회유하기도 하고 협박하기도 하면서, 우리가 하나님의 일을 하지 못하게 방해한다. 그럴수록 우리는 느헤미야와 같이 "이제 내 손을 힘 있게 하옵소서"(9절)라고 기도하며 더욱 단호하게 믿음으로 대처해야 한다.

무릎 기도 | 하나님 아버지, 주변 사람들을 동원하여 우리를 회유하고 협박하면서 하나님의 일을 못하게 방해하는 악한 마귀의 음모를 꿰뚫어 보고, 단호하게 물리칠 수 있도록 도와주소서.

ESV - Nehemiah 6

1 Now when Sanballat and Tobiah and Geshem the Arab and the rest of our enemies heard that I had built the wall and that there was no breach left in it (although up to that time I had not set up the doors in the gates),
2 Sanballat and Geshem sent to me, saying, "Come and let us meet together at Hakkephirim in the plain of Ono." But they intended to do me harm.
3 And I sent messengers to them, saying, "I am doing a great work and I cannot come down. Why should the work stop while I leave it and come down to you?"
4 And they sent to me four times in this way, and I answered them in the same manner.
5 In the same way Sanballat for the fifth time sent his servant to me with an open letter in his hand.
6 In it was written, "It is reported among the nations, and Geshem* also says it, that you and the Jews intend to rebel; that is why you are building the wall. And according to these reports you wish to become their king.
7 And you have also set up prophets to proclaim concerning you in Jerusalem, 'There is a king in Judah.' And now the king will hear of these reports. So now come and let us take counsel together."
8 Then I sent to him, saying, "No such things as you say have been done, for you are inventing them out of your own mind."
9 For they all wanted to frighten us, thinking, "Their hands will drop from the work, and it will not be done." But now, O God,* strengthen my hands.

* 6:6 Hebrew *Gashmu*
* 6:9 Hebrew lacks *O God*

1 breach 갈라진 틈 2 plain 평원 intend to… …하려고 생각하다 do… harm …에게 해를 입히다 4 manner 방식, 방법 6 Jew 유대인 rebel 반란을 일으키다 7 proclaim 선포하다 concerning …에 대하여 take counsel together 함께 상의하다 8 invent (사실이 아닌 것을) 지어내다 9 frighten 겁먹게 하다 drop 그만두다 strengthen 강하게 하다

☐ 묵상 체크

13 마침내 성벽 공사를 끝낸 느헤미야

월 일

느헤미야 6:10-19 • 새찬송 357장 | 통일 397장

• 말씀묵상 전에 성령님의 인도하심을 구하는 기도를 드리십시오.

본문요약 | 대적들은 회유와 협박이 모두 실패하자 선지자 스마야를 매수하였다. 매수된 스마야는 느헤미야가 율법을 어기고 성소 안으로 도망치도록 부추긴다. 하지만 느헤미야는 이것이 음모임을 눈치채고 거절한다. 그리고 마침내 예루살렘 성벽 공사를 시작한지 52일 만인 엘룰 월 25일에 성벽을 완공한다. 하지만 대적들은 느헤미야를 계속 위협하며 괴롭혔다.

10 이후에 므헤다벨의 손자 들라야의 아들 스마야가 두문불출하기로 내가 그 집에 가니 그가 이르기를 그들이 너를 죽이려 올 터이니 우리가 하나님의 전으로 가서 외소 안에 머물고 그 문을 닫자 저들이 반드시 밤에 와서 너를 죽이리라 하기로

11 내가 이르기를 나 같은 자가 어찌 도망하며 나 같은 몸이면 누가 외소에 들어가서 생명을 보존하겠느냐 나는 들어가지 않겠노라 하고

12 깨달은즉 그는 하나님께서 보내신 바가 아니라 도비야와 산발랏에게 뇌물을 받고 내게 이런 예언을 함이라

13 그들이 뇌물을 준 까닭은 나를 두렵게 하고 이렇게 함으로 범죄하게 하고 악한 말을 지어 나를 비방하려 함이었느니라

14 내 하나님이여 도비야와 산발랏과 여선지 노아댜와 그 남은 선지자들 곧 나를 두렵게 하고자 한 자들의 소행을 기억하옵소서 하였노라

15 성벽 역사가 오십이 일 만인 엘룰 월 이십오 일에 끝나매

16 우리의 모든 대적과 주위에 있는 이방 족속들이 이를 듣고 다 두려워하여 크게 낙담하였으니 그들이 우리 하나님께서 이 역사를 이루신 것을 앎이니라

17 또한 그때에 유다의 귀족들이 여러 번 도비야에게 편지하였고 도비야의 편지도 그들에게 이르렀으니

18 도비야는 아라의 아들 스가냐의 사위가 되었고 도비야의 아들 여호하난도 베레갸의 아들 므술람의 딸을 아내로 맞이하였으므로 유다에서 그와 동맹한 자가 많음이라

19 그들이 도비야의 선행을 내 앞에 말하고 또 내 말도 그에게 전하매 도비야가 내게 편지하여 나를 두렵게 하고자 하였느니라

1. 오늘 하나님께서 나에게 주신 깨달음은 무엇입니까?

2. 말씀을 어떻게 내 삶에 구체적으로 적용해야 합니까?

절별 해설

10 우리가 하나님의 전으로 가서 외소 안에 머물고 그 문을 닫자 스마야는 선지자이자 제사장이었던 것 같다. 스마야가 두문불출하자 느헤미야가 그를 방문했다. 그는 느헤미야를 보자, 대적들이 당신을 죽이러 올 테니 하나님의 전의 외소로 가서 숨자고 제안한다. 얼핏 듣기에 느헤미야를 위한 예언처럼 들리지만, "외소"는 오직 제사장만 출입할 수 있는 곳이었다.

11–12 그는 … 도비야와 산발랏에게 뇌물을 받고 내게 이런 예언을 함이라 느헤미야는 두 가지 이유를 근거로 스마야의 제안을 거절했다. 하나는, 총독이라는 사회적 지위를 가진 그가 대적을 피해 도망치는 것은 지도자로서 대단히 수치스러운 행위이기 때문이었다. 다른 하나는, 제사장의 신분이 아닌 그가 제사장만 들어가는 외소에 숨을 경우 율법을 범하게 됨으로써 영적인 리더십[지도력]에 치명적인 손상을 입을 수 있기 때문이었다. 마침내 스마야의 예언이 하나님의 예언이 아닌, 도비야와 산발랏의 뇌물을 받고 한 거짓 예언임이 밝혀졌다.

13 나를 두렵게 하고 … 비방하려 함이었느니라 도비야와 산발랏이 스마야에게 뇌물을 주고 거짓 예언을 하게 한 이유는, 예언을 빙자하여 느헤미야에게 불안감을 증폭시켜 하나님의 율법을 범하게 함으로써 그가 백성들로부터 받고 있던 존경과 명예와 리더십을 잃게 만들기 위함이었다. 하지만 느헤미야는 하나님께서 율법에 어긋나는 일을 명하실 분이 아니라고 판단하였고, 결국 대적들의 음모임을 깨닫게 되었다.

14 내 하나님이여 … 나를 두렵게 하고자 한 자들의 소행을 기억하옵소서 이번에도 느헤미야는 직접적인 보복보다는 하나님께 보복을 맡겼다. 이런 태도는 모든 원수 갚음이 하나님께 있다는 성경의 가르침(신 32:35; 시 94:1; 롬 12:19)과 맥을 같이한다.

15–16 성벽 역사가 오십이 일 만인 엘룰 월 이십오 일에 끝나매 … 하나님께서 이 역사를 이루신 것을 앎이니라 지난 140여 년 동안 누구도 해내지 못한 일을 느헤미야는 단 52일 만에 해냈다. 엘룰 월 25일은 오늘날로 환산하면 BC 445년 9월초이다. 이처럼 성벽 재건 공사가 신속하게 완성되자 주변의 많은 대적이 두려워했다. 그들도 이 일이 느헤미야의 지도력뿐만 아니라 하나님의 역사로 이루어진 일임을 알았기 때문이다. 이처럼 하나님의 역사하심은 믿지 않는 사람들에게도 하나님에 대한 경외심과 두려움을 자아낸다.

17–19 성벽 재건 공사가 끝이 났지만, 여전히 대적들의 위협과 방해 공작은 계속되었다. 특히 도비야는 유다 귀족들과 두터운 인맥을 맺고 있었으며, 그것을 배경으로 느헤미야를 괴롭

쉬운성경

10 어느 날, 나는 들라야의 아들 스마야의 집으로 갔습니다. 들라야는 므헤다벨의 아들입니다. 스마야는 자기 집 안에서 나오지 못하고 있었습니다. 스마야가 말했습니다. "느헤미야여, 하나님의 성전에서 만납시다. 성전 안으로 들어가 문을 닫고 잠가 버립시다. 밤이 되면, 사람들이 당신을 죽이러 올 것입니다."

11 하지만 나는 이렇게 말했습니다. "나 같은 사람이 왜 도망을 가야 하오? 왜 내가 성전으로 도망가서 목숨을 건져야 하오? 나는 가지 않겠소."

12 나는 스마야의 말을 들으면서 그것이 하나님께 받은 말씀이 아니라는 사실을 깨달았습니다. 도비야와 산발랏이 그에게 돈을 주어 나에게 이런 예언을 하게 한 것입니다.

13 그들이 스마야에게 돈을 준 까닭은 나에게 겁을 주어 죄를 짓게 하려는 것이었습니다. 그렇게 되면 나에 대해 좋지 않은 소문을 퍼뜨려 나를 해칠 수 있기 때문입니다.

14 나는 이렇게 기도했습니다. "나의 하나님, 도비야와 산발랏을 잊지 말아 주십시오. 그들이 한 일을 잊지 말아 주십시오. 그리고 여예언자 노아댜와 나에게 겁을 주려 한 다른 예언자들도 잊지 말아 주십시오."

15 마침내 예루살렘의 성벽 쌓는 일을 마쳤습니다. 그때는 엘룰 월 이십오 일*이었습니다. 성벽을 다 쌓는 데 오십이 일이 걸렸습니다.

16 우리의 원수들이 그 소식을 들었고 주변의 모든 나라들이 그 모습을 보았습니다. 그들은 이 일이 하나님의 도우심으로 이루어진 사실을 알고 두려워 떨며 겸손히 있었습니다.

17 그런데 성벽을 쌓을 동안 유다의 귀족들이 도비야와 편지를 여러 번 주고받았습니다.

절별 해설

혔다. 일례로, 그의 아들 여호하난은 성벽 공사의 주역 중 하나인 므술람(3:4)의 딸과 결혼하였고, 대제사장 엘리아십의 비호를 받기도 했다(13:4). 그래서 유다의 귀족들은 느헤미야의 일거수일투족을 도비야에게 편지로 알려 주었고, 심지어 느헤미야 앞에서 도비야의 선행을 칭찬하기까지 했다. 이런 사실들은 느헤미야의 개혁과 성벽 공사가 얼마나 힘든 일이었는지 반증해 준다.

18 많은 유다 사람들이 도비야에게 충성을 맹세했습니다. 왜냐하면 도비야는 아라의 아들 스가냐의 사위였기 때문입니다. 도비야의 아들 여호하난도 베레갸의 아들 므술람의 딸과 결혼했습니다.

19 그 귀족들은 내 앞에서 도비야를 칭찬한 뒤, 내가 하는 말을 도비야에게 일러바쳤습니다. 그래서 도비야는 나에게 겁을 주는 편지를 보냈습니다.

* 6:15 이날은 B.C. 445년 10월 2일에 해당된다.

저자의 묵상

마침내 느헤미야의 예루살렘 성벽 재건 공사가 52일 만에 완성되었다. 이처럼 신속하게 공사를 마칠 수 있었던 첫 번째 비결은 느헤미야의 리더십[지도력]이었다. 느헤미야는 대적들의 다양한 음모와 위협에도 불구하고 꿋꿋하게 하나님을 의지하며 공사를 계속해 나갔다. 결국 성벽 공사가 끝났을 때 유다 백성들은 물론이고 주변의 대적들까지 두려워하며 인정한 가장 큰 성공 비결은 바로 하나님의 역사하심이었다. 사실 대적들은 성벽 공사를 방해하기 위해 온갖 공작을 펼쳤다. 앞에서는 느헤미야에게 대화를 제의하면서 뒤로는 암살을 계획하는가 하면, 느헤미야가 왕이 되기 위해 역모를 꾸민다는 거짓 소문을 퍼트리기도 하고, 심지어 선지자를 매수하여 느헤미야에게 거짓 예언을 하게 만들어 그에게 두려움을 심어 주려 했다. 하지만 느헤미야는 이 모든 일이 대적들의 음모임을 깨달았다. 그에게 이런 깨달음을 주신 분은 결국 하나님이시다. 대적들의 방해 공작을 무력화시키신 분은 바로 하나님이셨고, 그 사실을 대적들도 알았던 것이다. 오늘날도 하나님은 우리 그리스도인들의 가장 든든한 배경이 되시며, 우리를 통해 하나님의 위대하심을 증거하신다.

무릎 기도 하나님 아버지, 우리가 느헤미야와 같이 하나님을 의지하고 나아감으로 믿지 않는 사람들까지도 하나님에 대한 경건한 두려움을 가질 수 있도록 역사하여 주소서.

ESV - Nehemiah 6

10 Now when I went into the house of Shemaiah the son of Delaiah, son of Mehetabel, who was confined to his home, he said, "Let us meet together in the house of God, within the temple. Let us close the doors of the temple, for they are coming to kill you. They are coming to kill you by night."
11 But I said, "Should such a man as I run away? And what man such as I could go into the temple and live?* I will not go in."
12 And I understood and saw that God had not sent him, but he had pronounced the prophecy against me because Tobiah and Sanballat had hired him.
13 For this purpose he was hired, that I should be afraid and act in this way and sin, and so they could give me a bad name in order to taunt me.
14 Remember Tobiah and Sanballat, O my God, according to these things that they did, and also the prophetess Noadiah and the rest of the prophets who wanted to make me afraid.
15 So the wall was finished on the twenty-fifth day of the month Elul, in fifty-two days.
16 And when all our enemies heard of it, all the nations around us were afraid and fell greatly in their own esteem, for they perceived that this work had been accomplished with the help of our God.
17 Moreover, in those days the nobles of Judah sent many letters to Tobiah, and Tobiah's letters came to them.
18 For many in Judah were bound by oath to him, because he was the son-in-law of Shecaniah the son of Arah: and his son Jehohanan had taken the daughter of Meshullam the son of Berechiah as his wife.
19 Also they spoke of his good deeds in my presence and reported my words to him. And Tobiah sent letters to make me afraid.

* 6:11 Or *would go into the temple to save his life*

10 be confined to··· ···에 틀어박혀 있다 12 pronounce against··· ···에 반대의 의견을 말하다 prophecy 예언 13 give··· a bad name ···에게 오명을 씌우다 taunt 조롱하다 16 in one's esteem··· ···의 생각으로는 perceive 알다 accomplish 이루다 18 bind 속박하다 oath 맹세, 서약 19 deed 행위

• MEMO •

14 유다 공동체를 재건하는 느헤미야

월 일

느헤미야 7:1-7 • 새찬송 530장 | 통일 320장

• 말씀묵상 전에 성령님의 인도하심을 구하는 기도를 드리십시오.

본문요약 I 성벽이 완공되고 문짝을 달자 느헤미야는 성문을 지킬 문지기와 성전을 관리할 레위 사람들을 임명한다. 이어서 예루살렘 성을 관리하고 일반 행정을 맡아 볼 인물로 동생 하나니와 충성스런 사람 하나냐를 임명한다. 무엇보다 예루살렘 성에 인구가 적고 가옥이 부족하다는 문제점을 인식한 느헤미야는 우선 인구 조사를 실시한다.

1 성벽이 건축되매 문짝을 달고 문지기와
노래하는 자들과 레위 사람들을 세운 후
에
2 내 아우 하나니와 영문의 관원 하나냐가
함께 예루살렘을 다스리게 하였는데 하나
냐는 충성스러운 사람이요 하나님을 경외
함이 무리 중에서 뛰어난 자라
3 내가 그들에게 이르기를 해가 높이 뜨기
전에는 예루살렘 성문을 열지 말고 아직
파수할 때에 곧 문을 닫고 빗장을 지르며
또 예루살렘 주민이 각각 자기가 지키는
곳에서 파수하되 자기 집 맞은편을 지키
게 하라 하였노니
4 그 성읍은 광대하고 그 주민은 적으며 가
옥은 미처 건축하지 못하였음이니라
5 내 하나님이 내 마음을 감동하사 귀족들
과 민장들과 백성을 모아 그 계보대로 등
록하게 하시므로 내가 처음으로 돌아온
자의 계보를 얻었는데 거기에 기록된 것
을 보면
6 옛적에 바벨론 왕 느부갓네살에게 사로잡
혀 갔던 자들 중에서 놓임을 받고 예루살
렘과 유다에 돌아와 각기 자기들의 성읍
에 이른 자들 곧
7 스룹바벨과 예수아와 느헤미야와 아사랴
와 라아먀와 나하마니와 모르드개와 빌산
과 미스베렛과 비그왜와 느훔과 바아나와
함께 나온 이스라엘 백성의 명수가 이러
하니라

1. 오늘 하나님께서 나에게 주신 깨달음은 무엇입니까?

2. 말씀을 어떻게 내 삶에 구체적으로 적용해야 합니까?

1 문짝을 달고 문지기와 노래하는 자들과 레위 사람들을 세운 후에 성벽에 문짝을 다는 것으로 성벽 건축이 끝나자, 느헤미야는 성문을 지킬 문지기와 예루살렘 성전에서 봉사할 레위 사람들을 세웠다. 본래 문지기는 성전 입구를 경비하고, 성전 경내의 치안을 유지하며, 성전의 출입을 관리하는 책임을 지고 있던 사람들이다. 그러다가 느헤미야 시대에 예루살렘 성의 안전이 위협을 당하자 성문 경비를 전담하게 되었다.

2 하나니, 하나냐 느헤미야는 예루살렘 성의 관리와 일반 행정을 동생 하나니와 영문의 관원(왕궁 지휘관) 하나냐에게 위임했다. 하나니(1:2)는 느헤미야의 동생으로 유다 공동체 안에서 비교적 잘 알려진 인물이었기 때문에 별다른 소개를 덧붙이지 않은 것 같다. 반면에 하나냐는 "충성"스럽고 "하나님을 경외함"이 뛰어난 자라고 소개한다. 여기서 인상적인 것은, 느헤미야가 사람을 등용할 때 행정력이나 전투력을 우선으로 보지 않고, 성품과 신앙에 주목했다는 점이다. 오늘날 지도자들이 온갖 비리로 얼룩진 모습을 볼 때, 느헤미야의 인재 등용 관점은 주목할 필요가 있다.

3 해가 높이 뜨기 전에는 예루살렘 성문을 열지 말고 느헤미야는 해가 환하게 뜬 이후에 성문을 개방하고, 해가 지기 전에 성문을 닫으라는 지침을 내린다. 이것은 일반적인 개폐 시간과 차이가 있다. 대개 성문은 해 뜨기 전에 일찍 열었다가 해가 지고 난 후에 닫는 것이 관례였다. 그런데 이렇게 시간을 조정한 것은 그만큼 문지기의 수가 부족해서였을 수도 있지만, 무엇보다 대적들이 침략해 올 수 있는 빈틈을 보이지 않기 위해서였을 것이다. **예루살렘 주민이 각각 자기가 지키는 곳에서 파수하되 자기 집 맞은편을 지키게 하라** 또한 예루살렘 주민들이 자기 집 가까운 곳을 경비하도록 지시했다. 이렇게 할 경우, 자기 집과 가족을 보호하기 위해서라도 최선을 다해 경비할 것이 분명했다.

4 그 성읍은 광대하고 그 주민은 적으며 가옥은 미처 건축하지 못하였음이니라 성벽 건축 이후에 예루살렘 성이 직면한 당면 과제는 바로 인구의 부족과 주택의 부족이었다. 예루살렘이 살기에 안전한 도성이 되고 유다 공동체의 중심이 되려면 더 많은 가옥의 건축과 인구 증가가 필수적이었다. 따라서 대대적인 이주 정책이 절실했고, 이를 위해 인구 조사를 실시했다.

5-7 그 계보대로 등록하게 하시므로 느헤미야의 인구 조사는 하나님이 주신 "감동"으로 시작되었다. 이는 과거 다윗의 인구 조사가 사탄의 '충동'으로 시작된 것과 대조를 이룬다(대상 21:1). 느헤미야는 인구 조사를 위해 지도자들을 모으고 제1차 귀환자 명단을 작성한다. 여기 "처음으로 돌아온 자의 계보를 얻었는데"라는 표현은 아마도 에스라 2장의 명단을 가리키는 것 같다. 아마도 느

1 성벽을 다 쌓은 뒤에 나는 문들을 제자리에 달고 문지기와 노래하는 사람과 레위 사람들을 뽑아 각각 일을 맡겼습니다.

2 나는 내 동생인 하나니에게 왕궁의 지휘관인 하나냐와 더불어 예루살렘을 맡겼습니다. 하나냐는 정직하며 다른 누구보다도 하나님을 두려워하는 사람이었습니다.

3 내가 그들에게 말했습니다. "해가 떠서 더워지기 전에는 예루살렘의 문을 열지 마시오. 문지기들이 문을 지키고 있을 때에 그들더러 문을 닫아걸고 빗장을 지르라고 하시오. 예루살렘에 사는 사람들을 경비원으로 세우시오. 경비 초소와 자기 집 앞에 사람들을 세워 지키게 하시오."

4 성은 크고 넓었지만, 거기에 사는 사람은 얼마 되지 않았습니다. 그리고 아직 집들도 지어지지 않았습니다.

5 그래서 하나님께서 나에게 사람들을 모으게 하셨습니다. 나는 귀족과 지도자와 평민들을 모았습니다. 그런 다음, 집안별로 족보에 등록하도록 하였습니다. 나는 가장 먼저 유다로 돌아온 사람들의 족보를 찾았습니다. 거기에는 다음과 같이 적혀 있었습니다.

6 바빌론의 느부갓네살 왕에게 포로로 잡혀갔다가 예루살렘과 유다의 자기 마을로 돌아온 사람들은 이러합니다.

7 그들을 이끌었던 지도자는 스룹바벨과 예수아와 느헤미야와 아사랴*와 라아먀와 나하마니와 모르드개와 빌산과 미스베렛*과 비그왜와 느훔*과 바아나입니다. 이스라엘 백성의 수는 이러합니다.

* 7:7 (히)'아사랴'는 '스라야'와 동일 인물이고 (느 11:11), (히)'미스베렛'은 '미스발'과 동일 인물이며(스 2:2), (히)'느훔'은 '르훔'과 동일 인물이다(스 2:2).

헤미야는 에스라의 명단을 바탕으로 명단을 작성한 것 같다. 그래서 6절부터는 에스라 2장의 명단과 거의 동일하며, 다만 느헤미야 7장 70-72절과 에스라 2장 68-70절만 약간의 차이가 있을 뿐이다.

저자의 묵상

일반적으로 사람이 큰일을 이루고 나면 교만에 빠지거나 성공 후유증에 시달리기 마련이다. 하지만 느헤미야는 예루살렘 성벽 건축 완성이라는 대역사를 이루고 난 뒤에도 성취감에 휩싸여 안주하거나 교만하지 않았다. 오히려 그는 새로운 사역에 눈을 돌렸다. 느헤미야가 진정으로 마음에 품었던 비전은 예루살렘 성전과 성벽 재건을 통해 이스라엘 공동체를 재건하는 것이었다. 예루살렘 성이 과거 다윗과 솔로몬 시대처럼 하나님의 영광이 임재하는 이스라엘의 중심지가 되기를 원했다. 그런 비전의 눈으로 볼 때 예루살렘 성이 직면한 문제점은 인구의 부족과 주택의 부족이었다. 느헤미야는 이 일을 위해 인구 조사를 실시하기로 결심한다. 주목할 점은 인구 조사를 '하나님의 감동'(5절)으로 시작하게 되었다는 것이다. 그런 점에서 느헤미야는 백성의 지도자라는 위상보다는 하나님의 종이라는 인식을 늘 가지고 있었던 인물임에 틀림없다. 우리도 높은 자리에 오르는 데만 관심을 쏟을 것이 아니라, 하나님의 종이라는 인식을 하고 살아야 할 것이다.

무릎 기도 하나님 아버지, 우리가 성공이나 성취에 도취하여 안주하거나 교만하지 않고, 오직 하나님의 종이라는 인식을 가지고 겸손히 비전을 향해 나아가게 하소서.

ESV - Nehemiah 7

1 Now when the wall had been built and I had set up the doors, and the gatekeepers, the singers, and the Levites had been appointed,

2 I gave my brother Hanani and Hananiah the governor of the castle charge over Jerusalem, for he was a more faithful and God-fearing man than many.

3 And I said to them, "Let not the gates of Jerusalem be opened until the sun is hot. And while they are still standing guard, let them shut and bar the doors. Appoint guards from among the inhabitants of Jerusalem, some at their guard posts and some in front of their own homes."

4 The city was wide and large, but the people within it were few, and no houses had been rebuilt.

5 Then my God put it into my heart to assemble the nobles and the officials and the people to be enrolled by genealogy. And I found the book of the genealogy of those who came up at the first, and I found written in it:

6 These were the people of the province who came up out of the captivity of those exiles whom Nebuchadnezzar the king of Babylon had carried into exile. They returned to Jerusalem and Judah, each to his town.

7 They came with Zerubbabel, Jeshua, Nehemiah, Azariah, Raamiah, Nahamani, Mordecai, Bilshan, Mispereth, Bigvai, Nehum, Baanah. The number of the men of the people of Israel:

1 gatekeeper 문지기 appoint 임명하다 2 governor (식민지의) 총독 charge 책임 3 stand guard 보초 서다 bar …에 빗장을 지르다 inhabitant 주민 guard post 경계초소 5 assemble 모으다 enroll 명부에 올리다 genealogy 계보 6 captivity 포로 exile 사로잡힌 자

15 느헤미야의 인구 조사

월 일

느헤미야 7:6-73 • 새찬송 310장 | 통일 410장

• 말씀묵상 전에 성령님의 인도하심을 구하는 기도를 드리십시오.

본문요약 I 성벽 재건 공사를 감격스럽게 마친 느헤미야는 곧바로 인구 조사를 시행한다. 이 조사의 목적은 새롭게 재건된 예루살렘 성을 방어하기에 충분한 거주민을 확보하고, 예루살렘이 명실공히 이스라엘의 영적 구심점이 되도록 하는 데 있었다. 하나님의 감동으로 시작된 인구 조사는 성공적으로 마무리된다.

6 옛적에 바벨론 왕 느부갓네살에게 사로잡혀 갔던 자들 중에서 놓임을 받고 예루살렘과 유다에 돌아와 각기 자기들의 성읍에 이른 자들 곧
7 스룹바벨과 예수아와 느헤미야와 아사랴와 라아먀와 나하마니와 모르드개와 빌산과 미스베렛과 비그왜와 느훔과 바아나와 함께 나온 이스라엘 백성의 명수가 이러하니라
8 바로스 자손이 이천백칠십이 명이요
9 스바댜 자손이 삼백칠십이 명이요
10 아라 자손이 육백오십이 명이요
11 바핫모압 자손 곧 예수아와 요압 자손이 이천팔백십팔 명이요
12 엘람 자손이 천이백오십사 명이요
13 삿두 자손이 팔백사십오 명이요
14 삭개 자손이 칠백육십 명이요
15 빈누이 자손이 육백사십팔 명이요
16 브배 자손이 육백이십팔 명이요
17 아스갓 자손이 이천삼백이십이 명이요
18 아도니감 자손이 육백육십칠 명이요
19 비그왜 자손이 이천육십칠 명이요
20 아딘 자손이 육백오십오 명이요
21 아델 자손 곧 히스기야 자손이 구십팔 명이요
22 하숨 자손이 삼백이십팔 명이요
23 베새 자손이 삼백이십사 명이요
24 하립 자손이 백십이 명이요
25 기브온 사람이 구십오 명이요
26 베들레헴과 느도바 사람이 백팔십팔 명이요
27 아나돗 사람이 백이십팔 명이요
28 벧아스마웻 사람이 사십이 명이요
29 기랴여아림과 그비라와 브에롯 사람이 칠백사십삼 명이요
30 라마와 게바 사람이 육백이십일 명이요
31 믹마스 사람이 백이십이 명이요
32 벧엘과 아이 사람이 백이십삼 명이요
33 기타 느보 사람이 오십이 명이요
34 기타 엘람 자손이 천이백오십사 명이요
35 하림 자손이 삼백이십 명이요
36 여리고 자손이 삼백사십오 명이요
37 로드와 하딧과 오노 자손이 칠백이십일 명이요
38 스나아 자손이 삼천구백삼십 명이었느니라
39 제사장들은 예수아의 집 여다야 자손이 구백칠십삼 명이요
40 임멜 자손이 천오십이 명이요
41 바스훌 자손이 천이백사십칠 명이요
42 하림 자손이 천십칠 명이었느니라
43 레위 사람들은 호드야 자손 곧 예수아와 갓미엘 자손이 칠십사 명이요
44 노래하는 자들은 아삽 자손이 백사십팔 명이요
45 문지기들은 살룸 자손과 아델 자손과 달문 자손과 악굽 자손과 하디다 자손과 소배 자손이 모두 백삼십팔 명이었느니라
46 느디님 사람들은 시하 자손과 하수바 자손과 답바옷 자손과
47 게로스 자손과 시아 자손과 바돈 자손과

48 르바나 자손과 하가바 자손과 살매 자손
과
49 하난 자손과 깃델 자손과 가할 자손과
50 르아야 자손과 르신 자손과 느고다 자손
과
51 갓삼 자손과 웃사 자손과 바세아 자손과
52 베새 자손과 므우님 자손과 느비스심 자
손과
53 박북 자손과 하그바 자손과 할훌 자손과
54 바슬릿 자손과 므히다 자손과 하르사 자
손과
55 바르고스 자손과 시스라 자손과 데마 자
손과
56 느시야 자손과 하디바 자손이었느니라
57 솔로몬의 신하의 자손은 소대 자손과 소
베렛 자손과 브리다 자손과
58 야알라 자손과 다르곤 자손과 깃델 자손
과
59 스바댜 자손과 핫딜 자손과 보게렛하스바
임 자손과 아몬 자손이니
60 모든 느디님 사람과 솔로몬의 신하의 자
손이 삼백구십이 명이었느니라
61 델멜라와 델하르사와 그룹과 앗돈과 임멜
로부터 올라온 자가 있으나 그들의 종족
이나 계보가 이스라엘에 속하였는지는 증
거할 수 없으니
62 그들은 들라야 자손과 도비야 자손과 느
고다 자손이라 모두가 육백사십이 명이요
63 제사장 중에는 호바야 자손과 학고스 자
손과 바르실래 자손이니 바르실래는 길르
앗 사람 바르실래의 딸 중의 하나로 아내
를 삼고 바르실래의 이름으로 불린 자라
64 이 사람들은 계보 중에서 자기 이름을 찾
아도 찾지 못하였으므로 그들을 부정하게
여겨 제사장의 직분을 행하지 못하게 하
고
65 총독이 그들에게 명령하여 우림과 둠밈을
가진 제사장이 일어나기 전에는 지성물을
먹지 말라 하였느니라
66 온 회중의 합계는 사만 이천삼백육십 명
이요
67 그 외에 노비가 칠천삼백삼십칠 명이요
그들에게 노래하는 남녀가 이백사십오 명
이 있었고
68 말이 칠백삼십육 마리요 노새가 이백사십
오 마리요
69 낙타가 사백삼십오 마리요 나귀가 육천칠
백이십 마리였느니라
70 어떤 족장들은 역사를 위하여 보조하였고
총독은 금 천 드라크마와 대접 오십과 제
사장의 의복 오백삼십 벌을 보물 곳간에
드렸고
71 또 어떤 족장들은 금 이만 드라크마와 은
이천이백 [1]마네를 역사 곳간에 드렸고
72 그 나머지 백성은 금 이만 드라크마와 은
이천 마네와 제사장의 의복 육십칠 벌을
드렸느니라
73 이와 같이 제사장들과 레위 사람들과 문
지기들과 노래하는 자들과 백성 몇 명과
느디님 사람들과 온 이스라엘 자손이 다
자기들의 성읍에 거주하였느니라

1) 1마네는 50세겔

1. 오늘 하나님께서 나에게 주신 깨달음은 무엇입니까?

2. 말씀을 어떻게 내 삶에 구체적으로 적용해야 합니까?

절별 해설

6-73 여기에 수록된 명단을 세부적으로 정리해 보면 다음과 같다.
6-7절 : 귀환한 유다 사람의 대표들
8-25절 : 집안별[족속들]로 구분된 사람들
26-38절 : 출신 지역별로 구분된 사람들
39-42절 : 귀환한 제사장들의 가계
43-45절 : 레위 사람들
46-56절 : 성전의 일꾼들(느디님 사람들)
57-60절 : 솔로몬의 신하의 자손들
61-65절 : 족보[계보]가 불분명한 사람들의 자손
66-69절 : 합계와 기타 총수
70-72절 : 성전 건축을 위해 바친 예물
73절 : 정착 상황 보고

6 옛적에 바벨론 왕 느부갓네살에게 사로잡혀 갔던 자들 중에서 놓임을 받고 BC 586년 예루살렘이 파괴되고 대규모 포로가 바벨론에 끌려간 이후 약 50년이 지난 BC 538년 스룹바벨이 주도한 제1차 포로 귀환이 이루어졌다. 그리고 약 80년이 지난 BC 458년 에스라의 주도로 제2차 포로 귀환이 일어나고, 이어서 14년 뒤인 BC 445/444년에 느헤미야가 제3차 포로귀환을 주도하였다. 그리고 곧바로 느헤미야는 탁월한 리더십을 발휘하여 예루살렘 성벽이 무너진 지 약 140년 만에 성벽을 재건하였다.

7 스룹바벨과 예수아와 느헤미야와 … 바아나와 이 구절은 제1차 포로 귀환 때 바벨론에서 이스라엘 백성을 이끌고 귀국한 12명의 지도자 이름을 기록하고 있다. 여기서 12명을 언급한 것은 아마도 이스라엘의 12지파가 모두 귀환 행렬에 동참했다는 것을 상징적으로 보여주기 위함인 것 같다. 성경은 이 12명 중에서 처음 두 사람에 대해서만 추가적인 정보를 제공한다. "스룹바벨"은 바사 왕 고레스의 허락으로 제1차 포로 귀환을 주도한 유다 총독이다(스 2:1-64). 그는 '하나님의 종'이라는 칭호를 들었으며(학 2:23), 예수님의 족보에도 이름이 올라 있다(마 1:13; 눅 3:27). 그는 귀환 직

쉬운성경

6 바빌론의 느부갓네살 왕에게 포로로 잡혀갔다가 예루살렘과 유다의 자기 마을로 돌아온 사람들은 이러합니다.
7 그들을 이끌었던 지도자는 스룹바벨과 예수아와 느헤미야와 아사랴*와 라아먀와 나하마니와 모르드개와 빌산과 미스베렛*과 비그왜와 느훔*과 바아나입니다. 이스라엘 백성의 수는 이러합니다.
8 바로스의 자손이 이천백칠십이 명,
9 스바댜의 자손이 삼백칠십이 명,
10 아라의 자손이 육백오십이 명,
11 바핫모압의 자손, 곧 예수아와 요압의 자손이 이천팔백십팔 명,
12 엘람의 자손이 천이백오십사 명,
13 삿두의 자손이 팔백사십오 명,
14 삭개의 자손이 칠백육십 명,
15 빈누이*의 자손이 육백사십팔 명,
16 브배의 자손이 육백이십팔 명,
17 아스갓의 자손이 이천삼백이십이 명,
18 아도니감의 자손이 육백육십칠 명,
19 비그왜의 자손이 이천육십칠 명,
20 아딘의 자손이 육백오십오 명,
21 아델의 자손, 곧 히스기야의 자손이 구십팔 명,
22 하숨의 자손이 삼백이십팔 명,
23 베새의 자손이 삼백이십사 명,
24 하립*의 자손이 백십이 명,
25 기브온*의 자손이 구십오 명입니다.
26 베들레헴과 느도바 마을 사람이 백팔십팔 명,
27 아나돗 사람이 백이십팔 명,
28 벧아스마 사람이 사십이 명,
29 기랴여아림과 그비라와 브에롯 사람이 칠백사십삼 명,
30 라마와 게바 사람이 육백이십일 명,
31 믹마스 사람이 백이십이 명,
32 벧엘과 아이 사람이 백이십삼 명,
33 다른 느보 사람이 오십이 명,
34 다른 엘람 사람이 천이백오십사 명,
35 하림 사람이 삼백이십 명,
36 여리고 사람이 삼백사십오 명,
37 로드와 하딧과 오노 사람이 칠백이십일 명,
38 스나아 사람이 삼천구백삼십 명입니다.

* 7:7 (히)'아사랴'는 '스라야'와 동일 인물이고(느 11:11), (히)'미스베렛'은 '미스발'과 동일 인물이며(스 2:2), (히)'느훔'은 '르훔'과 동일 인물이다(스 2:2).
* 7:15 (히)'빈누이'는 '바니'와 동일 인물이다(스 2:10).
* 7:24 (히)'하립'은 '요라'와 동일 인물이다(스 2:18).
* 7:25 (히)'기브온'은 '깁발'과 동일 인물이다(스 2:20).

절별 해설

후 무너진 하나님의 제단을 재건하고 제사 제도를 회복시켰으며(스 3:2-3), 무엇보다 수많은 반대와 난관을 물리치고 다리오 왕 6년에 성전 재건을 완성하였다(스 5:1; 6:13-15). "예수아"는 귀환한 이후 첫 번째 대제사장이었으며(학 1:1, 12-14), '여호수아'(Joshua)로 불리기도 한다(슥 3:1-8). 그는 스룹바벨과 함께 예루살렘 재건에 이바지하였다.

46 느디님 사람들 이 말은 히브리어로 '한너티님'인데 '바쳐진 자들'이란 뜻이 있다. 뜻이 모호하다 보니 우리말 성경들과 일부 영어 성경들이 '느디님 사람들'로 음역했다. 그러나 최근에 와서 '느디님'이 성전 막일꾼을 지칭하는 표현이라는 것이 밝혀졌다. 이들은 원래 기브온 족속을 비롯한 가나안 부족들 중 이스라엘에 포로로 잡혀 와서 개종한 사람들로, 성전에서 제사장과 레위 사람들을 돕는 허드렛일을 감당하였다.

57 솔로몬의 신하의 자손 이 사람들은 아마도 솔로몬 때 전쟁 포로로 잡혀 와서 노예 생활을 했던 종들의 후손을 가리키는 것 같다(왕상 9:20-21). 그들에게 "신하"라는 호칭이 붙여진 것은 왕궁의 경비를 맡았기 때문으로 추정된다.

61-65 여기에 언급된 사람들은 집안의 족보를 분실했거나 혹은 여러 가지 이유로 자신이 이스라엘 자손임을 입증하지 못한 사람들이다. 그들은 족보 문제가 해결될 때까지 할례받은 이방인 취급을 받았다. 또한, 63-65절에는 제사장 중 제사장 가문임을 입증하지 못한 경우가 언급되고 있다. 이들은 제사장 직분을 맡기에 적합하지 않다고 여겨져 우림과 둠밈을 가진 제사장이 선출되어 그들의 정체성을 입증하기 전까지는 성전의 음식을 먹을 수 없었다.

39 제사장은 이러합니다. 예수아 집안 여다야의 자손이 구백칠십삼 명,

40 임멜의 자손이 천오십이 명,

41 바스훌의 자손이 천이백사십칠 명,

42 하림의 자손이 천십칠 명입니다.

43 레위 사람은 이러합니다. 호드야*의 자손, 곧 예수아와 갓미엘의 자손이 칠십사 명입니다.

44 노래하는 사람은 이러합니다. 아삽의 자손이 백사십팔 명입니다.

45 문지기는 이러합니다. 살룸과 아델과 달몬과 악굽과 하디다와 소배의 자손이 백삼십팔 명입니다.

46 성전 종들은 이러합니다. 그들은 시하와 하수바와 답바옷과

47 게로스와 시아*와 바돈과

48 르바나와 하가바와 살매와

49 하난과 깃델과 가할과

50 르아야와 르신과 느고다와

51 갓삼과 웃사와 바세아와

52 베새와 므우님과 느비스심*과

53 박북과 하그바와 할훌과

54 바슬릿*과 므히다와 하르사와

55 바르고스와 시스라와 데마와

56 느시야와 하디바의 자손입니다.

57 솔로몬 종들의 자손은 이러합니다. 그들은 소대와 소베렛과 브리다*와

58 야알라와 다르곤과 깃델과

59 스바댜와 핫딜과 보게렛하스바임과 아몬*의 자손입니다.

60 성전 종들과 솔로몬 종들의 자손은 모두 삼백구십이 명입니다.

61 다음은 델멜라와 델하르사와 그룹과 앗돈*과 임멜에서 예루살렘으로 온 사람들입니다. 그러나 그들이 이스라엘 가문의 집안인지는 분명하지 않습니다. 그들의 이름과 수는 이러합니다.

62 들라야와 도비야와 느고다의 자손이 모두 육백사십이 명입니다.

63 제사장 가운데 그 집안이 이스라엘 가문의 집안인지 분명하지 않은 사람은 호바야와 학고스와 바르실래의 자손입니다. 바르실래는 길르앗 사람 바르실래의 딸과 결혼하여 여자쪽 집안의 이름을 이어받았습니다.

* 7:43 (히)'호드야'는 '호다위야'와 동일 인물이다(스 2:40).
* 7:47 (히)'시아'는 '시아하'와 동일 인물이다(스 2:44).
* 7:52 (히)'느비스심'은 '느부심'과 동일 인물이다(스 2:50).
* 7:54 (히)'바슬릿'은 '바슬룻'과 동일 인물이다(스 2:52).
* 7:57 (히)'브리다'는 '브루다'와 동일 인물이다(스 2:55).
* 7:59 (히)'아몬'은 '아미'와 동일 인물이다(스 2:57).
* 7:61 (히)'앗돈'은 '앗단'과 동일 인물이다(스 2:59).

절별 해설

70-72 드라크마 귀환한 사람들이 드린 '건축 헌금'의 규모가 상당한 것으로 보아 1차로 귀환한 사람들의 재력을 짐작할 수 있다. "드라크마"는 8.424그램의 금으로 만든 동전으로 다리오 1세의 이름에서 유래하였다.

64 그들은 족보를 찾아보았으나 찾지 못했습니다. 그래서 그들은 부정한 사람으로 여겨져서 제사장이 되지 못했습니다.
65 유다 총독은 그들에게 하나님께 바친 음식은 아무것도 먹지 말라고 말했습니다. 그들은 제사장이 우림과 둠밈을 가지고 그들이 제사장의 자손인지 아닌지 결정을 내릴 때까지 기다려야 했습니다.
66 돌아온 사람의 수는 모두 사만 이천삼백육십 명입니다.
67 그러나 이 수에는 남종과 여종 칠천삼백삼십칠 명이 포함되어 있지 않았습니다. 그 밖에도 노래하는 남자와 여자가 이백사십오 명 있었습니다.
68 그리고 말이 칠백삼십육 마리, 노새가 이백사십오 마리,
69 낙타가 사백삼십오 마리, 당나귀가 육천칠백이십 마리 있었습니다.
70 집안의 지도자들 가운데는 성 쌓는 일을 위해 돈을 낸 사람이 있습니다. 총독은 창고에 금 천 다릭*과 그릇 오십 개와 제사장의 옷 오백삼십 벌을 내놓았습니다.
71 어떤 지도자들은 성 쌓는 일을 위해 금 이만 다릭*과 은 이천이백 마네*를 창고에 내놓았습니다.
72 그 밖에 다른 백성이 바친 것을 모두 합하면, 금이 이만 다릭이고, 은이 이천 마네*이고, 제사장의 옷이 예순일곱 벌입니다.
73 그리하여 제사장과 레위 사람과 문지기와 노래하는 사람과 성전 종과 다른 모든 이스라엘 백성들이 저마다 자기 마을에 자리잡고 살았습니다.

* 7:70 1,000다릭은 약 8.4kg에 해당된다.
* 7:71 20,000다릭은 약 168kg에 해당되고, 2,200마네는 약 1.25t에 해당된다.
* 7:72 2,000마네는 약 1.14t에 해당된다.

저자의 묵상

성벽 재건 공사를 마친 느헤미야가 인구 조사를 실시한 목적은 무엇일까? 크게 두 가지였다. 하나는 예루살렘을 방어할 인구가 너무 적어서 이를 확보하기 위해서였다. 비록 예루살렘 성벽은 완성되었지만 명실공히 이스라엘의 수도이자 영적 구심점의 역할을 감당하려면 거기에 걸맞은 인구가 상주해야 한다. 인구 조사의 또 다른 목적은 다른 지역에 흩어져 사는 유다인들을 파악하여 예루살렘 성안으로 이주시키기 위해서였다. 이렇게 함으로써 대적들의 공격을 막아내고 성을 안전하게 지킬 수 있을 것이라는 생각에서 느헤미야는 다시 한번 인구 조사를 시행한다. 따라서 느헤미야의 인구 조사는 성벽 재건 후 자신의 업적을 자랑하기 위한 목적이 아니라 하나님의 거룩한 성 예루살렘을 지키고 보호하려는 목적에서 비롯된 것이었다. 그런 의미에서 같은 일을 해도 무엇을 목적으로 삼느냐에 따라 하나님의 평가가 달라질 수 있다. 하나님은 겉으로 드러난 목적보다 그 이면에 담긴 진정한 목적을 중요하게 보신다.

무릎기도 하나님, 우리가 감당하는 모든 일을 사람들의 눈을 의식하며 하기보다는 하나님의 눈을 의식하게 하시고, 나를 드러내기보다 하나님의 뜻을 이루게 하소서.

ESV - Nehemiah 7

6 These were the people of the province who came up out of the captivity of those exiles whom Nebuchadnezzar the king of Babylon had carried into exile. They returned to Jerusalem and Judah, each to his town.

7 They came with Zerubbabel, Jeshua, Nehemiah, Azariah, Raamiah, Nahamani, Mordecai, Bilshan, Mispereth, Bigvai, Nehum, Baanah. The number of the men of the people of Israel:

8 the sons of Parosh, 2,172.

9 The sons of Shephatiah, 372.

10 The sons of Arah, 652.

11 The sons of Pahath-moab, namely the sons of Jeshua and Joab, 2,818.

12 The sons of Elam, 1,254.

13 The sons of Zattu, 845.

14 The sons of Zaccai, 760.

15 The sons of Binnui, 648.

16 The sons of Bebai, 628.

17 The sons of Azgad, 2,322.

18 The sons of Adonikam, 667.

19 The sons of Bigvai, 2,067.

20 The sons of Adin, 655.

21 The sons of Ater, namely of Hezekiah, 98.

22 The sons of Hashum, 328.

23 The sons of Bezai, 324.

24 The sons of Hariph, 112.

25 The sons of Gibeon, 95.

26 The men of Bethlehem and Netophah, 188.

27 The men of Anathoth, 128.

28 The men of Beth-azmaveth, 42.

29 The men of Kiriath-jearim, Chephirah, and Beeroth, 743.

30 The men of Ramah and Geba, 621.

31 The men of Michmas, 122.

32 The men of Bethel and Ai, 123.

33 The men of the other Nebo, 52.

34 The sons of the other Elam, 1,254.

35 The sons of Harim, 320.

36 The sons of Jericho, 345.

37 The sons of Lod, Hadid, and Ono, 721.

38 The sons of Senaah, 3,930.

39 The priests: the sons of Jedaiah, namely the house of Jeshua, 973.

40 The sons of Immer, 1,052.

41 The sons of Pashhur, 1,247.

42 The sons of Harim, 1,017.

43 The Levites: the sons of Jeshua, namely of Kadmiel of the sons of Hodevah, 74.

44 The singers: the sons of Asapwh, 148.

45 The gatekeepers: the sons of Shallum, the sons of Ater, the sons of Talmon, the sons of Akkub, the sons of Hatita, the sons of Shobai, 138.

46 The temple servants: the sons of Ziha, the sons of Hasupha, the sons of Tabbaoth,

47 the sons of Keros, the sons of Sia, the sons of Padon,

48 the sons of Lebana, the sons of Hagaba, the sons of Shalmai,

49 the sons of Hanan, the sons of Giddel, the sons of Gahar,

50 the sons of Reaiah, the sons of Rezin, the sons of Nekoda,

51 the sons of Gazzam, the sons of Uzza, the sons of Paseah,

52 the sons of Besai, the sons of Meunim, the sons of Nephushesim,

53 the sons of Bakbuk, the sons of Hakupha, the sons of Harhur,

54 the sons of Bazlith, the sons of Mehida, the sons of Harsha,

55 the sons of Barkos, the sons of Sisera, the sons of Temah,

56 the sons of Neziah, the sons of Hatipha.

57 The sons of Solomon's servants: the sons of Sotai, the sons of Sophereth, the sons of Perida,

58 the sons of Jaala, the sons of Darkon, the sons of Giddel,

59 the sons of Shephatiah, the sons of Hattil,

the sons of Pochereth-hazzebaim, the sons of Amon.
60 All the temple servants and the sons of Solomon's servants were 392.
61 The following were those who came up from Tel-melah, Tel-harsha, Cherub, Addon, and Immer, but they could not prove their fathers' houses nor their descent, whether they belonged to Israel:
62 the sons of Delaiah, the sons of Tobiah, the sons of Nekoda, 642.
63 Also, of the priests: the sons of Hobaiah, the sons of Hakkoz, the sons of Barzillai (who had taken a wife of the daughters of Barzillai the Gileadite and was called by their name).
64 These sought their registration among those enrolled in the genealogies, but it was not found there, so they were excluded from the priesthood as unclean.
65 The governor told them that they were not to partake of the most holy food until a priest with Urim and Thummim should arise.
66 The whole assembly together was 42,360,
67 besides their male and female servants, of whom there were 7,337. And they had 245 singers, male and female.
68 Their horses were 736, their mules 245,*
69 their camels 435, and their donkeys 6,720.
70 Now some of the heads of fathers' houses gave to the work. The governor gave to the treasury 1,000 darics* of gold, 50 basins, 30 priests' garments and 500 minas* of silver.*
71 And some of the heads of fathers' houses gave into the treasury of the work 20,000 darics of gold and 2,200 minas of silver.
72 And what the rest of the people gave was 20,000 darics of gold, 2,000 minas of silver, and 67 priests' garments.
73 So the priests, the Levites, the gatekeepers, the singers, some of the people, the temple servants, and all Israel, lived in their towns. And when the seventh month had come, the people of Israel were in their towns.

* 7:68 Compare Ezra 2:66 and the margins of some Hebrew manuscripts; Hebrew lacks *Their horses... 245*
* 7:70 A *daric* was a coin weighing about 1/4 ounce or 8.5 grams
* 7:70 A *mina* was about 1 1/4 pounds or 0.6 kilogram
* 7:70 Probable reading; Hebrew lacks *minas of silver*

6 exile 추방 39 priest 제사장 46 servant 종 61 prove 입증하다 descent 가계 64 registration 등록 enroll 명부에 올리다 genealogy 족보 exclude 배제하다 65 governor 총독 partake 먹다 66 assembly 모인 사람 70 treasury 금고 garment 옷

• MEMO •

16 에스라의 율법 낭독과 백성의 회개

월 일

느헤미야 8:1-12 • 새찬송 285장 | 통일 209장

• 말씀묵상 전에 성령님의 인도하심을 구하는 기도를 드리십시오.

본문요약 | 에스라가 율법을 백성들에게 가르쳤던 사실이 기록되고 있다. 이스라엘 백성들은 수문 앞 광장에 모여 학사 에스라에게 율법책을 읽어 달라고 요청한다. 에스라는 기쁜 마음으로 율법책을 낭독하고 레위 사람들은 백성들에게 그 뜻을 해석해 준다. 남녀노소를 불문하고 모든 백성이 율법의 말씀을 듣고 눈물을 흘린다. 그러자 에스라와 레위 사람들은 여호와의 성일이니 울지 말고, 대신 먹고 마시며 즐거워하라고 권면한다.

1 이스라엘 자손이 자기들의 성읍에 거주하였더니 일곱째 달에 이르러 모든 백성이 일제히 수문 앞 광장에 모여 [1]학사 에스라에게 여호와께서 이스라엘에게 명령하신 모세의 율법책을 가져오기를 청하매

2 일곱째 달 초하루에 제사장 에스라가 율법책을 가지고 회중 앞 곧 남자나 여자나 알아들을 만한 모든 사람 앞에 이르러

3 수문 앞 광장에서 새벽부터 정오까지 남자나 여자나 알아들을 만한 모든 사람 앞에서 읽으매 뭇 백성이 그 율법책에 귀를 기울였는데

4 그때에 학사 에스라가 특별히 지은 나무 강단에 서고 그의 곁 오른쪽에 선 자는 맛디댜와 스마와 아나야와 우리야와 힐기야와 마아세야요 그의 왼쪽에 선 자는 브다야와 미사엘과 말기야와 하숨과 하스밧다나와 스가랴와 므술람이라

5 에스라가 모든 백성 위에 서서 그들 목전에 책을 펴니 책을 펼 때에 모든 백성이 일어서니라

6 에스라가 위대하신 하나님 여호와를 송축하매 모든 백성이 손을 들고 아멘 아멘 하고 응답하고 몸을 굽혀 얼굴을 땅에 대고 여호와께 경배하니라

7 예수아와 바니와 세레뱌와 야민과 악굽과 사브대와 호디야와 마아세야와 그리다와 아사랴와 요사밧과 하난과 블라야와 레위 사람들은 백성이 제자리에 서 있는 동안 그들에게 율법을 깨닫게 하였는데

8 하나님의 율법책을 낭독하고 그 뜻을 해석하여 백성에게 그 낭독하는 것을 다 깨닫게 하니

9 백성이 율법의 말씀을 듣고 다 우는지라 총독 느헤미야와 제사장 겸 학사 에스라와 백성을 가르치는 레위 사람들이 모든 백성에게 이르기를 오늘은 너희 하나님 여호와의 성일이니 슬퍼하지 말며 울지 말라 하고

10 느헤미야가 또 그들에게 이르기를 너희는 가서 살진 것을 먹고 단 것을 마시되 준비하지 못한 자에게는 나누어 주라 이 날은 우리 주의 성일이니 근심하지 말라 여호와로 인하여 기뻐하는 것이 너희의 힘이니라 하고

11 레위 사람들도 모든 백성을 정숙하게 하여 이르기를 오늘은 성일이니 마땅히 조용하고 근심하지 말라 하니

12 모든 백성이 곧 가서 먹고 마시며 나누어 주고 크게 즐거워하니 이는 그들이 그 읽어 들려준 말을 밝히 앎이라

1) 히. 서기관

1. 오늘 하나님께서 나에게 주신 깨달음은 무엇입니까?

2. 말씀을 어떻게 내 삶에 구체적으로 적용해야 합니까?

절별 해설

1 일곱째 달에 "일곱째 달"은 '티스리 월'로 히브리 월력에서 새해를 시작하는 중요한 첫째 달이었다. 티스리 월 1일은 새해를 알리는 나팔절이고, 10일은 속죄일, 15-21일은 초막절이다. 백성들은 새해를 하나님의 말씀으로 시작하고픈 간절한 열망 때문에 에스라에게 율법 낭독을 부탁한다.

2 일곱째 달 초하루 문맥상 에스라가 율법을 낭독한 날짜는 느헤미야의 성벽 공사가 끝난 직후인 BC 445년 9-10월이다. 하지만 에스라가 예루살렘 온 것은 아닥사스다 왕 7년인 BC 458년(스 7:7)이기 때문에, 에스라는 귀환 후 13년이 지난 다음에야 율법을 낭독한 셈이 된다. 그래서 일부 학자들은 낭독 날짜를 BC 458년 9-10월로 보기도 하고, 또 다른 학자들은 에스라가 에스라 10장 사건 이후에 바사(페르시아)로 일시 귀국했다가 BC 444년경에 다시 예루살렘으로 귀환했을 것으로 추측하기도 한다. 비록 정확한 율법 낭독 날짜는 모르지만, 느헤미야는 유다 공동체의 진정한 회복이 성전과 성벽 재건으로 끝나는 것이 아니라, 말씀을 통해 회개와 실천 운동으로 완성된다고 보았기에, 이 본문을 성벽 재건 이후 시점에 삽입한 것 같다.
제사장 에스라 에스라를 1절에서는 "학사"로, 2절에서는 "제사장"으로 불렀다. 이는 그가 율법에 능통한 학자였을 뿐만 아니라 백성들을 지도하는 제사장임을 강조하기 위해서였다.

5-6 모든 백성이 일어서니라 … 여호와께 경배하니라 율법이 낭독될 때 백성들이 화답하던 자세를 주목해 볼 필요가 있다. (1)먼저 모든 백성이 여호와를 경외하는 마음으로 일어섰다. (2)모든 백성이 손을 들었다. 여기엔 하나님을 붙잡고 의지한다는 뜻이 담겨 있다. (3)아멘, 아멘을 외쳤다. "아멘"은 명사로는 '신실함', 부사로는 '참으로, 진실로'라는 뜻을 가진다. 따라서 에스라가 낭독하는 율법의 내용이 참으로 진실하고 믿을 만하다는 신앙고백적인 동의 표시로 "아멘"을 외쳤다. 그리고 두 번씩이나 반복한 것은 백성들의 공감이 그만큼 강했다는 것을 의미한다. (4)몸을 굽혀 얼굴을 땅에 댔다. 이것은 하나님을 향한 경배의 자세이다. 이렇듯 남녀노소 할 것 없이 모든 백성이 하나님을 경외하는 마음으로 하나님의 말씀을 경청했다.

9 백성이 율법의 말씀을 듣고 다 우는지라 … 오늘은 너희 하나님 여호와의 성일이니 슬퍼하지 말며 울지 말라 혹자는 백성들의 울음을 일종의 제의적인 울음으로 보지만, 문맥상 이 울음은 백성들이 자신들의 삶을 율법에 비춰 보고 회개하며 흘린 눈물이었다. 느헤미야와 에스라는 그날이 새해를 시작하는 "성일" 즉, 나팔절이므로 슬퍼하지 말고 울지 말라고 권면한다.

10-12 우리 주의 성일 이어서 성일을 어떻게 지켜야 할지 알

쉬운성경

1 일곱째 달이 되자, 이스라엘 백성은 모두 자기 마을에 자리 잡고 살게 되었습니다. 이스라엘의 모든 백성이 '물 문' 앞 광장에 모였습니다. 그들은 제사장이자 학자인 에스라에게 여호와께서 이스라엘에게 주신 모세의 율법책을 읽어 줄 것을 요청했습니다.

2 그래서 제사장 에스라가 무리를 위해 율법책을 가져왔습니다. 그때는 일곱째 달 초하루였습니다. 남녀노소 누구나 듣고 깨달을 만한 사람은 다 모여들었습니다.

3 에스라는 '물 문' 앞 광장에서 이른 아침부터 한낮까지 율법책을 소리 내어 읽었습니다. 에스라는 듣고 깨달을 만한 모든 사람에게 율법책을 읽어 주었고, 그들은 율법책의 말씀에 귀를 기울였습니다.

4 에스라는 높은 나무 단 위에 섰습니다. 그 나무 단은 이번 일을 위해 따로 만든 것이었습니다. 에스라의 오른쪽에는 맛디댜와 스마와 아나야와 우리야와 힐기야와 마아세야가 섰고, 왼쪽에는 브다야와 미사엘과 말기야와 하숨과 하스밧다나와 스가랴와 므술람이 섰습니다.

5 에스라가 율법책을 폈습니다. 에스라가 높은 데에 서 있었기 때문에 누구나 다 그를 볼 수 있었습니다. 에스라가 책을 펴자, 모든 백성이 자리에서 일어섰습니다.

6 에스라가 위대하신 하나님 여호와를 찬양했습니다. 그러자 모든 백성들이 손을 들고 "아멘! 아멘!" 하고 말하면서 엎드려 얼굴을 땅에 대고 여호와께 경배하였습니다.

7 낭독을 듣기 위해 서 있는 백성들에게 레위 사람인 예수아와 바니와 세레뱌와 야민과 악굽과 사브대와 호디야와 마아세야와 그리다와 아사랴와 요사밧과 하난과 블라야가 율법을 가르쳐 주었습니다.

8 그들은 하나님의 율법책을 백성들이 알아듣기 쉽게 읽어 주었습니다. 그리고

절별 해설

려 준다. 백성들에게 집으로 돌아가 기쁜 마음으로 이웃과 함께 먹고 마시며, 슬퍼하지 말라고 권면한다. 결국 백성들은 음식 때문이 아니라, 하나님의 말씀을 듣고 회개하며 하나님의 은혜를 깨달았기 때문에 기쁨이 넘쳤다.

여호와로 인하여 기뻐하는 것이 너희의 힘이니라 이 구절을 〈표준새번역〉은 "주님 앞에서 기뻐하면 힘이 생기는 법이니"로 번역하고 있다. 여기 "힘"(*히*, 마오즈)은 '성채', '요새'라는 뜻이다. 즉, 여호와로 인하여 기뻐하면 요새와 같이 하나님 안에서 보호를 받게 된다는 뜻이다.

그 뜻을 설명해 주었으므로 백성들은 그들이 읽어 주는 말씀을 깨달았습니다.

9 그런 뒤에 총독 느헤미야와 제사장이자 학자인 에스라, 그리고 백성들을 가르치던 레위 사람들이 모든 백성에게 말했습니다. "오늘은 여러분의 하나님 여호와의 거룩한 날이오. 울거나 슬퍼하지 마시오." 그들이 이 말을 한 것은 백성들이 율법의 말씀을 들으면서 울었기 때문입니다.

10 느헤미야가 말했습니다. "가서 기름진 음식을 먹고 좋은 음료수를 드십시오. 그리고 아무것도 먹을 것이 없는 사람에게는 먹을 것을 주십시오. 오늘은 주의 거룩한 날이오. 슬퍼하지 마시오. 여호와를 기뻐하는 것이 곧 여러분에게 힘이 될 것이오."

11 레위 사람들이 백성을 달래며 말했습니다. "조용히 하시오. 오늘은 거룩한 날이니 슬퍼하지 마시오."

12 그러자 모든 백성이 가서 먹고 마셨습니다. 그들은 먹을 것을 다른 사람에게도 주었고, 크게 기뻐하며 즐거워했습니다. 그들이 마침내 들은 말씀을 깨달았기 때문입니다.

저자의 묵상

예루살렘 성벽 공사가 완공된 후 이스라엘 자손은 남녀노소 할 것 없이 모든 백성이 제사장 겸 학사였던 에스라에게 모세의 율법책을 낭독해 달라고 요청한다. 주목할 점은 이 본문에서 "백성"이란 단어가 12번이나 사용되고, 이 중 7번은 "모든 백성"이란 표현으로 등장한다는 것이다. 이것은 예루살렘 유다 공동체의 영적 회복과 부흥은 백성들의 말씀 낭독 요청에서 시작되었음을 보여준다. 느헤미야가 이 사건을 성벽 공사 직후에 기록해 놓은 이유도 바로 여기 있다. 다시 말해, 느헤미야는 유다 공동체의 진정한 회복이 예루살렘 성전과 성벽 재건으로 끝나는 것이 아니라, 하나님의 말씀을 통해 일어나는 회개와 실천 운동으로 완성된다고 보았다. 이 원리는 오늘날도 변함이 없다. 성도들은 하나님의 말씀을 사모하고 그 말씀을 읽고 듣고 묵상하고 실천하는 것을 통해 변화된다. 이런 율법 낭독은 제일 먼저 회개의 눈물을 쏟게 했고, 이어서 큰 기쁨을 가져다주었다. 그래서 그들은 이렇게 고백했다. "여호와로 인하여 기뻐하는 것이 너희의 힘이니라"(10절). 이것이 오늘 당신의 고백이 되기를 바란다.

무릎 기도 하나님 아버지, 우리 성도들과 우리 교회가 하나님의 말씀을 읽고 듣고 묵상하고 실천함으로 진정한 회개를 경험하고 은혜를 통해 큰 기쁨을 얻게 하소서.

ESV - Nehemiah 8

1 And all the people gathered as one man into the square before the Water Gate. And they told Ezra the scribe to bring the Book of the Law of Moses that the LORD had commanded Israel.

2 So Ezra the priest brought the Law before the assembly, both men and women and all who could understand what they heard, on the first day of the seventh month.

3 And he read from it facing the square before the Water Gate from early morning until midday, in the presence of the men and the women and those who could understand. And the ears of all the people were attentive to the Book of the Law.

4 And Ezra the scribe stood on a wooden platform that they had made for the purpose. And beside him stood Mattithiah, Shema, Anaiah, Uriah, Hilkiah, and Maaseiah on his right hand, and Pedaiah, Mishael, Malchijah, Hashum, Hashbaddanah, Zechariah, and Meshullam on his left hand.

5 And Ezra opened the book in the sight of all the people, for he was above all the people, and as he opened it all the people stood.

6 And Ezra blessed the LORD, the great God, and all the people answered, "Amen, Amen," lifting up their hands. And they bowed their heads and worshiped the LORD with their faces to the ground.

7 Also Jeshua, Bani, Sherebiah, Jamin, Akkub, Shabbethai, Hodiah, Maaseiah, Kelita, Azariah, Jozabad, Hanan, Pelaiah, the Levites,* helped the people to understand the Law, while the people remained in their places.

8 They read from the book, from the Law of God, clearly,* and they gave the sense, so that the people understood the reading.

9 And Nehemiah, who was the governor, and Ezra the priest and scribe, and the Levites who taught the people said to all the people, "This day is holy to the LORD your God; do not mourn or weep." For all the people wept as they heard the words of the Law.

10 Then he said to them, "Go your way. Eat the fat and drink sweet wine and send portions to anyone who has nothing ready, for this day is holy to our Lord. And do not be grieved, for the joy of the LORD is your strength."

11 So the Levites calmed all the people, saying, "Be quiet, for this day is holy; do not be grieved."

12 And all the people went their way to eat and drink and to send portions and to make great rejoicing, because they had understood the words that were declared to them.

* 8:7 Vulgate; Hebrew *and the Levites*

* 8:8 Or *with interpretation,* or *paragraph by paragraph*

1 as one man 일제히 scribe 율법학자 command 명령하다 2 assembly 회중 3 midday 정오, 한낮 in the presence of… …앞에서 attentive to… …을 경청하는 4 platform 단 purpose 목적, 용도 6 bow one's head 머리[고개]를 숙이다 7 remain 머무르다 8 sense 분별, 이해력 9 mourn 슬퍼하다 weep 울다 10 portion 몫 grieve 몹시 슬프게 하다 12 declare 선포하다

• MEMO •

☐ 묵상 체크

17 초막절 절기를 회복하다

월 일

느헤미야 8:13-18 • 새찬송 304장 | 통일 404장

• 말씀묵상 전에 성령님의 인도하심을 구하는 기도를 드리십시오.

본문요약 | 에스라의 율법 낭독을 듣고 말씀을 더욱 밝히 알기 원했던 백성의 지도자들은 율법책을 읽다가 초막절에 대한 규례를 읽게 된다. 그들은 율법에 기록된 규례대로 산에 가서 각종 나무의 가지들을 가져다가 곳곳에 초막을 짓고, 그 안에 거하면서 크게 기뻐하였다. 그리고 초막절 절기를 지키면서 율법책을 낭독하고 마지막 날 성회를 열었다.

13 그 이튿날 뭇 백성의 족장들과 제사장들
과 레위 사람들이 율법의 말씀을 밝히 알
고자 하여 학사 에스라에게 모여서
14 율법에 기록된 바를 본즉 여호와께서 모
세를 통하여 명령하시기를 이스라엘 자손
은 일곱째 달 절기에 초막에서 거할지니
라 하였고
15 또 일렀으되 모든 성읍과 예루살렘에 공
포하여 이르기를 너희는 산에 가서 감람
나무 가지와 들감람나무 가지와 화석류나
무 가지와 종려나무 가지와 기타 무성한
나무 가지를 가져다가 기록한 바를 따라
초막을 지으라 하라 한지라
16 백성이 이에 나가서 나뭇가지를 가져다가
혹은 지붕 위에, 혹은 뜰 안에, 혹은 하
나님의 전 뜰에, 혹은 수문 광장에, 혹은
에브라임 문 광장에 초막을 짓되
17 사로잡혔다가 돌아온 회중이 다 초막을
짓고 그 안에서 거하니 눈의 아들 여호수
아 때로부터 그날까지 이스라엘 자손이
이같이 행한 일이 없었으므로 이에 크게
기뻐하며
18 에스라는 첫날부터 끝날까지 날마다 하나
님의 율법책을 낭독하고 무리가 이레 동
안 절기를 지키고 여덟째 날에 규례를 따
라 성회를 열었느니라

1. 오늘 하나님께서 나에게 주신 깨달음은 무엇입니까?

2. 말씀을 어떻게 내 삶에 구체적으로 적용해야 합니까?

13 율법의 말씀을 밝히 알고자 하여 학사 에스라가 모든 백성에게 율법을 읽어 준 다음 날 백성을 대표하는 지도자들, 즉 족장들과 제사장들과 레위 사람들이 율법의 말씀을 더욱 밝히 알고자 에스라의 숙소를 방문하였다. 여기서 "족장들"을 제일 먼저 언급한 것은 아마도 율법에 대한 전문 지식이 더 이상 성직자의 전유물이 될 수 없다는 것을 암시하는 것 같다.

14–15 율법에 기록된 바를 본즉 … 일곱째 달 절기에 초막에서 거할지니라 … 기록한 바를 따라 초막을 지으라 하라 한지라 백성의 지도자들은 에스라와 함께 율법책을 읽다가 초막절에 대한 규정(레 23:34–43)을 발견하였다. 초막절은 일곱째 달, 즉 티스리 월 15일부터 7일 동안 진행되는 절기였다. 레위기의 규정에 따르면, (1)초막절 첫날과 끝난 다음날에는 아무 일도 해서는 안 되고 오직 성회로 모여야 한다. (2)초막절이 진행되는 동안에는 매일 번제를 드려야 한다. (3)초막절 첫날에 각종 나무의 가지들을 가져다가 초막을 짓고, 한 주간 동안 초막에 거해야 한다. 이처럼 푸른 가지들로 초막을 장식하는 이유는 그 가지들이 오아시스, 풍부한 물, 아름다운 가지와 열매 등 이스라엘 땅의 비옥함을 상징하기 때문일 것이다.

16 백성이 이에 나가서 … 초막을 짓되 지금까지 귀환한 유다 공동체는 초막절 절기를 잊고 살았던 것이 확실하다. 그래서 그들은 레위기의 규정을 알게 된 뒤 초막을 세웠다. 초막을 짓는 장소로는 나뭇가지를 가져다가 개인적인 공간("지붕 위", "뜰 안") 뿐만 아니라 공동체의 공간("수문 광장", "에브라임 문 광장"), 나아가 거룩한 성전("하나님의 전 뜰")에 이르기까지 곳곳에 초막을 짓고 거기 거하며 기쁨을 누렸다.

17 사로잡혔다가 돌아온 회중이 다 초막을 짓고 그 안에서 거하니 … 이에 크게 기뻐하며 본래 초막절은 한 해의 마지막 추수인 감람나무 열매와 포도 열매, 무화과 등을 수확하며 감사하던 일종의 추수감사 절기였고, 그래서 수장절이라고도 불렀다(출 23:16; 34:22). 그런데 이 절기가 출애굽 사건과 연결되면서 하나님이 광야 생활 가운데 초막에 거주하던 이스라엘 백성에게 은혜를 베푸시던 일을 기념하는 민족적인 절기로 발전하게 되었다. 따라서 바벨론에 포로로 사로잡혔다가 돌아옴으로써 제2의 출애굽을 경험한 회중들에게는 초막절이 더욱 뜻깊게 다가왔을 것이다. 그래서 여호수아 시대 이래로 가장 "크게 기뻐하며" 절기를 지켰다.

18 에스라는 첫날부터 끝날까지 날마다 하나님의 율법책을 낭독하고 … 성회를 열었느니라 초막절의 기쁨과 감동은 하나님의 말씀을 바르게 이해하고, 그 말씀대로 순종하고 실천하는 데서 비롯되었다. 그래서 에스라는 절기의 규례를 따라 매일 율법을 낭

쉬운성경

13 이튿날, 모든 집안의 지도자들이 학자 에스라를 만나러 왔습니다. 그들은 율법의 말씀을 배우러 모였습니다.

14 그들은 율법을 배우다가 여호와께서 모세를 통해 이스라엘 백성에게 일곱째 달의 절기 동안 초막에서 살아야 한다고 명하셨다는 것을 발견했습니다.

15 그리고 "산으로 올라가거라. 말씀에 적힌 대로 올리브나무와 들 올리브나무와 화석류나무와 종려나무와 온갖 잎이 무성한 나무들의 가지를 가져다가 초막을 세워라" 하는 말을 온 마을과 예루살렘에 전해야 한다는 것도 알았습니다.

16 백성은 밖으로 나가 나뭇가지를 꺾어서 지붕 위와 마당에 초막을 세웠습니다. 그리고 성전 뜰과 '물 문' 앞 광장과 '에브라임 문' 앞 광장에도 초막을 세웠습니다.

17 포로 생활을 마치고 돌아온 모든 무리가 초막을 세워 놓고 칠 일 동안, 그 안에서 살았는데, 눈의 아들 여호수아 때로부터 이때까지 이스라엘 백성이 이처럼 경축하며 기뻐한 적이 없었습니다. 그들은 매우 기뻐했습니다.

18 에스라는 첫날부터 마지막 날까지 날마다 하나님의 율법책을 읽어 주었습니다. 이스라엘 백성은 칠 일 동안 절기를 지켰습니다. 그러다가 팔 일째 되는 날에 율법대로 다시 모였습니다.

독했고, 백성들은 그 율법을 경청하고 순종하며 즐겁게 절기를 지켰다. 그리고 마지막 날 성회로 모여 하나님을 예배함으로 절기를 마무리했다. 이스라엘 백성은 잊혔던 초막절 절기를 회복함으로써 기쁨을 함께 회복하였다.

저자의 묵상

옛말에 '온고지신(溫故知新)'이란 말이 있다. 풀이하자면, 옛것을 익히다 보면 새로운 것을 깨닫게 된다는 뜻이다. 포로로 사로잡혀갔다가 돌아온 이스라엘 백성들이 외형적으로는 예루살렘 성전과 성벽을 재건하였지만, 내적으로는 여전히 어려움과 갈등을 겪고 있었다. 그것을 해결하기 위해 그들이 찾은 방도가 바로 학사 겸 제사장인 에스라를 통해 하나님의 율법, 즉 말씀을 익히는 것이었다. 특히 백성의 지도자들이 말씀에 대한 갈급함을 느꼈고, 에스라를 통해 율법을 듣던 중에 초막절 절기를 새롭게 알게 되었다. 과거 출애굽의 기적과 광야 생활 속에서 이스라엘 자손에게 놀라운 구원과 은혜를 베풀어 주셨던 하나님을 발견하게 된 것이다. 바벨론 포로에서 돌아옴으로 제2의 출애굽을 경험한 그들은 아마도 동병상련을 느꼈을 것이다. 그들은 출애굽 사건을 통해 주어진 하나님의 구원과 은혜를 다시금 기대하면서 초막절 절기를 큰 기쁨의 축제로 즐겼다. 오늘날도 고난과 역경에 처한 성도들이 잠시 눈을 돌려 과거에 받았던 하나님의 은혜와 구원과 축복을 바라본다면, 현재의 불안감이 사라지고 하나님의 소망과 기쁨을 품게 될 것이다.

무릎기도 | 하나님 아버지, 우리가 당면한 어려움이나 문제에만 골몰하지 않고, 하나님의 말씀을 묵상하며 과거에 베풀어 주신 하나님의 은혜와 구원을 돌아보고 미래의 소망을 품게 하소서.

ESV - Nehemiah 8

13 On the second day the heads of fathers' houses of all the people, with the priests and the Levites, came together to Ezra the scribe in order to study the words of the Law.
14 And they found it written in the Law that the LORD had commanded by Moses that the people of Israel should dwell in booths* during the feast of the seventh month,
15 and that they should proclaim it and publish it in all their towns and in Jerusalem, "Go out to the hills and bring branches of olive, wild olive, myrtle, palm, and other leafy trees to make booths, as it is written."
16 So the people went out and brought them and made booths for themselves, each on his roof, and in their courts and in the courts of the house of God, and in the square at the Water Gate and in the square at the Gate of Ephraim.
17 And all the assembly of those who had returned from the captivity made booths and lived in the booths, for from the days of Jeshua the son of Nun to that day the people of Israel had not done so. And there was very great rejoicing.
18 And day by day, from the first day to the last day, he read from the Book of the Law of God. They kept the feast seven days, and on the eighth day there was a solemn assembly, according to the rule.

* 8:14 Or *temporary shelters*

14 dwell 거주하다 booth 초막 feast (종교상의) 축제 15 proclaim 선언하다 branch 나뭇가지 myrtle 도금양 palm 종려나무 leafy 잎이 무성한 16 court 안뜰 17 assembly 회중 18 solemn 엄숙한 assembly 집회, 모임

18 이스라엘 백성들의 회개와 고백

월 일

느헤미야 9:1-11 • 새찬송 279장 | 통일 337장

• 말씀묵상 전에 성령님의 인도하심을 구하는 기도를 드리십시오.

본문요약 | 9장에는 국가적인 죄를 고백하며 하나님의 은혜를 간구하는 백성들의 기도가 기록되어 있다. 초막절을 마친 이스라엘 백성들은 이틀 뒤 다시 모여 회개 운동을 벌인다. 레위 사람들의 주관 아래 금식하며 굵은 베옷을 입고 티끌을 무릅쓰며 자기의 죄와 조상들의 허물을 자복하고 하나님을 경배한다. 이어서 그들은 창조주 하나님을 송축하고, 아브라함과 맺은 언약과 출애굽 사건을 자세히 회고한다.

1 그달 스무나흗 날에 이스라엘 자손이 다 모여 금식하며 굵은 베옷을 입고 티끌을 무릅쓰며

2 모든 이방 사람들과 절교하고 서서 자기의 죄와 조상들의 허물을 자복하고

3 이날에 낮 사분의 일은 그 제자리에 서서 그들의 하나님 여호와의 율법책을 낭독하고 낮 사분의 일은 죄를 자복하며 그들의 하나님 여호와께 경배하는데

4 레위 사람 예수아와 바니와 갓미엘과 스바냐와 분니와 세레뱌와 바니와 그나니는 단에 올라서서 큰 소리로 그들의 하나님 여호와께 부르짖고

5 또 레위 사람 예수아와 갓미엘과 바니와 하삽느야와 세레뱌와 호디야와 스바냐와 브다히야는 이르기를 너희 무리는 마땅히 일어나 영원부터 영원까지 계신 너희 하나님 여호와를 송축할지어다 주여 주의 영화로운 이름을 송축하올 것은 주의 이름이 존귀하여 모든 송축이나 찬양에서 뛰어남이니이다

6 오직 주는 여호와시라 하늘과 하늘들의 하늘과 일월성신과 땅과 땅 위의 만물과 바다와 그 가운데 모든 것을 지으시고 다 보존하시오니 모든 천군이 주께 경배하나이다

7 주는 하나님 여호와시라 옛적에 아브람을 택하시고 갈대아 우르에서 인도하여 내시고 아브라함이라는 이름을 주시고

8 그의 마음이 주 앞에서 충성됨을 보시고 그와 더불어 언약을 세우사 가나안 족속과 헷 족속과 아모리 족속과 브리스 족속과 여부스 족속과 기르가스 족속의 땅을 그의 씨에게 주리라 하시더니 그 말씀대로 이루셨사오매 주는 의로우심이로소이다

9 주께서 우리 조상들이 애굽에서 고난받는 것을 감찰하시며 홍해에서 그들의 부르짖음을 들으시고

10 이적과 기사를 베푸사 바로와 그의 모든 신하와 그의 나라 온 백성을 치셨사오니 이는 그들이 우리의 조상들에게 교만하게 행함을 아셨음이라 주께서 오늘과 같이 명예를 얻으셨나이다

11 또 주께서 우리 조상들 앞에서 바다를 갈라지게 하사 그들이 바다 가운데를 육지같이 통과하게 하시고 쫓아오는 자들을 돌을 큰 물에 던짐같이 깊은 물에 던지시고

1. 오늘 하나님께서 나에게 주신 깨달음은 무엇입니까?

2. 말씀을 어떻게 내 삶에 구체적으로 적용해야 합니까?

절별 해설

1 그달 스무나흗 날에 이스라엘 자손이 다 모여 금식하며 굵은 베옷을 입고 티끌을 무릅쓰며 여기서 "그달 스무나흗 날"은 앞의 8장과 연결해 생각할 때 티스리 월 24일을 가리킨다. 이스라엘 백성들은 15–21일에 초막절을 지키고 22일에 성회로 마무리했다. 그리고 이틀 뒤인 24일에 다시 모여 회개 운동을 벌인다. 이 모든 일은 율법의 낭독과 관련이 있었다. 처음 말씀이 낭독되었을 때는 모든 사람이 함께 기뻐하며 음식을 나누는 의식을 가졌었다(8:12). 두 번째 말씀이 낭독되었을 때는 기뻐하며 초막절을 지켰다(8:17). 그리고 이번에 세 번째 말씀이 낭독되었을 때는 "금식하며 굵은 베옷을 입고 티끌을 무릅쓰며" 회개의 시간을 가졌다. 참으로 하나님의 말씀은 삶 속에서 다양한 역사를 불러일으킨다.

2 모든 이방 사람들과 절교하고 서서 자기의 죄와 조상들의 허물을 자복하고 백성의 회개는 두 가지 방향으로 진행되었다. 하나는, 이방인과의 절교였다. 이것은 아마도 초막절 행사에 참석한 이방인들을 내보내고 순수한 이스라엘 자손만 모여 하나님과의 관계 회복을 추구했다는 의미인 것 같다. 또 하나는, 자기의 죄와 조상들의 허물을 자복했다. 개인적인 회개를 넘어 이스라엘 공동체라는 의식 아래 조상들의 허물을 자복함으로써 공동체성을 회복하려고 했다.

5–6 5절 하반절부터 37절까지 구체적인 회개 고백이 기록되어 있다. 이 기도문이 시인지, 노래인지, 이야기체인지는 학자들에 따라 의견이 갈린다. 제일 먼저 하나님의 이름을 높이 찬양한다. 특히 시공간을 초월하여 "영원부터 영원까지 계신" 하나님을 찬양한다. 그리고 〈하늘–땅–바다〉의 순서로 온 우주와 그 안의 모든 것을 창조하고 보존하시는 창조주 하나님을 찬양한다.

7–8 옛적에 아브람을 택하시고 … 아브라함이라는 이름을 주시고 하나님의 창조 섭리는 인류의 구원 섭리로 이어지며 그 시작에 아브라함의 선택이 있었다. 본문에는 하나님이 아브라함에게 주신 축복이 세 가지로 요약되어 있다. 첫째, 아브라함을 갈대아 우르에서 선택하여 인도해 내셨다(창 12:1–3). 둘째, 그의 이름을 "아브람"('아비'란 뜻)에서 "아브라함"('열국의 아비'란 뜻)이란 의미심장한 이름으로 바꿔 주셨다(창 17:1–5). 셋째, 가나안 땅을 아브라함의 자손들에게 주겠다고 언약을 세우셨다. 하나님은 훗날 이 언약을 지키심으로 의로움을 드러내셨다.

9–11 이번에는 출애굽의 기적을 찬양한다. 특히 본문에서는

쉬운성경

1 그달 이십사 일에 이스라엘 백성이 모두 모였습니다. 그들은 금식했으며 거친 베옷을 입고 머리에 재를 뒤집어썼습니다.

2 이스라엘 사람들은 다른 모든 민족과의 관계를 끊었습니다. 그들은 서서 자기와 자기 조상의 죄를 털어놓았습니다.

3 그들은 세 시간 동안, 제자리에 서서 그들의 여호와 하나님의 율법책을 읽었습니다. 그리고 그 다음 세 시간 동안은 자기들의 죄를 털어놓고 여호와 하나님께 예배드렸습니다.

4 단 위에는 레위 사람인 예수아와 바니와 갓미엘과 스바냐와 분니와 세레뱌와 또 다른 바니와 그나니가 서 있었습니다. 그들은 큰 소리로 여호와 하나님께 부르짖었습니다.

5 또 레위 사람인 예수아와 갓미엘과 바니와 하삽느야와 세레뱌와 호디야와 스바냐와 브다히야가 말했습니다. "일어나 영원하신 여러분의 하나님 여호와를 찬양하시오."

"주여, 주의 놀라운 이름을 찬양합니다. 어떠한 말이나 행동으로도 주의 위대하심을 표현할 수 없습니다.

6 오직 주만이 우리의 여호와이십니다. 주께서는 하늘과 하늘 위의 하늘과 모든 별들을 지으셨습니다. 땅과 그 위의 모든 것을 지으시고 바다와 그 속의 모든 것도 지으셨습니다. 그리고 모든 것에 생명을 주셨습니다. 모든 하늘의 천사들이 주께 경배드립니다.

7 주는 하나님 여호와이십니다. 주께서 아브람을 선택하셨습니다. 그를 갈대아 우르에서 불러내시고 그의 이름을 아브라함이라고 부르셨습니다.

8 아브라함의 마음이 주 앞에서 진실됨을 보시고 그와 언약을 맺으셨습니다. 그의 자손에게 가나안과 헷과 아모리와 브리스와 여부스와 기르가스 사람들의 땅을 주겠다고 약속하셨습니다. 주는 그 약속을 지키셨습니다. 주는 의로우십니다.

절별 해설

출애굽과 관련해서 네 가지 사실에 주목한다. (1)하나님께서 이스라엘 조상들이 애굽(이집트)에서 고난받는 것을 감찰하셨다. (2)홍해에서 부르짖는 백성들의 음성을 들으셨다. (3)교만하게 행하는 바로와 애굽(이집트) 사람들을 이적과 기사를 통해 치셨다. (4)홍해 바다를 육지같이 건너가게 하시고, 쫓아오는 애굽(이집트)의 병거와 병사들을 물속에 수장시키셨다. 이런 출애굽 사건은 하나님의 무한하신 능력을 온 천하에 드러냈을 뿐만 아니라, 인류의 구원 모티프로 자리매김하게 되었다.

9 주는 우리 조상이 이집트에서 고통당하는 것을 보셨고, 홍해에서 부르짖는 것을 들으셨습니다.

10 주는 파라오와 그의 신하와 모든 이집트 백성 앞에서 기사와 이적을 일으키셨습니다. 주는 그들이 얼마나 교만한지 아시고 모든 이에게 주의 이름을 알게 하셨습니다. 주의 이름은 오늘날까지도 명성을 떨치고 있습니다.

11 주는 우리 조상 앞에서 바다를 가르시고, 우리 조상을 마른땅 위로 걸어가게 하셨습니다. 그러나 우리를 뒤쫓던 사람들은 깊은 물속에 처넣으셨습니다. 돌이 거친 물살 속으로 빠지듯이 그들은 바다 밑으로 가라앉았습니다.

저자의 묵상

에스라의 율법 낭독으로부터 시작된 말씀의 역사는 거국적인 회개 운동으로 번져 갔다. 이스라엘 백성들은 율법의 말씀을 깨달을수록 자신들이 얼마나 말씀대로 살지 못했는가를 절감했고, 그 결과 철저한 회개와 자복으로 나아갔다. 자신들의 죄는 물론이고 조상들의 허물까지 대신 회개함으로써 하나님과의 관계 회복을 추구했다.

이런 회개 운동은 오늘 우리에게도 깊은 교훈을 준다. 무엇보다도 먼저, 하나님의 말씀의 역동성을 느낄 수 있다. 하나님의 말씀이 진정으로 와닿을 때 마음 깊은 곳으로부터 회개와 자복이 일어난다. 다음으로, 하나님과의 관계 회복이 가장 중요하다는 사실을 보여준다. 이스라엘 백성들의 회개는 단순히 죄를 뉘우치는 차원을 넘어 하나님과의 언약 관계의 회복을 추구했다. 마지막으로, 하나님의 역사는 구체적인 사건들을 통해 우리에게도 일어난다. 창조주 하나님은 과거에 아브라함의 선택과 출애굽 사건을 통해 역사하셨고, 지금 우리에게도 동일한 능력과 기적으로 우리의 삶을 인도하신다. 이제 우리가 할 일은 하나님의 말씀을 읽고 묵상함으로써 회개와 하나님과의 관계 회복을 추구하는 것이다.

무릎 기도 | 하나님 아버지, 우리가 하나님의 말씀을 읽고 묵상함으로 마음 깊은 곳으로부터 회개와 자복의 역사가 일어나게 하시고, 하나님의 놀라운 역사를 체험하는 주인공이 되게 하소서.

ESV - Nehemiah 9

1 Now on the twenty-fourth day of this month
the people of Israel were assembled with
fasting and in sackcloth, and with earth on
their heads.
2 And the Israelites* separated themselves
from all foreigners and stood and confessed
their sins and the iniquities of their fathers.
3 And they stood up in their place and read
from the Book of the Law of the LORD their
God for a quarter of the day; for another
quarter of it they made confession and
worshiped the LORD their God.
4 On the stairs of the Levites stood Jeshua,
Bani, Kadmiel, Shebaniah, Bunni,
Sherebiah, Bani, and Chenani; and they
cried with a loud voice to the LORD their
God.
5 Then the Levites, Jeshua, Kadmiel, Bani,
Hashabneiah, Sherebiah, Hodiah,
Shebaniah, and Pethahiah, said, "Stand up
and bless the LORD your God from
everlasting to everlasting. Blessed be your
glorious name, which is exalted above all
blessing and praise.
6 * "You are the LORD, you alone. You have
made heaven, the heaven of heavens, with
all their host, the earth and all that is on it,
the seas and all that is in them; and you
preserve all of them; and the host of heaven
worships you.
7 You are the LORD, the God who chose
Abram and brought him out of Ur of the
Chaldeans and gave him the name
Abraham.
8 You found his heart faithful before you, and
made with him the covenant to give to his
offspring the land of the Canaanite, the
Hittite, the Amorite, the Perizzite, the
Jebusite, and the Girgashite. And you have
kept your promise, for you are righteous.
9 "And you saw the affliction of our fathers in
Egypt and heard their cry at the Red Sea,
10 and performed signs and wonders against
Pharaoh and all his servants and all the
people of his land, for you knew that they
acted arrogantly against our fathers. And
you made a name for yourself, as it is to this
day.
11 And you divided the sea before them, so
that they went through the midst of the sea
on dry land, and you cast their pursuers into
the depths, as a stone into mighty waters.

* 9:2 Hebrew *the offspring of Israel*
* 9:6 Septuagint adds *And Ezra said*

1 fast 금식하다 sackcloth 베옷 2 separate 구별하다 iniquity 죄악 3 a quarter of… …의 4분의 1 make confession 자백하다 5 exalt 높이다 6 host 무리, 군대 preserve 보존하다 8 covenant 언약 offspring 자손 9 affliction 고통 10 signs and wonders 기적 arrogantly 교만하게 make a name for oneself 이름을 떨치다 11 pursuer 추격자 mighty 위대한

• MEMO •

19 광야 생활에 대한 회고와 반성

월 일

느헤미야 9:12-21 • 새찬송 415장 | 통일 471장

• 말씀묵상 전에 성령님의 인도하심을 구하는 기도를 드리십시오.

본문요약 | 느헤미야 시대의 이스라엘 백성들은 출애굽 이후 광야 생활 중에 있었던 조상들의 거역과 하나님의 용서, 그리고 놀라운 은혜와 축복을 회고하며 반성한다. 특히 이스라엘 백성의 지속적인 교만과 불순종에도 불구하고, 불기둥과 구름 기둥으로 인도해 주시고, 광야에서 만나와 물을 주시며 40년 동안 인도해 주신 하나님의 은혜를 찬양한다.

12 낮에는 구름 기둥으로 인도하시고 밤에는 불기둥으로 그들이 행할 길을 그들에게 비추셨사오며

13 또 시내산에 강림하시고 하늘에서부터 그들과 말씀하사 정직한 규례와 진정한 율법과 선한 율례와 계명을 그들에게 주시고

14 거룩한 안식일을 그들에게 알리시며 주의 종 모세를 통하여 계명과 율례와 율법을 그들에게 명령하시고

15 그들의 굶주림 때문에 그들에게 양식을 주시며 그들의 목마름 때문에 그들에게 반석에서 물을 내시고 또 주께서 옛적에 손을 들어 맹세하시고 주겠다고 하신 땅을 들어가서 차지하라 말씀하셨사오나

16 그들과 우리 조상들이 교만하고 목을 굳게 하여 주의 명령을 듣지 아니하고

17 거역하며 주께서 그들 가운데에서 행하신 기사를 기억하지 아니하고 목을 굳게 하며 패역하여 스스로 한 우두머리를 세우고 종 되었던 땅으로 돌아가고자 하였나이다 그러나 주께서는 용서하시는 하나님이시라 은혜로우시며 긍휼히 여기시며 더디 노하시며 인자가 풍부하시므로 그들을 버리지 아니하셨나이다

18 또 그들이 자기들을 위하여 송아지를 부어 만들고 이르기를 이는 곧 너희를 인도하여 애굽에서 나오게 한 신이라 하여 하나님을 크게 모독하였사오나

19 주께서는 주의 크신 긍휼로 그들을 광야에 버리지 아니하시고 낮에는 구름 기둥이 그들에게서 떠나지 아니하고 길을 인도하며 밤에는 불기둥이 그들이 갈 길을 비추게 하셨사오며

20 또 주의 선한 영을 주사 그들을 가르치시며 주의 만나가 그들의 입에서 끊어지지 않게 하시고 그들의 목마름을 인하여 그들에게 물을 주어

21 사십 년 동안 들에서 기르시되 부족함이 없게 하시므로 그 옷이 해어지지 아니하였고 발이 부르트지 아니하였사오며

1. 오늘 하나님께서 나에게 주신 깨달음은 무엇입니까?

2. 말씀을 어떻게 내 삶에 구체적으로 적용해야 합니까?

12 구름 기둥, 불기둥 출애굽 이후 광야 생활의 가장 큰 상징은 바로 구름 기둥과 불기둥이다. 이 기둥들은 두 가지 기능을 감당했다. 첫째, 보호막 역할을 했다. 불기둥은 뒤쫓아오던 애굽(이집트) 군대를 가로막아 이스라엘 백성이 무사히 홍해를 건널 수 있도록 보호해 주었다. 또한 구름 기둥과 불기둥은 광야의 뜨거운 태양 볕과 밤의 혹독한 추위로부터 백성들을 지켜 주었다. 둘째, 하나님의 인도하심을 보여주는 표징이었다. 백성들은 구름 기둥이 움직이면 따라서 움직이고, 멈추면 그곳에서 며칠이고 머물렀다. 이를 통해 하나님의 인도하심을 알 수 있었다.

13–14 시내산에 강림하시고 하늘에서부터 그들과 말씀하사 광야에서 가장 주목할 사건은 시내산에서 주어진 하나님의 계시였다. 본문은 이 계시를 가리켜 "정직한 규례와 진정한 율법과 선한 율례와 계명"이라고 표현했다. 이것은 이스라엘 민족이 진정한 선민 국가가 될 수 있는 기틀을 제공한다. 이어지는 안식일 규례는 그 날이 거룩하게 하나님을 예배하며 진정한 안식을 누리는 복된 날임을 강조한다.

15 양식을 주시며 … 물을 내시고 … 땅을 들어가서 차지하라 말씀하셨사오나 광야 생활에서 가장 위협적인 요소는 바로 의식주의 문제였다. 이스라엘 조상들은 비록 자유인이 되었지만, 광야에서 의식주가 위협받는 상황에 놓였다. 그때 하나님은 이스라엘 백성의 필요를 채워 주셨다. 만나를 통해 매일같이 그들을 먹이시고, 수시로 반석에서 물을 내거나 물이 있는 곳으로 인도하여 그들의 목마름을 해결해 주셨다. 그리고 마침내 그들을 가나안 땅으로 인도해 주셨다. 귀환한 유다 사람들은 과거의 역사와 하나님의 인도하심을 보면서 하나님을 의지할 마음을 더욱 불태웠을 것이다.

16–17 우리 조상들이 교만하고 목을 굳게 하여 … 기억하지 아니하고 하나님의 기적 같은 보호와 인도하심에도 불구하고 출애굽 한 이스라엘 백성은 하나님을 거역했다. 느헤미야 시대의 유다 사람들은 그런 조상들에게서 교만과 불순종, 그리고 영적인 기억상실증의 모습을 보았다. 이것이야말로 불신앙의 삼위일체라고 해도 과언이 아닐 것이다.

주께서는 용서하시는 하나님이시라 … 그들을 버리지 아니하셨나이다 느헤미야와 백성들은 그런 배은망덕한 조상들을 버리지 않고 끝까지 인도하신 하나님의 성품을 찬양한다. 특히 그분의 대표적인 다섯 가지 성품을 높이 찬양한다. '용서, 은혜, 긍휼, 더디 노하심, 인자가 풍부하심' 이 다섯 가지는 지금도 변함없는 하나님의 모습이며, 오늘 우리에게도

쉬운성경

12 낮에는 구름 기둥으로, 밤에는 불기둥으로 우리 조상이 가야 할 길을 인도하셨습니다.

13 또 시내산에 내려오셔서 우리 조상에게 말씀하셨습니다. 주는 그들에게 바른 규례와 참된 율법을 주셨습니다.

14 그들에게 주의 거룩한 안식일을 가르치시고 주의 종 모세를 통해 계명과 규례와 율법을 주셨습니다.

15 그들이 굶주릴 때는 하늘로부터 양식을 주셨고, 목마를 때는 바위에서 물을 내셨습니다. 또 그들에게 주시겠다고 약속하신 땅으로 들어가 그 땅을 차지하라고 말씀하셨습니다.

16 그러나 우리 조상은 교만하여 고집을 피웠습니다. 그들은 주의 명령에 복종하지 않았습니다.

17 그들은 말씀을 듣지 않았고 주께서 그들 가운데 행하신 기적을 잊어버렸습니다. 그들은 고집을 피우며 주께 반역을 꾀했고 우두머리를 뽑아 종살이의 길로 되돌아가려고 했습니다. 그러나 주는 용서하는 하나님이십니다. 주는 은혜로우시고 자비로우시며 쉽게 노하지 않으시고 사랑이 많으신 분이라 그들을 버리지 않으셨습니다.

18 우리 조상은 송아지 우상까지 만들어 '이것이 우리를 이집트에서 인도해 낸 우리의 하나님이다'라고 말했습니다. 그들은 하나님을 멸시하고 죄를 지었습니다.

19 주는 사랑이 많으셔서 그들을 광야에 버리지 않으셨습니다. 낮에는 구름 기둥으로 길을 인도하셨고, 밤에는 불기둥으로 인도하셨습니다. 그들이 가는 길을 그 두 기둥이 밝혀 주었습니다.

20 또 주의 선한 영을 보내어 그들을 가르치셨고 하늘에서 만나를 내려 먹게 하셨으며, 목마를 때는 물을 주셨습니다.

절별 해설

베푸시는 성품이다.

19-21 귀환한 유다 사람들은 다시 한번 광야에서 이스라엘 백성에게 베풀어 주신 하나님의 은혜를 언급한다. 백성들의 패역함에도 불구하고 그들을 용서하시고 끝까지 인도해 주신 하나님의 모습은 귀환한 유다 사람들에게도 크나큰 위로와 소망이 되었음에 틀림없다. 최악의 환경이었던 광야에서조차 40년 동안 "부족함이 없게" 하셨던 하나님께서 제2의 출애굽을 맞아 고향으로 돌아온 귀환한 유다 사람들에게도 더 큰 은혜와 축복을 베풀어 주시지 않겠는가!

21 그들을 광야에서 사십 년 동안 돌봐 주셨습니다. 그들에게는 부족한 것이 없었습니다. 그들의 옷은 해어지지 않았고, 그들의 발은 부르트지 않았습니다.

저자의 묵상

이스라엘의 출애굽 사건과 40년 광야 생활은 하나님의 구원과 인도하심을 보여주는 가장 극적인 역사적 사건이다. 느헤미야와 귀환한 유다 공동체는 약 70년간 바벨론에서 포로로 살다가 고향으로 돌아왔기 때문에 제2의 출애굽을 경험한 것과 다름없었고, 그런 의미에서 출애굽 사건과 광야 생활에서 더욱더 동병상련을 느꼈을 것이다. 무엇보다 최악의 환경인 광야에서, 그것도 이스라엘 백성이 하나님의 말씀과 명령에 거역하고 불순종하기를 반복했음에도 불구하고, 하나님께서는 끝까지 그들을 먹이시고 입히시고 거할 곳으로 인도하셨다. 이러한 사실은 느헤미야와 백성들에게 상상을 초월할 만큼 놀랍고 은혜로운 일이 아닐 수 없다. 지금 성전과 성벽을 막 재건하고 안팎으로 어려움에 부닥친 유다 공동체에게 이런 과거 역사는 크나큰 소망과 위로가 될 뿐만 아니라, 더욱더 하나님을 의지하고픈 간절한 열망을 불러일으켰을 것이다. 마찬가지로 출애굽의 역사와 포로 귀환 이후의 역사를 모두 알고 있는 지금 우리에게도 이 구약의 역사는 놀라운 위로와 소망으로 다가온다. 하나님은 시대를 초월하여 자기 백성을 끝까지 사랑하시고 인도하신다.

무릎 기도 하나님 아버지, 인간의 패역함과 불순종에도 불구하고 끊임없이 용서하시고 은혜를 베푸시며 인도해 주심을 감사드립니다. 오늘 우리의 삶도 동일한 은혜로 인도하여 주소서.

ESV - Nehemiah 9

12 By a pillar of cloud you led them in the day, and by a pillar of fire in the night to light for them the way in which they should go.

13 You came down on Mount Sinai and spoke with them from heaven and gave them right rules and true laws, good statutes and commandments,

14 and you made known to them your holy Sabbath and commanded them commandments and statutes and a law by Moses your servant.

15 You gave them bread from heaven for their hunger and brought water for them out of the rock for their thirst, and you told them to go in to possess the land that you had sworn to give them.

16 "But they and our fathers acted presumptuously and stiffened their neck and did not obey your commandments.

17 They refused to obey and were not mindful of the wonders that you performed among them, but they stiffened their neck and appointed a leader to return to their slavery in Egypt.* But you are a God ready to forgive, gracious and merciful, slow to anger and abounding in steadfast love, and did not forsake them.

18 Even when they had made for themselves a golden* calf and said, 'This is your God who brought you up out of Egypt,' and had committed great blasphemies,

19 you in your great mercies did not forsake them in the wilderness. The pillar of cloud to lead them in the way did not depart from them by day, nor the pillar of fire by night to light for them the way by which they should go.

20 You gave your good Spirit to instruct them and did not withhold your manna from their mouth and gave them water for their thirst.

21 Forty years you sustained them in the wilderness, and they lacked nothing. Their clothes did not wear out and their feet did not swell.

* 9:17 Some Hebrew manuscripts; many Hebrew manuscripts *and in their rebellion appointed a leader to return to their slavery*
* 9:18 Hebrew *metal*

12 pillar 기둥 13 statute 율례 16 presumptuous 건방진 stiffen 완고하게 하다 17 mindful of… …을 유념하는 gracious 인자한 abound in… …이 풍부하다 forsake 버리다 18 calf 송아지 commit 저지르다 blasphemy 신성모독 19 wilderness 광야 20 withhold …을 주는 것을 보류하다 21 sustain 기르다 wear out 닳아서 해지다 swell 붓다

• MEMO •

20 거듭된 반역과 하나님의 은혜

월 일

느헤미야 9:22-31 • 새찬송 292장 | 통일 415장

• 말씀묵상 전에 성령님의 인도하심을 구하는 기도를 드리십시오.

본문요약 | 하나님은 아브라함과의 약속대로 이스라엘 백성에게 가나안 땅을 주시고 큰 복을 베풀어 주셨다. 하지만 이스라엘 백성은 하나님의 은혜를 망각하고 불순종하며 하나님을 거역하고 심지어 그분의 선지자들을 죽이기까지 했다. 하나님은 그들에게 환난을 주셔서 징계하셨지만, 그들이 회개할 때 사사들을 통해 그들을 대적에게서 구원해 주심으로 하나님의 크신 은혜와 긍휼을 보여주셨다.

22 또 나라들과 족속들을 그들에게 각각 나
누어 주시매 그들이 시혼의 땅 곧 헤스본
왕의 땅과 바산 왕 옥의 땅을 차지하였나
이다
23 주께서 그들의 자손을 하늘의 별같이 많
게 하시고 전에 그들의 열조에게 들어가
서 차지하라고 말씀하신 땅으로 인도하여
이르게 하셨으므로
24 그 자손이 들어가서 땅을 차지하되 주께
서 그 땅 가나안 주민들이 그들 앞에 복
종하게 하실 때에 가나안 사람들과 그들
의 왕들과 본토 여러 족속들을 그들의 손
에 넘겨 임의로 행하게 하시매
25 그들이 견고한 성읍들과 기름진 땅을 점
령하고 모든 아름다운 물건이 가득한 집
과 판 우물과 포도원과 감람원과 허다한
과목을 차지하여 배불리 먹어 살찌고 주
의 큰 복을 즐겼사오나
26 그들은 순종하지 아니하고 주를 거역하며
주의 율법을 등지고 주께로 돌아오기를
권면하는 선지자들을 죽여 주를 심히 모
독하였나이다
27 그러므로 주께서 그들을 대적의 손에 넘
기사 그들이 곤고를 당하게 하시매 그들
이 환난을 당하여 주께 부르짖을 때에 주
께서 하늘에서 들으시고 주의 크신 긍휼
로 그들에게 구원자들을 주어 그들을 대
적의 손에서 구원하셨거늘
28 그들이 평강을 얻은 후에 다시 주 앞에서
악을 행하므로 주께서 그들을 원수들의
손에 버려두사 원수들에게 지배를 당하
게 하시다가 그들이 돌이켜 주께 부르짖
으매 주께서 하늘에서 들으시고 여러 번
주의 긍휼로 건져 내시고
29 다시 주의 율법을 복종하게 하시려고 그
들에게 경계하셨으나 그들이 교만하여
사람이 준행하면 그 가운데에서 삶을 얻
는 주의 계명을 듣지 아니하며 주의 규례
를 범하여 고집하는 어깨를 내밀며 목을
굳게 하여 듣지 아니하였나이다
30 그러나 주께서 그들을 여러 해 동안 참으
시고 또 주의 선지자들을 통하여 주의 영
으로 그들을 경계하시되 그들이 듣지 아
니하므로 열방 사람들의 손에 넘기시고도
31 주의 크신 긍휼로 그들을 아주 멸하지 아
니하시며 버리지도 아니하셨사오니 주는
은혜로우시고 불쌍히 여기시는 하나님이
심이니이다

1. 오늘 하나님께서 나에게 주신 깨달음은 무엇입니까?

2. 말씀을 어떻게 내 삶에 구체적으로 적용해야 합니까?

22 나라들과 족속들을 그들에게 각각 나누어 주시매 … 땅을 차지하였나이다 느헤미야 시대의 백성들은 가나안 정복을 다루면서 여호수아의 활약상을 전혀 언급하지 않는다. 이것은 가나안 정복이 하나님의 인도와 축복으로 이루어진 것임을 부각하려는 의도인 것 같다. 그래서 "(주께서) 주시매"(*히*, 나탄)라는 표현을 사용함으로써, 이스라엘 백성이 자기 힘으로 가나안 땅을 정복한 것이 아니라, 하나님께서 아브라함과의 약속대로 '축복'으로 주셨다는 점을 강조한다.

23 주께서 그들의 자손을 하늘의 별같이 많게 하시고 이 표현은 아브라함과 맺은 언약(창 12:2; 13:16; 15:5)에서 처음으로 등장했다. 이 언약대로 야곱의 가족이 애굽(이집트)에 들어갈 때는 불과 70여 명에 불과했지만, 430년 후 이스라엘 자손이 출애굽 할 때는 20세 이상의 남자만 60만 명에 이를 정도였다. 그만큼 하나님은 언약에 신실하신 하나님이시다.

25 이 구절은 신명기 6장 10-11절과 여호수아 24장 13절을 그대로 회고하고 있는 말씀이다. 이스라엘 백성이 얻은 모든 것은 스스로 개간하고 가꾸어서 얻은 것이 아니라, 모두 하나님이 허락하신 축복의 결과물이었다. 특히 신명기에서는 이 모든 것이 하나님을 사랑하고 그분의 말씀에 순종할 때 주어지는 축복으로 언급하고 있다.

26-29 이 본문에서는 사사 시대부터 포로기 이전 시대까지를 회고한다. 특히 사사기는 이런 이스라엘 백성의 반복적인 행태를 크게 4단계로 보여준다(참고. 삿 2:11-23). 1단계: 이스라엘 백성은 하나님이 베풀어 주신 큰 은혜와 축복을 망각하고 불순종하며 범죄를 저지른다. 2단계: 하나님은 그들을 대적의 손에 넘겨 고난을 겪게 하신다. 3단계: 백성들은 고통 속에서 부르짖으며 회개한다. 4단계: 부르짖음을 들으신 하나님은 크신 긍휼로 그들을 대적의 손에서 구원해 주신다. 하지만 시간이 지나고 나면 그들은 "다시"(28절) 악을 행하고, 하나님은 "다시"(29절) 그들을 징계하시고 구원하신다. 이런 일이 수없이 반복되었다. 사사 시대 동안 이스라엘에 사사가 최소한 10명이 넘었다는 사실은 위와 같은 악순환이 반복됐음을 의미한다.

30 그들이 듣지 아니하므로 열방 사람들의 손에 넘기시고도 하나님은 이스라엘의 반복된 죄를 수없이 참으시고, 그들을 회개시키기 위하여 선지자들을 보내셨지만, 결국 그들은 돌이키지 않았다. 그 결과 하나님은 그들을 열방 사람들의 손에 넘기셨다. 북왕국 이스라엘은 BC 722년 앗수르에, 남왕국

쉬운성경

22 주께서 많은 나라와 민족들로 하여금 우리 조상에게 복종하게 하시고 더 많은 땅을 주셨습니다. 그들은 헤스본 왕 시혼의 나라와 바산 왕 옥의 나라를 차지했습니다.

23 주께서 그들에게 하늘의 별처럼 많은 자녀를 주셨습니다. 그들의 조상에게 약속하신 땅으로 그 자녀들을 인도하셨습니다.

24 그래서 그 자녀들이 그 땅을 차지하게 되었습니다. 그곳에는 가나안 사람들이 살고 있었지만 주께서 우리 조상을 위해 그들을 물리치셨습니다. 우리 조상에게 그 땅에 살고 있는 가나안 백성들과 그들의 왕까지 넘겨주셔서 마음대로 하게 하셨습니다.

25 우리 조상은 성벽이 있는 강한 성들과 기름진 땅을 점령했습니다. 또한 좋은 것들로 가득한 집들과 다른 사람들이 파 놓은 우물과 함께 포도원과 올리브 밭과 온갖 과일나무도 차지했습니다. 배가 부르고 살이 찔 만큼 먹었으며, 주께서 주신 풍성한 복을 마음껏 누렸습니다.

26 그러나 그들은 주께 복종하지 않고 반역하였으며, 주의 가르침을 무시했습니다. 주께 돌아오라고 타이르던 예언자들을 죽이고 주께 욕된 말을 했습니다.

27 그래서 주께서 그들의 원수들을 도와 그들을 무찌르고 억누르게 하셨습니다. 하지만 괴로움에 빠진 우리 조상이 주께 부르짖자, 주께서는 하늘에서 들으시고 큰 자비를 베풀어 주셨습니다. 그들에게 구원자를 보내 주셔서 원수들의 손아귀에서 벗어나게 하셨습니다.

28 그러나 그들은 안식을 누리자마자 또다시 악한 일을 행했습니다. 그래서 주께서 원수들의 손에 넘겨주어 원수들이 그들을 다스리게 하셨습니다. 하지만 그들이 또다시 부르짖으면, 주께

절별 해설

유다는 BC 568년 바벨론에 각각 포로로 잡혀갔다.

31 주는 은혜로우시고 불쌍히 여기시는 하나님이심이니이다 비록 하나님께서 이스라엘을 이방 나라의 손에 넘기셨지만, 그들을 고아처럼 버려두지 않으시고 지속적인 사랑과 관심으로 지켜보시다가 마침내 구원해 주셨다. 귀환한 유다 사람들은 바로 자신들이 그 구원의 증인임을 은근히 강조하고 있는 셈이다. 이 고백이 그 사실을 단적으로 증거한다.

서는 하늘에서 들으시고 자비를 베
푸셔서 그들을 구해 주셨습니다.

29 죄의 길에서 돌아와 주의 율법을
지키라고 타일렀지만, 그들은 교만
해서 주의 계명을 듣지 않았습니
다. 주의 율법을 지키면 살 수 있는
데도 그들은 주의 율법을 어겼습니
다. 그들은 고집을 피우고 교만했
습니다. 그들은 말씀을 듣지 않았
습니다.

30 그러나 주께서는 여러 해 동안을
참으셨습니다. 주의 예언자들을 보
내셔서 주의 영으로 타일렀지만,
그들은 귀를 기울이지 않았습니다.
그래서 주께서 다른 민족들의 손에
그들을 넘기시고, 원수들이 그들을
무찌르게 하셨습니다.

31 그러나 주는 사랑 그 자체이셔서
그들 모두를 죽이지는 않으셨습니
다. 그들을 버리지도 않으셨습니다.
주는 은혜가 많으시고 자비로우신
하나님이십니다.

저자의 묵상

이스라엘의 역사는 〈불순종—징계—회개—구원〉의 과정을 주기적으로 반복했다. 성경은 이스라엘 백성들이 "평강을 얻은 후에 다시 주 앞에서 악을 행하므로"(28절)라고 고발한다. "다시"라는 말이 그들의 태도를 단적으로 대변한다. 그들은 틈만 나면 교만했고, 목을 곧게 했으며, 하나님의 명령에 불순종했다. 결국 그 때문에 이방 나라에 정복을 당하고 포로로 잡혀가 노예의 삶을 살며 고난을 겪게 되었다. 그것은 공의로우신 하나님의 불가피한 조치였다. 하지만 하나님은 공의로우실 뿐만 아니라, 은혜와 긍휼함이 풍성하신 하나님이셨다. 비록 이스라엘 백성을 징계하셨지만, 그들에게 지속적인 관심과 사랑을 쏟으셨고, 그들이 회개하고 뉘우칠 때 그들에게 "다시" 구원의 손길을 베풀어 주셨다. 하나님의 "다시"와 이스라엘 백성들의 "다시"는 같은 말이지만 전혀 다른 결과를 가져왔다. 오늘 우리도 죄와 사망의 노예가 되어 죽을 수밖에 없는 인생이었지만, 예수 그리스도를 통해 놀라운 구원의 은혜를 입었다. 따라서 "다시" 죄악의 자리로 돌아가지 않도록 힘써야 한다.

무릎 기도 하나님, 주 앞에서 다시 죄악으로 돌아가지 않도록 잡아 주시고, 은혜와 긍휼의 손길로 다시 붙들어 주심으로 평강 가운데 감사와 겸손의 삶을 살게 하소서.

22 "And you gave them kingdoms and peoples
and allotted to them every corner. So they
took possession of the land of Sihon king of
Heshbon and the land of Og king of
Bashan.
23 You multiplied their children as the stars of
heaven, and you brought them into the land
that you had told their fathers to enter and
possess.
24 So the descendants went in and possessed
the land, and you subdued before them the
inhabitants of the land, the Canaanites, and
gave them into their hand, with their kings
and the peoples of the land, that they might
do with them as they would.
25 And they captured fortified cities and a rich
land, and took possession of houses full of
all good things, cisterns already hewn,
vineyards, olive orchards and fruit trees in
abundance. So they ate and were filled and
became fat and delighted themselves in
your great goodness.
26 "Nevertheless, they were disobedient and
rebelled against you and cast your law
behind their back and killed your prophets,
who had warned them in order to turn them
back to you, and they committed great
blasphemies.
27 Therefore you gave them into the hand of
their enemies, who made them suffer. And
in the time of their suffering they cried out to
you and you heard them from heaven, and
according to your great mercies you gave
them saviors who saved them from the
hand of their enemies.
28 But after they had rest they did evil again
before you, and you abandoned them to the
hand of their enemies, so that they had
dominion over them. Yet when they turned
and cried to you, you heard from heaven,
and many times you delivered them
according to your mercies.
29 And you warned them in order to turn
them back to your law. Yet they acted
presumptuously and did not obey your
commandments, but sinned against your
rules, which if a person does them, he shall
live by them, and they turned a stubborn
shoulder and stiffened their neck and would
not obey.
30 Many years you bore with them and warned
them by your Spirit through your prophets.
Yet they would not give ear. Therefore you
gave them into the hand of the peoples of
the lands.
31 Nevertheless, in your great mercies you did
not make an end of them or forsake them,
for you are a gracious and merciful God.

22 allot to··· ···에 할당하다 24 subdue 정복하다 25 cistern 저수지 hew 깎아서 ···을 만들다 26 disobedient 순종하지 않는 blasphemy 신성모독 27 suffer 고통을 겪다 savior 구원자 28 do evil 악을 행하다 abandon 버리다 have dominion over··· ···을 지배하다 deliver 구해내다 29 presumptuously 건방지게 stubborn 고집 센 30 bear with··· ···을 참다 give ear 귀를 기울이다 31 make an end of··· ···을 없애다

• MEMO •

21 회개와 언약 갱신

월 일

느헤미야 9:32-38 • 새찬송 546장 | 통일 399장

• 말씀묵상 전에 성령님의 인도하심을 구하는 기도를 드리십시오.

본문요약 | 회개 기도의 마지막 부분에서 백성들은 하나님의 광대하심, 능하심, 두려우심, 신실하심 등을 찬양한다. 그리고 그런 하나님의 축복을 거역한 이스라엘 백성들에게 내리신 징계는 정당한 처사였음을 고백한다. 끝으로 하나님과 올바른 언약 관계를 맺을 때 더 큰 축복이 주어질 것을 기대하고 소망하며 언약 갱신 의식을 거행한다.

32 우리 하나님이여 광대하시고 능하시고 두
려우시며 언약과 인자하심을 지키시는 하
나님이여 우리와 우리 왕들과 방백들과
제사장들과 선지자들과 조상들과 주의 모
든 백성이 앗수르 왕들의 때로부터 오늘
까지 당한 모든 환난을 이제 작게 여기지
마옵소서
33 그러나 우리가 당한 모든 일에 주는 공의
로우시니 우리는 악을 행하였사오나 주께
서는 진실하게 행하셨음이니이다
34 우리 왕들과 방백들과 제사장들과 조상들
이 주의 율법을 지키지 아니하며 주의 명
령과 주께서 그들에게 경계하신 말씀을
순종하지 아니하고
35 그들이 그 나라와 주께서 그들에게 베푸
신 큰 복과 자기 앞에 주신 넓고 기름진
땅을 누리면서도 주를 섬기지 아니하며
악행을 그치지 아니하였으므로
36 우리가 오늘날 종이 되었는데 곧 주께서
우리 조상들에게 주사 그것의 열매를 먹
고 그것의 아름다운 소산을 누리게 하신
땅에서 우리가 종이 되었나이다
37 우리의 죄로 말미암아 주께서 우리 위에
세우신 이방 왕들이 이 땅의 많은 소산을
얻고 그들이 우리의 몸과 가축을 임의로
관할하오니 우리의 곤란이 심하오며
38 우리가 이 모든 일로 말미암아 이제 견고
한 언약을 세워 기록하고 우리의 방백들
과 레위 사람들과 제사장들이 다 인봉하
나이다 하였느니라

1. 오늘 하나님께서 나에게 주신 깨달음은 무엇입니까?

2. 말씀을 어떻게 내 삶에 구체적으로 적용해야 합니까?

32 광대하시고 능하시고 두려우시며 언약과 인자하심을 지키시는 하나님이여 백성들은 회개의 마지막 대목에서 다시금 하나님의 이름을 부르며 그분의 네 가지 속성, 즉 '광대하심, 능하심, 두려우심, 그리고 언약에 신실하심'을 언급한다. 하나님과 올바른 관계를 맺기 위해서는 무엇보다 그분에 대한 올바른 인식이 선행되어야 함을 보여준다.
앗수르 왕들의 때로부터 오늘까지 당한 모든 환난을 이제 작게 여기지 마옵소서 BC 722년 북쪽 이스라엘 왕국이 앗수르에 망한 날부터 지금까지 이스라엘이 겪었던 고통과 아픔은 절대 작지 않았다고 회고한다. 이사야 선지자는 이런 앗수르를 가리켜 하나님의 "진노의 막대기요 그 손의 몽둥이"(사 10:5)라고 표현했다. 이처럼 하나님은 자기 백성, 자기 자녀를 바로잡기 위해 때때로 이방 나라와 불신자들을 "사람의 매와 인생의 채찍"(삼하 7:14)으로 사용하신다.

33-35 앗수르와 이방 나라들을 통한 하나님의 징계와 고통은 이스라엘 백성이 저지른 죄에 대한 당연한 죗값이었다. 따라서 그들에 대한 하나님의 처사는 정당했다. 본문은 그 이유를 4가지로 밝혔다. (1)왕으로부터 백성에 이르기까지 모두가 주의 율법을 지키지 않았다. (2)주의 명령과 말씀을 순종하지 않았다. (3)주께서 베푸신 큰 축복과 풍요를 누리면서도 주를 섬기지 않았다. (4)심지어 악행을 그치지 않았다. 결국 이스라엘 백성들은 심은 대로 거둔 셈이었다.

36 우리가 종이 되었나이다 하나님의 축복을 저버리고 불순종과 악행을 저지른 실제 결과는, 하나님의 약속의 땅이자 축복의 땅에서 삶을 누리지 못하고 이방 나라의 포로, 즉 종이 되는 것이었다. 비록 지금은 포로 신세에서 벗어나 고향 땅으로 돌아왔지만, 여전히 바사(페르시아)의 지배를 받는 식민지 신세로 살고 있다. 그래서 "우리가 오늘날 종이 되었는데"라고 말한 것이다.

37 이방 왕들이 이 땅의 많은 소산을 얻고 실제로 바사(페르시아)는 유다 사람들로부터 상당한 액수의 세금을 거둬들였다. 헤로도투스의 기록에 따르면 1년에 은 삼백 달란트, 무게로 약 12,000kg의 은을 징수했다고 하니, 이스라엘 자손들의 고통이 심했을 것이 분명하다. 게다가 "우리의 몸과 가축을 임의로 관할"했다는 말은 곧 징병과 징발을 뜻한다. 잦은 전쟁으로 인해 징병을 당하거나 물질을 징발당하니 백성들의 "곤란이 심하"였다. 이 모든 것은 결국 자신들의 "죄"로 말미암은 일이었다.

38 이제 견고한 언약을 세워 기록하고 우리의 방백들과 레위 사람들과 제사장들이 다 인봉하나이다 귀환하여 율법을 읽고 배우면서 말씀에 대한 깨달음을 얻은 유다 사람들은 지난날의 죄

쉬운성경

32 우리 하나님, 주는 위대하시고 능력이 많으시고 놀라우신 하나님이십니다. 주께서는 사랑의 언약을 지켜 주십니다. 앗시리아 왕 때로부터 지금까지 당한 이 고통, 곧 우리 왕과 지도자와 제사장과 예언자와 우리 조상들과 주의 모든 백성들이 겪은 이 고난을 작은 일로 여기지 말아 주십시오.

33 우리에게 닥친 모든 일에 주는 공의로우셨습니다. 우리는 죄를 많이 지었으므로 주께서 우리가 마땅히 받아야 할 벌을 받게 하셨습니다.

34 우리의 왕과 지도자와 제사장과 조상들은 주의 율법을 행하지 않았습니다. 그들은 주께서 주신 명령과 경계의 말씀에 순종하지 않았습니다.

35 우리 조상은 자기 나라를 가졌을 때도 주를 섬기지 않았습니다. 그들은 주께서 주신 온갖 복을 누리며 기름지고 넓은 땅에 살았지만 악한 길에서 벗어나지 않았습니다.

36 보십시오. 우리는 지금 주께서 주신 땅에서 노예가 되었습니다. 좋은 것들을 마음껏 누리라고 주신 이 땅에서 우리는 노예가 되고 말았습니다.

37 이 땅에서 나는 많은 것들은 이제 다른 나라 왕들의 것이 되었습니다. 이렇게 된 것은 다 우리가 지은 죄 때문입니다. 그 왕들은 자기 마음대로 우리와 우리 가축을 다스립니다. 우리는 큰 고통 가운데 있습니다."

38 "이 모든 일을 생각하며 우리는 확고한 약속을 하고 그것을 글로 적었으며, 우리 지도자들과 레위 사람들과 제사장들이 그 위에 자기가 직접 서명하였습니다."

에 대한 철저한 회개에 이어 하나님과의 언약 관계를 새롭게 갱신하고자 하는 열망에 가득 찼다. 그래서 마침내 그들은 언약 갱신 사실을 글로 적고, 지도자들은 거기에 인봉함으로써 언약 관계를 성실히 이어 갈 것을 다짐함과 동시에 말씀대로 살겠다는 각오를 다졌다.

저자의 묵상

포로에서 귀환한 백성들이 하나님의 말씀을 읽으며 깨달은 사실들이 이 회개 기도 속에 녹아 있다. 그 내용을 정리해 보면, 크게 세 가지 주제로 이루어져 있다. 첫째, 과거에 하나님이 행하신 일들을 회고한다. 아브라함과 언약을 맺으신 일로부터 시작하여 출애굽과 광야 생활, 그리고 가나안 정복과 그 땅에서 베풀어 주신 축복과 풍요에 대해 진심으로 감사하며 찬송한다. 둘째, 이스라엘 백성들의 배은망덕한 죄악을 회고한다. 하나님의 놀라운 축복과 은혜에도 불구하고 반복적으로 하나님을 배반하며 죄악을 일삼던 모습을 반성한다. 그리고 그 결과로 주어진 징계와 종의 신세를 하나님의 의로운 처사로 받아들인다. 셋째, 하나님의 성품과 속성에 의지하여 그분이 앞으로 행하실 역사를 기대한다. 밥 먹듯 죄를 반복하지만 이스라엘을 버리지 않으시는 하나님의 무한하신 사랑과 긍휼을 의지하며, 그분과 올바른 언약 관계를 회복할 때 앞으로 더 큰 은혜와 축복을 주시리라 기대한다. 이들의 소망과 기대는 오늘 우리의 소망과 기대이기도 하다. 우리가 믿는 하나님이야말로 유일하신 참 하나님이 아니신가!

무릎 기도 하나님, 우리가 밥 먹듯 죄를 짓고 하나님의 말씀에 불순종하며 곁길로 가는 데도 불구하고, 우리를 끝까지 버리지 않으시고 붙드시며 은혜와 긍휼을 베풀어 주시니 감사합니다.

ESV - Nehemiah 9

32 "Now, therefore, our God, the great, the mighty, and the awesome God, who keeps covenant and steadfast love, let not all the hardship seem little to you that has come upon us, upon our kings, our princes, our priests, our prophets, our fathers, and all your people, since the time of the kings of Assyria until this day.
33 Yet you have been righteous in all that has come upon us, for you have dealt faithfully and we have acted wickedly.
34 Our kings, our princes, our priests, and our fathers have not kept your law or paid attention to your commandments and your warnings that you gave them.
35 Even in their own kingdom, and amid your great goodness that you gave them, and in the large and rich land that you set before them, they did not serve you or turn from their wicked works.
36 Behold, we are slaves this day; in the land that you gave to our fathers to enjoy its fruit and its good gifts, behold, we are slaves.
37 And its rich yield goes to the kings whom you have set over us because of our sins. They rule over our bodies and over our livestock as they please, and we are in great distress.
38 *"Because of all this we make a firm covenant in writing; on the sealed document are the names of* our princes, our Levites, and our priests.

* 9:38 Ch 10:1 in Hebrew
* 9:38 Hebrew lacks *the names of*

32 awesome 두려운 covenant 언약 steadfast 변함없는 hardship 환난 34 pay attention to··· ···에 유의하다 commandment 명령 35 amid 가운데 wicked 사악한 37 yield 산물 rule over··· ···을 지배하다 livestock 가축 be in distress 도탄에 빠지다 38 firm 견고한 seal 인장을 찍다

☐ 묵상 체크

22 언약에 서명한 지도자들

월 일

느헤미야 10:1-27 • 새찬송 488장 | 통일 539장

• 말씀묵상 전에 성령님의 인도하심을 구하는 기도를 드리십시오.

본문요약 | 유다 공동체는 포로에서 귀환하여 성전과 성벽을 재건한 후 과거의 죄를 회개하고 하나님과 새로운 관계를 맺기로 결심한다. 하나님의 거룩한 언약 공동체로 거듭나기 위한 결심을 증명하기 위해, 총독을 비롯한 지도자들과 제사장을 필두로 하는 종교 지도자들이 언약 문서에 서명하고 인봉한다.

1 그 인봉한 자는 하가랴의 아들 총독 느헤미야와 시드기야,
2 스라야, 아사랴, 예레미야,
3 바스훌, 아마랴, 말기야,
4 핫두스, 스바냐, 말룩,
5 하림, 므레못, 오바댜,
6 다니엘, 긴느돈, 바룩,
7 므술람, 아비야, 미야민,
8 마아시야, 빌개, 스마야이니 이는 제사장들이요
9 또 레위 사람 곧 아사냐의 아들 예수아, 헤나닷의 자손 중 빈누이, 갓미엘과
10 그의 형제 스바냐, 호디야, 그리다, 블라야, 하난,
11 미가, 르홉, 하사뱌,
12 삭굴, 세레뱌, 스바냐,
13 호디야, 바니, 브니누요
14 또 백성의 우두머리들 곧 바로스, 바핫모압, 엘람, 삿두, 바니,
15 분니, 아스갓, 베배,
16 아도니야, 비그왜, 아딘,
17 아델, 히스기야, 앗술,
18 호디야, 하숨, 베새,
19 하립, 아나돗, 노배,
20 막비아스, 므술람, 헤실,
21 므세사벨, 사독, 얏두아,
22 블라댜, 하난, 아나야,
23 호세아, 하나냐, 핫숩,
24 할르헤스, 빌하, 소벡,
25 르훔, 하삽나, 마아세야,
26 아히야, 하난, 아난,
27 말룩, 하림, 바아나이니라

1. 오늘 하나님께서 나에게 주신 깨달음은 무엇입니까?

2. 말씀을 어떻게 내 삶에 구체적으로 적용해야 합니까?

절별 해설

1 그 인봉한 자 여기서 말하는 "인봉"은 바로 앞절인 9장 38절에 나온 대로, 이스라엘 백성들이 과거의 죄를 회개하고 하나님과의 언약을 새로운 마음으로 견고하게 세우자는 뜻에서 언약을 갱신하는 증명이다. 그리고 이 사실을 글로 적어 그 위에 백성의 지도자들과 레위 사람들과 제사장들이 서명한다.
하가랴의 아들 총독 느헤미야와 시드기야 언약에 서명한 자 명단에서 총독 느헤미야가 제일 먼저 나오는 것은 그가 이 언약 갱신 의식의 주도자였음을 암시한다. 그런데 느헤미야와 시드기야 사이에는 접속사 '~와'(*히*, 와우)가 있는 반면, 시드기야와 2절의 스라야 사이에는 접속사가 없이 이름들이 나열되고 있다. 이것은 앞의 두 사람과 2-8절의 인물들을 구별하려는 의도로 볼 수 있다. 앞의 두 사람은 정치적인 지도자였고, 2-8절의 인물들은 제사장, 즉 종교 지도자들이었다. 그리고 시드기야는 총독 느헤미야의 서기관이었을 것으로 추정된다. 한편, 여기에 느헤미야와 어깨를 나란히 하는 지도자인 에스라의 이름이 빠진 것에 대해 여러 가지 추측이 있으나, 에스라가 서명을 받는 사람이었기 때문에 자기 이름을 올릴 필요가 없었다는 설명이 가장 자연스럽다.

2-8 여기에 모두 21명의 이름이 등장하고, 그들을 가리켜 "이는 제사장들이요"라고 설명한 것으로 보아, 이들은 모두 제사장 집안의 대표들로 추정된다. 이들 중 15명이 12장에 나오는 1차 귀환자의 명단에 언급된다는 사실을 통해 이들이 제사장 집안의 대표라는 설명을 뒷받침한다.

9-13 여기에는 문서에 서명한 레위 사람 17명의 이름이 언급되고 있다. 이들 중 제일 앞에 언급된 예수아와 빈누이와 갓미엘은 레위 사람을 대표하는 3대 가문으로 추정된다(참고. 스 2장; 느 7장). 또한 이들 중에는 에스라가 율법을 낭독할 때 함께 참여하여 백성들에게 율법을 가르친 이들도 있다(느 8:7).

14-27 여기에 거명된 백성의 지도자 명단에는 총 44명의 이름이 등장하며 대부분 집안을 대표하는 인물들이다. 이들 중 처음 21명의 이름은 에스라 2장 3-30절에 나오는 명단과 일치한다. 심지어 언급되는 순서도 거의 같다. 그리고 뒤에 나오는 새로운 이름들에 대해 포로로 잡혀가지 않았던 사람들이거나 포로 시절 숨어 지내던 사람들로 추측하는 학자들도 있으나, 그보다는 가장 최근에 바벨론에서 돌아온 사람들로 보는 것이 더 자연스러운 해석이다. 즉, 귀향이 시작되자마자 예루살렘

쉬운성경

1 약속의 글에 이름을 적은 사람은 다음과 같습니다. 하가랴의 아들 총독 느헤미야와 시드기야와

2 스라야와 아사랴와 예레미야와

3 바스훌과 아마랴와 말기야와

4 핫두스와 스바냐와 말룩과

5 하림과 므레못과 오바댜와

6 다니엘과 긴느돈과 바룩과

7 므술람과 아비야와 미야민과

8 마아시야와 빌개와 스마야입니다. 이들은 제사장입니다.

9 이름을 적은 레위 사람은 아사냐의 아들 예수아와 헤나닷의 자손인 빈누이와 갓미엘과

10 그들의 동료 스바냐와 호디야와 그리다와 블라야와 하난과

11 미가와 르홉과 하사뱌와

12 삭굴과 세레뱌와 또 다른 스바냐와

13 호디야와 바니와 브니누입니다.

14 백성의 지도자 가운데 이름을 적은 사람은 바로스와 바핫모압과 엘람과 삿두와 바니와

15 분니와 아스갓과 베배와

16 아도니야와 비그왜와 아딘과

17 아델과 히스기야와 앗술과

18 호디야와 하숨과 베새와

19 하립과 아나돗과 노배와

20 막비아스와 므술람과 헤실과

21 므세사벨과 사독과 얏두아와

절별 해설

으로 돌아온 집안들[족속들]과 최근에 도착한 사람들이 함께 언약 문서에 서명한 것이다. 이것은 유다 공동체 전체가 하나님과 맺은 언약에 따라 신실하게 살겠다는 각오를 다짐했다는 뜻으로 이해할 수 있다.

22 블라댜와 하난과 아나야와
23 호세아와 하나냐와 핫숩과
24 할르헤스와 빌하와 소벡과
25 르훔과 하삽나와 마아세야와
26 아히야와 하난과 아난과
27 말룩과 하림과 바아나입니다.

저자의 묵상

이스라엘 백성들은 하나님과의 언약을 갱신하는 의식을 치르면서 이 사실을 글로 적고 그 위에 백성들을 대표하는 각계 지도자들이 서명한다. 이 문서는 아마도 성전에 보존될 것이며 하나님과 이스라엘 사이에 맺어진 언약 관계를 증명하는 역할을 할 것이다. 여기서 몇 가지 주목할 점이 있다. 첫째로, 8장부터 10장까지의 흐름을 보면, 8장:율법 선포 → 9장:신앙 고백 → 10장:언약 갱신의 구조로 이루어져 있다. 유다 공동체의 진정한 회복은 성전과 성벽 재건으로 끝나는 것이 아니라 하나님의 말씀을 토대로 한 회개 운동과 갱신 운동을 통해서 완성된다. 둘째로, 제일 처음으로 서명한 그룹이 지도자와 제사장이라는 점에서 옛날이나 지금이나 영적인 지도자들이 신앙 개혁 운동에 앞장서야 한다는 사실을 보여준다. 셋째로, 백성의 우두머리 명단에서 초기 귀환자 가문과 가장 늦게 귀환한 가문이 함께 언약 갱신 문서에 서명을 했다는 것은 유다 공동체가 한마음이 되어 조상의 땅에서 새로운 언약 공동체로 거듭나겠다는 결단과 의지를 보여준다. 이 사건을 보면서 우리의 삶에도 이따금 신앙 갱신의 기회가 필요하다는 것을 느끼게 된다.

무릎 기도 하나님, 우리가 안일하고 나태해져서 형식적인 신앙생활에 만족하지 않도록 새로운 마음으로 새로운 결단을 하게 하시고 날마다 신앙 갱신이 이루어지게 하소서.

ESV - Nehemiah 10

1 *"On the seals are the names of* Nehemiah the governor, the son of Hacaliah, Zedekiah,
2 Seraiah, Azariah, Jeremiah,
3 Pashhur, Amariah, Malchijah,
4 Hattush, Shebaniah, Malluch,
5 Harim, Meremoth, Obadiah,
6 Daniel, Ginnethon, Baruch,
7 Meshullam, Abijah, Mijamin,
8 Maaziah, Bilgai, Shemaiah; these are the priests.
9 And the Levites: Jeshua the son of Azaniah, Binnui of the sons of Henadad, Kadmiel;
10 and their brothers, Shebaniah, Hodiah, Kelita, Pelaiah, Hanan,
11 Mica, Rehob, Hashabiah,
12 Zaccur, Sherebiah, Shebaniah,
13 Hodiah, Bani, Beninu.
14 The chiefs of the people: Parosh, Pahath-moab, Elam, Zattu, Bani,
15 Bunni, Azgad, Bebai,
16 Adonijah, Bigvai, Adin,
17 Ater, Hezekiah, Azzur,
18 Hodiah, Hashum, Bezai,
19 Hariph, Anathoth, Nebai,
20 Magpiash, Meshullam, Hezir,
21 Meshezabel, Zadok, Jaddua,
22 Pelatiah, Hanan, Anaiah,
23 Hoshea, Hananiah, Hasshub,
24 Hallohesh, Pilha, Shobek,
25 Rehum, Hashabnah, Maaseiah,
26 Ahiah, Hanan, Anan,
27 Malluch, Harim, Baanah.

* 10:1 Ch 10:2 in Hebrew
* 10:1 Hebrew lacks *the names of*

1 seal 인장 governor 총독 8 priest 제사장 9 Levite 레위인

• MEMO •

23 언약의 구체적인 내용들

월 일

느헤미야 10:28-39 • 새찬송 445장 | 통일 502장

• 말씀묵상 전에 성령님의 인도하심을 구하는 기도를 드리십시오.

본문요약 I 하나님과 언약 관계를 새롭게 갱신한 이스라엘 백성들은 구체적인 맹세를 통해 삶의 개혁을 다짐한다. 먼저 이방인과의 통혼을 금지했고, 안식일에 관한 율법을 철저히 지키기로 다짐했으며, 하나님의 전을 버려두지 않겠다고 맹세한다. 이런 맹세와 서약을 통해 하나님의 선택받은 공동체라는 정체성을 회복하고자 했다.

28 그 남은 백성과 제사장들과 레위 사람들과 문지기들과 노래하는 자들과 느디님 사람들과 및 이방 사람과 절교하고 하나님의 율법을 준행하는 모든 자와 그들의 아내와 그들의 자녀들 곧 지식과 총명이 있는 자들은
29 다 그들의 형제 귀족들을 따라 저주로 맹세하기를 우리가 하나님의 종 모세를 통하여 주신 하나님의 율법을 따라 우리 주 여호와의 모든 계명과 규례와 율례를 지켜 행하여
30 우리의 딸들을 이 땅 백성에게 주지 아니하고 우리의 아들들을 위하여 그들의 딸들을 데려오지 아니하며
31 혹시 이 땅 백성이 안식일에 물품이나 온갖 곡물을 가져다가 팔려고 할지라도 우리가 안식일이나 성일에는 그들에게서 사지 않겠고 일곱째 해마다 땅을 쉬게 하고 모든 빚을 탕감하리라 하였고
32 우리가 또 스스로 규례를 정하기를 해마다 각기 세겔의 삼분의 일을 수납하여 하나님의 전을 위하여 쓰게 하되
33 곧 진설병과 항상 드리는 소제와 항상 드리는 번제와 안식일과 초하루와 정한 절기에 쓸 것과 성물과 이스라엘을 위하는 속죄제와 우리 하나님의 전의 모든 일을 위하여 쓰게 하였고
34 또 우리 제사장들과 레위 사람들과 백성들이 제비 뽑아 각기 종족대로 해마다 정한 시기에 나무를 우리 하나님의 전에 바쳐 율법에 기록한 대로 우리 하나님 여호와의 제단에 사르게 하였고
35 해마다 우리 토지소산의 맏물과 각종 과목의 첫 열매를 여호와의 전에 드리기로 하였고
36 또 우리의 맏아들들과 가축의 처음 난 것과 소와 양의 처음 난 것을 율법에 기록된 대로 우리 하나님의 전으로 가져다가 우리 하나님의 전에서 섬기는 제사장들에게 주고
37 또 처음 익은 밀의 가루와 거제물과 각종 과목의 열매와 새 포도주와 기름을 제사장들에게로 가져다가 우리 하나님의 전의 여러 방에 두고 또 우리 산물의 십일조를 레위 사람들에게 주리라 하였나니 이 레위 사람들은 우리의 모든 성읍에서 산물의 십일조를 받는 자임이며
38 레위 사람들이 십일조를 받을 때에는 아론의 자손 제사장 한 사람이 함께 있을 것이요 레위 사람들은 그 십일조의 십분의 일을 가져다가 우리 하나님의 전 곳간의 여러 방에 두되
39 곧 이스라엘 자손과 레위 자손이 거제로 드린 곡식과 새 포도주와 기름을 가져다가 성소의 그릇들을 두는 골방 곧 섬기는 제사장들과 문지기들과 노래하는 자들이 있는 골방에 둘 것이라 그리하여 우리가 우리 하나님의 전을 버려두지 아니하리라

1. 오늘 하나님께서 나에게 주신 깨달음은 무엇입니까?

2. 말씀을 어떻게 내 삶에 구체적으로 적용해야 합니까?

절별 해설

28-29 그 남은 백성과 … 지식과 총명이 있는 자들은 … 저주로 맹세하기를 유다 공동체의 10개 그룹은 하나가 되어 하나님의 율법을 준행하기로 맹세한다. 특히 "저주로 맹세" 했다는 것은, 이 맹세를 지키지 않을 경우 저주와 심판을 달게 받겠다는 의미이다(참고. 민 5:21).

30 백성들의 서약 사항은 크게 세 가지이다. 첫째, 더 이상 이방인과 결혼하지 않겠다는 것이다. 그동안 이스라엘 자손들은 이방인과의 결혼을 수수방관해 왔고, 제사장들마저 이방인 아내를 맞이하였다. 이런 이방인과의 통혼은 이스라엘의 민족적 정체성을 크게 약화할 뿐만 아니라, 이방 민족의 우상 숭배와 불경건한 풍습에 오염되는 원인이었다.

31 둘째, 안식일에 관한 율법을 철저하게 준수하겠다는 것이다. 이방인과 상거래를 하면서 안식일과 성일에도 장사하는 일들이 비일비재해졌다. 이런 관행들을 근절하고, 철저히 안식일과 성일을 지키며, 심지어 일곱째 해마다 모든 빚을 탕감해 주기로 맹세했다(레 25장).

32-33 셋째, 하나님의 전을 버려두지 않겠다는 것이다. 여기서 세부적으로 다음 네 가지 실천 사항을 다짐한다. (1)성전에 정기적인 헌금을 드리기로 한다. 과거 이스라엘 백성들은 인구 조사 때 자기 목숨 값으로 반 세겔의 속전을 바쳤지만, 어디까지나 일시적인 헌금이었다(출 30:11-16; 38:25-26). 또한 다리오 왕이 성전에 대한 재정 지원을 약속한 바 있지만(스 6:9-10), 왕의 사후에도 지속되었는지는 의문이다. 그래서 유다 공동체는 매년 성인 남성 1인당 3분의 1세겔씩 바치기로 서약했다. 이 금액은 당시 노동자의 열흘 치 일당에 해당된다. 그런데 반 세겔이 3분의 1세겔로 바뀐 것은 아마도 바사(페르시아)의 통치하에서 조공 부담이 컸기 때문일 것이다. 그러다가 신약 시대에 와서 다시 반 세겔로 바뀐 것 같다(마 17:24-27).

34 (2)성전 제단에 사용될 땔감을 바치기로 했다. 유다 공동체는 가문별로 1년에 한 번씩 제비를 뽑아 이 일을 담당하게 했으며, 제사장이나 레위 사람도 예외가 될 수 없었다.

35-37 (3)첫 열매를 여호와의 전에 드리기로 했다. 첫 열매라는 것은 가장 좋은 것을 의미한다(민 15:20-21). 모세의 율법은 이것을 백성의 의무로 규정했지만(출 23:16-19; 레 23장), 잘 지켜지지 않았던 것 같다. 그래서 새로운 각오로 결단한 것이다. "맏아들"의 경우에는 몸값으로 대신하였는데, 지정된 몸값은 다섯 세겔이었다(민 18:16).

쉬운성경

28 나머지 백성, 곧 제사장과 레위 사람, 문지기, 노래하는 사람, 성전 종들은 맹세를 했습니다. 그리고 하나님의 율법을 지키려고 외국인과 관계를 끊은 사람들과 깨달을 만한 사람은 모두 다 맹세를 했습니다.

29 그들은 동료 이스라엘 백성 및 지도자들과 더불어 맹세를 했습니다. 그 맹세를 어기면 저주를 받게 됩니다. 그들은 하나님께서 종 모세를 통해 주신 하나님의 율법을 지키기로 약속했습니다. 그들은 또 우리 주 여호와의 모든 명령과 규례와 율법을 지키기로 약속했습니다.

30 "우리는 우리 딸과 아들을 외국인과 결혼시키지 않기로 약속합니다.

31 외국인이 안식일에 물건이나 곡식을 팔러 오더라도 안식일이나 그 밖의 거룩한 날에는 물건을 사지 않겠습니다. 일곱째 되는 해마다 땅에 아무것도 심지 않겠습니다. 그리고 우리에게 빚진 사람들의 빚을 받지 않겠습니다.

32 우리는 계명을 지키겠습니다. 우리는 우리 하나님의 성전에서 드리는 예배를 위해 돈을 충분히 내겠습니다. 우리는 해마다 각기 삼분의 일 세겔*씩 바치겠습니다.

33 그 돈은 상 위에 쌓아 두는 빵인 진설병을 위해 내는 돈이며 늘 바치는 곡식 제물과 태워 드리는 제물인 번제물을 위해 드리는 돈입니다. 또한 그 돈은 안식일과 초하루 절기, 특별 절기에 바치는 예물이며 이스라엘의 죄를 씻는 제물인 속죄 제물을 위해 내는 돈입니다. 또 그 돈은 우리 하나님의 성전에서 하는 일을 위해 내는 돈이기도 합니다.

34 우리 백성들과 제사장들과 레위 사람들은 제비를 뽑아 어느 집안이 언제 하나님의 성전에 나무를 가져가야 할지 결정했습니다. 그래서 해마다 정한 때에 나무를 가져가기로 했습니다. 그 나무는 우리 하나님 여호와의 제단 위에 올려놓고 태울 나무입니다. 우리는 율법에 적힌 대로 그 일을 하겠습니다.

35 우리는 또한 추수한 첫 곡식을 가져오겠습니다. 그리고 해마다 모든 나무의 첫 열매를 여호와의 성전에 가져오겠습니다.

* 10:32 1/3세겔은 약 3.8g에 해당된다.

절별 해설

38-39 (4)십일조를 납부하기로 했다. 십일조를 드린다는 것은 제사장과 레위 사람 같은 성전 봉사자들의 생계를 책임짐으로써 성전에서 진행되는 모든 제사와 예배가 원활하게 이루어지도록 돕겠다는 뜻이 담겨 있다. 이것은 유다 공동체의 정체성 회복이 제도 개혁뿐만 아니라 영적 개혁을 동반한다는 것을 보여준다.

36 율법에 적힌 대로 우리는 맏아들을 하나님께 바치기 위해 성전 제사장들에게 데려가겠습니다. 또 소 떼와 양 떼의 첫 새끼도 가져가겠습니다. 이것들을 하나님의 성전에서 섬기는 제사장들에게 갖다 주겠습니다.

37 그리고 갖가지 물건을 하나님의 성전 창고를 담당하는 제사장들에게 가져가겠습니다. 땅에서 처음 거둔 밀과 예물과 온갖 나무의 열매와 새 포도주와 기름도 가져가겠습니다. 또 우리가 거둔 것의 십분의 일을 레위 사람들에게 가져가겠습니다. 레위 사람들이 우리가 일하는 모든 마을에서 그것을 거둘 것입니다.

38 레위 사람들이 십분의 일을 받을 때는 아론 집안의 제사장이 함께 있어야 합니다. 레위 사람은 자기가 받은 것 가운데 십분의 일을 또 하나님의 성전에 바치고, 그것을 성전 창고에 넣어 두어야 합니다.

39 이스라엘 백성과 레위 사람은 창고에 예물을 가져와야 합니다. 예물로 가져올 것은 곡식과 새 포도주와 기름입니다. 성전에 바친 물건은 창고에 넣어 두어야 하는데, 그곳은 하나님을 섬기는 제사장과 문지기와 노래하는 사람이 있는 곳입니다. 우리는 하나님의 성전을 돌보지 않은 채 내버려 두지 않겠습니다."

저자의 묵상

오늘 본문에 보면 "우리 하나님의 전"이란 표현이 무려 7번이나 등장한다. 그 외에도 "하나님의 전", "우리 하나님 여호와의 제단", "여호와의 전"과 같은 표현도 함께 등장한다. 그만큼 유다 공동체의 정체성 회복과 개혁의 중심에는 하나님의 성전이 크게 자리 잡고 있었음을 보여준다. 하나님의 말씀을 통해 회개와 은혜를 경험한 백성들은 더 깊은 체험을 원하였고, 하나님과 더 깊은 관계를 경험하고 싶어 했으며, 그것은 삶의 변화를 가져왔다. 이런 은혜를 경험한 이스라엘 백성들은 하나님의 백성답게 살고자 하는 강한 열망을 갖게 되었다. 그 결과 하나님과 언약을 새롭게 맺고, 구체적인 삶 속에서 새로운 서약을 다짐했다. 크게 세 가지 방향에서 서약했는데, (1)이방인과 결혼하지 않겠다. (2)안식일에 관한 율법을 철저히 지키겠다. (3)우리 하나님의 전을 버려두지 않겠다. 이상 세 가지였다. 그렇다면 오늘 우리는 하나님의 백성답게 살기 위해 무엇을 결단하고 있는가? 나 자신의 결단을 돌아보는 시간을 갖기 바란다.

무릎 기도 | 하나님 아버지, 우리를 하나님의 거룩한 자녀로 불러 주셔서 감사드립니다. 이 땅에서 하나님의 자녀답게, 하나님의 백성답게 살겠다는 새로운 결단을 하게 하소서.

ESV - Nehemiah 10

28 "The rest of the people, the priests, the Levites, the gatekeepers, the singers, the temple servants, and all who have separated themselves from the peoples of the lands to the Law of God, their wives, their sons, their daughters, all who have knowledge and understanding,

29 join with their brothers, their nobles, and enter into a curse and an oath to walk in God's Law that was given by Moses the servant of God, and to observe and do all the commandments of the LORD our Lord and his rules and his statutes.

30 We will not give our daughters to the peoples of the land or take their daughters for our sons.

31 And if the peoples of the land bring in goods or any grain on the Sabbath day to sell, we will not buy from them on the Sabbath or on a holy day. And we will forego the crops of the seventh year and the exaction of every debt.

32 "We also take on ourselves the obligation to give yearly a third part of a shekel* for the service of the house of our God:

33 for the showbread, the regular grain offering, the regular burnt offering, the Sabbaths, the new moons, the appointed feasts, the holy things, and the sin offerings to make atonement for Israel, and for all the work of the house of our God.

34 We, the priests, the Levites, and the people, have likewise cast lots for the wood offering, to bring it into the house of our God, according to our fathers' houses, at times appointed, year by year, to burn on the altar of the LORD our God, as it is written in the Law.

35 We obligate ourselves to bring the firstfruits of our ground and the firstfruits of all fruit of every tree, year by year, to the house of the LORD;

36 also to bring to the house of our God, to the priests who minister in the house of our God, the firstborn of our sons and of our cattle, as it is written in the Law, and the firstborn of our herds and of our flocks;

37 and to bring the first of our dough, and our contributions, the fruit of every tree, the wine and the oil, to the priests, to the chambers of the house of our God; and to bring to the Levites the tithes from our ground, for it is the Levites who collect the tithes in all our towns where we labor.

38 And the priest, the son of Aaron, shall be with the Levites when the Levites receive the tithes. And the Levites shall bring up the tithe of the tithes to the house of our God, to the chambers of the storehouse.

39 For the people of Israel and the sons of Levi shall bring the contribution of grain, wine, and oil to the chambers, where the vessels of the sanctuary are, as well as the priests who minister, and the gatekeepers and the singers. We will not neglect the house of our God."

* 10:32 A *shekel* was about 2/5 ounce or 11 grams

29 enter into··· (···와 어떤 관계·협약 등을) 시작하다 observe 지키다 31 Sabbath 안식일 forego ···없이 지내다 exaction 강제 징수 32 obligation 의무, 책임 33 showbread 진설병 make atonement for 속죄하다 34 cast lots 제비를 뽑다 35 firstfruits 첫 수확물 36 minister 섬기다 cattle 소 37 contribution 기증물 chamber 방 tithe 십일조 39 sanctuary 성소 neglect 버려두다

• MEMO •

☐ 묵상 체크

24 예루살렘에 거주하는 백성들

월 일

느헤미야 11:1-36 • 새찬송 360장 | 통일 402장

• 말씀묵상 전에 성령님의 인도하심을 구하는 기도를 드리십시오.

본문요약 | 느헤미야의 지도로 예루살렘 성벽 공사는 끝났지만, 예루살렘 성의 치안은 여전히 불안한 상태다. 이 문제를 해결하기 위해 주민 이주 정책을 시행한다. 먼저 백성의 지도자들이 솔선수범해서 이주하였고, 백성 중 십분의 일을 제비뽑아 이주시켰으며, 마지막으로 자원하는 사람들을 이주시킨다. 이로써 예루살렘은 하나님의 거룩한 성으로서의 위용을 갖추게 된다.

1 백성의 지도자들은 예루살렘에 거주하였
고 그 남은 백성은 제비 뽑아 십분의 일
은 거룩한 성 예루살렘에서 거주하게 하
고 그 십분의 구는 다른 성읍에 거주하게
하였으며
2 예루살렘에 거주하기를 자원하는 모든 자
를 위하여 백성들이 복을 빌었느니라
3 이스라엘과 제사장들과 레위 사람들과 느
디님 사람들과 솔로몬의 신하들의 자손은
유다 여러 성읍에서 각각 자기 성읍 자기
기업에 거주하였느니라 예루살렘에 거주
한 그 지방의 지도자들은 이러하니
4 예루살렘에 거주한 자는 유다 자손과 베
냐민 자손 몇 명이라 유다 자손 중에는
베레스 자손 아다야이니 그는 웃시야의
아들이요 스가랴의 손자요 아마랴의 증손
이요 스바댜의 현손이요 마할랄렐의 오대
손이며
5 또 마아세야니 그는 바룩의 아들이요 골
호세의 손자요 하사야의 증손이요 아다야
의 현손이요 요야립의 오대 손이요 스가
랴의 육대 손이요 실로 사람의 칠대 손이
라
6 예루살렘에 거주한 베레스 자손은 모두
사백육십팔 명이니 다 용사였느니라
7 베냐민 자손은 살루이니 그는 므술람의
아들이요 요엣의 손자요 브다야의 증손이
요 골라야의 현손이요 마아세야의 오대
손이요 이디엘의 육대 손이요 여사야의
칠대 손이며
8 그 다음은 갑배와 살래 등이니 모두 구백
이십팔 명이라
9 시그리의 아들 요엘이 그들의 감독이 되
었고 핫스누아의 아들 유다는 버금이 되
어 성읍을 다스렸느니라
10 제사장 중에는 요야립의 아들 여다야와
야긴이며
11 또 하나님의 전을 맡은 자 스라야이니 그
는 힐기야의 아들이요 므술람의 손자요
사독의 증손이요 므라욧의 현손이요 아
히둡의 오대 손이며
12 또 전에서 일하는 그들의 형제니 모두 팔
백이십이 명이요 또 아다야이니 그는 여
로함의 아들이요 블라야의 손자요 암시
의 증손이요 스가랴의 현손이요 바스훌
의 오대 손이요 말기야의 육대 손이며
13 또 그 형제의 족장된 자이니 모두 이백사
십이 명이요 또 아맛새이니 그는 아사렐
의 아들이요 아흐새의 손자요 므실레못
의 증손이요 임멜의 현손이며
14 또 그들의 형제의 큰 용사들이니 모두 백
이십팔 명이라 하그돌림의 아들 삽디엘
이 그들의 감독이 되었느니라
15 레위 사람 중에는 스마야이니 그는 핫숩
의 아들이요 아스리감의 손자요 하사뱌
의 증손이요 분니의 현손이며
16 또 레위 사람의 족장 삽브대와 요사밧이
니 그들은 하나님의 전 바깥일을 맡았고
17 또 아삽의 증손 삽디의 손자 미가의 아들
맛다냐이니 그는 기도할 때에 감사하는

말씀을 인도하는 자가 되었고 형제 중에 박부갸가 버금이 되었으며 또 여두둔의 증손 갈랄의 손자 삼무아의 아들 압다니
18 거룩한 성에 레위 사람은 모두 이백팔십사 명이었느니라
19 성 문지기는 악굽과 달몬과 그 형제이니 모두 백칠십이 명이며
20 그 나머지 이스라엘 백성과 제사장과 레위 사람은 유다 모든 성읍에 흩어져 각각 자기 기업에 살았고
21 느디님 사람은 오벨에 거주하니 시하와 기스바가 그들의 책임자가 되었느니라
22 노래하는 자들인 아삽 자손 중 미가의 현손 맛다냐의 증손 하사뱌의 손자 바니의 아들 웃시는 예루살렘에 거주하는 레위 사람의 감독이 되어 하나님의 전 일을 맡아 다스렸으니
23 이는 왕의 명령대로 노래하는 자들에게 날마다 할 일을 정해 주었기 때문이며
24 유다의 아들 세라의 자손 곧 므세사벨의 아들 브다히야는 왕의 수하에서 백성의 일을 다스렸느니라
25 마을과 들로 말하면 유다 자손의 일부는 기럇 아르바와 그 주변 동네들과 디본과 그 주변 동네들과 여갑스엘과 그 마을들에 거주하며
26 또 예수아와 몰라다와 벧벨렛과
27 하살수알과 브엘세바와 그 주변 동네들에 거주하며
28 또 시글락과 므고나와 그 주변 동네들에 거주하며
29 또 에느림몬과 소라와 야르뭇에 거주하며
30 또 사노아와 아둘람과 그 마을들과 라기스와 그 들판과 아세가와 그 주변 동네들에 살았으니 그들은 브엘세바에서부터 힌놈의 골짜기까지 장막을 쳤으며
31 또 베냐민 자손은 게바에서부터 믹마스와 아야와 벧엘과 그 주변 동네들에 거주하며
32 아나돗과 놉과 아나냐와
33 하솔과 라마와 깃다임과
34 하딧과 스보임과 느발랏과
35 로드와 오노와 장인들의 골짜기에 거주하였으며
36 유다에 있던 레위 사람의 일부는 베냐민과 합하였느니라

1. 오늘 하나님께서 나에게 주신 깨달음은 무엇입니까?

2. 말씀을 어떻게 내 삶에 구체적으로 적용해야 합니까?

절별 해설

1 그 남은 백성은 제비 뽑아 십분의 일은 거룩한 성 예루살렘에서 거주하게 하고 예루살렘 거주민을 확보하기 위한 방법의 일환으로 제비뽑기를 통해 유다 각 성읍에 거주하는 사람들 중 10분의 1을 추첨해서 이주하도록 권장한다. 여기에는 두 가지 방식이 적용되었다. 하나는 십일조 원리이고, 다른 하나는 제비뽑기 방법이다. 특히 구약에서 제비뽑기는 하나님의 뜻을 구하는 수단으로 자주 사용되었기 때문에 백성들이 받아들이기 쉬웠을 것이다.

쉬운성경

1 이스라엘의 지도자들은 예루살렘에 살았습니다. 백성들의 경우는 제비를 뽑아 십분의 일은 거룩한 성 예루살렘에서 살게 하고 나머지는 자기 마을에서 살게 하였습니다.

2 백성들은 예루살렘에서 살겠다고 스스로 나선 사람에게 복을 빌어 주었습니다.

3 이스라엘 사람과 제사장과 레위 사람과 성전 종과 솔로몬이 거느린 종의 자손들은 유다의 여러 성에 있는 자기 마을에서 살았습니다.

4 예루살렘에서 살게 된 사람은 유다와 베냐민 집안의 일부 사람들입니다. 예루살렘으로 옮겨 온 유다 자손은

절별 해설

2 예루살렘에 거주하기를 자원하는 모든 자를 위하여 백성들이 복을 빌었느니라 여기서 말하는 "자원하는" 사람은 제비뽑기를 통하지 않고 스스로 지원하여 예루살렘에 머물기 원하는 자로 보는 것이 자연스럽다. 당시 예루살렘은 주거 환경이 제대로 갖춰지지 않은 곳이었기에 거주를 자원하기란 쉽지 않았다. 따라서 애국심을 가지고 이런 어려운 결단을 내린 사람들에 대해 다른 백성들이 복을 빌어 주는 것은 너무나 당연한 일이었다. 이로써 예루살렘에는 백성의 지도자들, 제비뽑기를 통해 뽑힌 사람들, 그리고 자원하는 사람들, 이렇게 세 부류의 사람들이 머물게 된다.

3 느디님 사람들 '바쳐진 사람들'이란 뜻으로, 원래 전쟁 포로로 잡혀 와 성전에서 봉사했던 사람들을 가리킨다(민 31:40,47). 이들은 하나님의 집을 위해 청소하고 제단에 물을 나르고 나무를 패는 일, 희생 의식에 쓰이는 그릇을 닦는 일 같은 허드렛일을 담당했다(수 9:23). 이런 낮은 위치에도 불구하고 이들은 바벨론 포로에서 다시 돌아와(스 8:20) 자신들이 맡은 역할을 충성스럽게 수행하였다(대상 9:2). 이들은 이스라엘 사회에서 하나의 계급을 이루어 특별한 성읍에서 살았으며 세금도 면제받았다(스 7:24).

4-36 본문에는 구체적인 명단과 이주한 백성들의 숫자가 나오는데, 이 명단은 역대상 9장에도 실려 있다. 약간의 이름과 순서만 다를 뿐 대부분 일치한다. 여기에 실린 명단을 간단하게 정리하면 다음과 같다.

- 4-6절 : 예루살렘에 거주하는 유다 자손들의 명단
- 7-9절 : 베냐민 자손들의 명단
- 10-14절 : 제사장들의 명단
- 15-18절 : 레위 사람들의 명단
- 19절 : 성 문지기들의 명단
- 21절 : 느디님 사람들의 명단
- 22절 : 아삽 자손들의 명단

쉬운성경

이러합니다. 웃시야의 아들 아다야가 있습니다. 웃시야는 스가랴의 아들이고, 스가랴는 아마랴의 아들입니다. 아마랴는 스바댜의 아들이고, 스바댜는 마할랄렐의 아들이고, 마할랄렐은 베레스의 자손입니다.

5 바룩의 아들 마아세야도 있습니다. 바룩은 골호세의 아들이고, 골호세는 하사야의 아들입니다. 하사야는 아다야의 아들이고, 아다야는 요야립의 아들입니다. 요야립은 스가랴의 아들이고, 스가랴는 실로 사람의 자손입니다.

6 예루살렘에서 산 베레스의 자손은 모두 사백육십팔 명입니다. 그들은 모두 능력 있는 사람들입니다.

7 예루살렘으로 옮겨 온 베냐민 자손은 이러합니다. 므술람의 아들 살루가 있습니다. 므술람은 요엣의 아들이고, 요엣은 브다야의 아들입니다. 브다야는 골라야의 아들이고, 골라야는 마아세야의 아들이며, 마아세야는 이디엘의 아들입니다. 이디엘은 여사야의 아들입니다.

8 살루를 따르는 사람은 갑배와 살래 등 모두 구백이십팔 명입니다.

9 시그리의 아들 요엘이 그들의 우두머리이고, 핫스누아의 아들 유다가 그 다음 가는 자리를 맡았습니다.

10 예루살렘으로 옮겨 온 제사장은 이러합니다. 요야립의 아들 여다야와 야긴,

11 힐기야의 아들 스라야가 있는데, 스라야는 하나님의 성전의 감독입니다. 힐기야는 므술람의 아들이고, 므술람은 사독의 아들입니다. 사독은 므라욧의 아들이고, 므라욧은 아히둡의 아들입니다.

12 그들과 더불어 성전을 위해 일한 사람은 모두 팔백이십이 명입니다. 또 여로함의 아들 아다야도 있습니다. 여로함은 블라야의 아들이고, 블라야는 암시의 아들입니다. 암시는 스가랴의 아들이고, 스가랴는 바스훌의 아들이고, 바스훌은 말기야의 아들입니다.

13 아다야와 함께 온 각 집안의 우두머리는 모두 이백사십이 명입니다. 또 아사렐의 아들 아맛새도 있습니다. 아사렐은 아흐새의 아들이고, 아흐새는 므실레못의 아들입니다. 므실레못은 임멜의 아들입니다.

14 아맛새와 함께 있던 용감한 사람은 모두 백이십팔 명입니다. 하그돌림의 아들 삽디엘이 그들의 우두머리입니다.

15 예루살렘으로 옮겨 온 레위 사람은 이러합니다. 핫숩의 아들 스마야가 있습니다. 핫숩은 아스리감의 아들이고, 아스리감은 하사뱌의 아들입니다. 하사뱌는 분니의 아들입니다.

16 또 레위 사람들의 지도자 삽브대와 요사밧도 있습니다. 이들은 하나님 성전의 바깥 일을 맡았습니다.

17 미가의 아들 맛다냐도 있습니다. 미가는 삽디의 아들이고, 삽디는 아삽의 아들입니다. 맛다냐는 기도와 감사의 찬송을 이끄는 지휘자입니다. 그의 동료 레위 사람 가운데서

절별 해설

- 25–30절 : 유다 자손들이 거주했던 예루살렘 성 밖 동네들의 이름
- 31–36절 : 베냐민 자손들이 거주했던 예루살렘 성 밖 동네들의 이름

21 오벨 느디님 사람들이 거주하는 “오벨”은 성전 단지 남쪽에 있는 다윗 도성의 북쪽 자락 언덕을 가리킨다.

22 노래하는 자들인 아삽 자손 아삽 자손은 다윗 왕이 성전 예배에서 음악을 담당하도록 임명했던 사람들이다(참고. 역대상 25장). 그런데 느헤미야 시대에도 이들은 “왕의 명령”으로 찬양대의 역할을 감당했다.

23 왕의 명령대로 노래하는 자들 여기서 말하는 왕은 시대적 상황을 놓고 볼 때 다윗 왕이 아니라 당시 이스라엘을 통치했던 바사의 아닥사스다 왕을 가리킨다. 이처럼 아닥사스다 왕이 레위 사람에게 특별한 관심을 갖고 그들에게 “할 일”을 정해준 이유는 성전 제사가 원활히 드려져야만 왕인 자신과 왕자들을 위한 기도도 하나님께 제대로 드려지리라 생각했기 때문일 것이다(스 6:10).

박부갸가 그 다음 가는 자리를 맡았습니다. 삼무아의 아들 압다도 있습니다. 삼무아는 갈랄의 아들이고, 갈랄은 여두둔의 아들입니다.
18 거룩한 성에서 사는 레위 사람은 모두 이백팔십사 명입니다.
19 예루살렘으로 옮겨 온 문지기는 이러합니다. 악굽과 달몬을 비롯해서 모두 백칠십이 명이 있습니다. 그들은 성문을 지켰습니다.
20 그 밖의 이스라엘 백성과 제사장과 레위 사람들은 유다 모든 성에 흩어져 각각 자기 땅에서 살았습니다.
21 성전 종들은 오벨 언덕에서 살았습니다. 시하와 기스바가 그들을 감독했습니다.
22 바니의 아들 웃시가 예루살렘에 사는 레위 사람들을 감독했습니다. 바니는 하사뱌의 아들이고, 하사뱌는 맛다냐의 아들입니다. 맛다냐는 미가의 아들입니다. 웃시는 아삽의 자손인데, 아삽의 자손은 노래하는 사람들로서 하나님의 성전에서 섬기는 일을 맡았습니다.
23 노래하는 사람들은 왕에게서 명령을 받았는데, 왕은 노래하는 사람들이 날마다 해야 할 일을 일러 주었습니다.
24 므세사벨의 아들 브다히야가 왕 곁에서 왕의 모든 일을 도왔습니다. 므세사벨은 유다의 아들 세라의 자손입니다.
25 유다 백성 가운데 일부는 마을과 그 주변의 들판에서 살았습니다. 일부는 기럇 아바와 그 주위에서 살았고, 다른 일부는 디본과 그 주위에 살았습니다. 또 나머지 일부는 여갑스엘과 그 주위에서 살았습니다.
26 어떤 사람들은 예수아와 몰라다와 벧벨렛과
27 하살수알과 브엘세바에서 살았으며 그 주위에서도 살았습니다.
28 어떤 사람들은 시글락과 므고나와 그 주위에서 살았습니다.
29 어떤 사람들은 에느림몬과 소라와 야르뭇과
30 사노아와 아둘람과 그 주변의 마을에서 살았습니다. 어떤 사람들은 라기스와 그 주변의 들판에 살았고, 어떤 사람들은 아세가와 그 주변의 들판에서 살았습니다. 이처럼 그들은 브엘세바에서 힌놈 골짜기에 이르는 곳까지 퍼져 살았습니다.
31 베냐민 자손은 게바에서부터 믹마스와 아야와 벧엘과 그 주변의 마을에서 살았습니다.
32 아나돗과 놉과 아나냐와
33 하솔과 라마와 깃다임과
34 하딧과 스보임과 느발랏과
35 로드와 오노와 ‘기술자들의 골짜기’에서도 살았습니다.
36 유다에서 온 레위 사람들 가운데 일부는 베냐민 땅에서 살았습니다.

저자의 묵상

비록 예루살렘 성벽 공사는 끝났지만 공사가 진행되는 동안 원수들이 끊임없이 침략 위협을 가해 왔기 때문에 사람들은 예루살렘 성안에서 살기를 꺼렸다. 하지만 예루살렘 성의 안보를 위해서는 충분한 인구가 거주해야만 했다. 결국, 느헤미야는 인구 이주 정책을 펼치게 되었고 크게 3가지 방법을 취했다. 첫째로, 백성의 지도자들이 솔선수범해서 예루살렘에 거주하였다(1절). 지도자들의 솔선수범하는 모습은 백성들에게 동기부여가 되었을 뿐만 아니라, 백성들을 설득하는 가장 확실한 방법이었다. 둘째로, 제비뽑기를 통해 유다 각 성읍에 흩어져 사는 사람들의 10분 1을 추첨하여 이주하도록 독려했다(1절). 이 방법은 제비뽑기와 십일조의 원리를 적절하게 조합한 것으로 백성들은 이것을 하나님의 뜻으로 믿고 쉽게 순응했을 것이다. 셋째로, 자원하는 사람들을 모집하였다(2절). 아직 불안한 예루살렘 성으로 거주지를 옮기는 것은 결단과 희생이 요구되는 일이었다. 인간적으로 보면 위험하고 부담스러운 일이었지만, 예루살렘 성을 하나님의 거룩한 도성으로 만들고자 하는 열심을 가지고 솔선수범하며 희생을 감수했다. 이런 모습은 개인의 이익만을 앞세우며 조금도 희생하지 않으려는 우리 시대 성도들에게 귀한 본보기가 된다.

무릎 기도 하나님, 개인의 이익과 편리만을 추구하는 이 시대에 우리 그리스도인들이 솔선수범하여 빛과 소금의 사명을 감당하는 헌신자들이 되게 하소서.

ESV - Nehemiah 11

1 Now the leaders of the people lived in Jerusalem. And the rest of the people cast lots to bring one out of ten to live in Jerusalem the holy city, while nine out of ten* remained in the other towns.

2 And the people blessed all the men who willingly offered to live in Jerusalem.

3 These are the chiefs of the province who lived in Jerusalem; but in the towns of Judah everyone lived on his property in their towns: Israel, the priests, the Levites, the temple servants, and the descendants of Solomon's servants.

4 And in Jerusalem lived certain of the sons of Judah and of the sons of Benjamin. Of the sons of Judah: Athaiah the son of Uzziah, son of Zechariah, son of Amariah, son of Shephatiah, son of Mahalalel, of the sons of Perez;

5 and Maaseiah the son of Baruch, son of Col-hozeh, son of Hazaiah, son of Adaiah, son of Joiarib, son of Zechariah, son of the Shilonite.

6 All the sons of Perez who lived in Jerusalem were 468 valiant men.

7 And these are the sons of Benjamin: Sallu the son of Meshullam, son of Joed, son of Pedaiah, son of Kolaiah, son of Maaseiah, son of Ithiel, son of Jeshaiah,

8 and his brothers, men of valor, 928.*

9 Joel the son of Zichri was their overseer; and Judah the son of Hassenuah was second over the city.

10 Of the priests: Jedaiah the son of Joiarib, Jachin,

11 Seraiah the son of Hilkiah, son of Meshullam, son of Zadok, son of Meraioth, son of Ahitub, ruler of the house of God,

12 and their brothers who did the work of the house, 822; and Adaiah the son of Jeroham, son of Pelaliah, son of Amzi, son of Zechariah, son of Pashhur, son of

Malchijah,
13 and his brothers, heads of fathers' houses, 242; and Amashsai, the son of Azarel, son of Ahzai, son of Meshillemoth, son of Immer,
14 and their brothers, mighty men of valor, 128; their overseer was Zabdiel the son of Haggedolim.
15 And of the Levites: Shemaiah the son of Hasshub, son of Azrikam, son of Hashabiah, son of Bunni;
16 and Shabbethai and Jozabad, of the chiefs of the Levites, who were over the outside work of the house of God;
17 and Mattaniah the son of Mica, son of Zabdi, son of Asaph, who was the leader of the praise,* who gave thanks, and Bakbukiah, the second among his brothers; and Abda the son of Shammua, son of Galal, son of Jeduthun.
18 All the Levites in the holy city were 284.
19 The gatekeepers, Akkub, Talmon and their brothers, who kept watch at the gates, were 172.
20 And the rest of Israel, and of the priests and the Levites, were in all the towns of Judah, every one in his inheritance.
21 But the temple servants lived on Ophel; and Ziha and Gishpa were over the temple servants.
22 The overseer of the Levites in Jerusalem was Uzzi the son of Bani, son of Hashabiah, son of Mattaniah, son of Mica, of the sons of Asaph, the singers, over the work of the house of God.
23 For there was a command from the king concerning them, and a fixed provision for the singers, as every day required.
24 And Pethahiah the son of Meshezabel, of the sons of Zerah the son of Judah, was at the king's side* in all matters concerning the people.
25 And as for the villages, with their fields, some of the people of Judah lived in Kiriath-arba and its villages, and in Dibon and its villages, and in Jekabzeel and its villages,
26 and in Jeshua and in Moladah and Beth-pelet,
27 in Hazar-shual, in Beersheba and its villages,
28 in Ziklag, in Meconah and its villages,
29 in En-rimmon, in Zorah, in Jarmuth,
30 Zanoah, Adullam, and their villages, Lachish and its fields, and Azekah and its villages. So they encamped from Beersheba to the Valley of Hinnom.
31 The people of Benjamin also lived from Geba onward, at Michmash, Aija, Bethel and its villages,
32 Anathoth, Nob, Ananiah,
33 Hazor, Ramah, Gittaim,
34 Hadid, Zeboim, Neballat,
35 Lod, and Ono, the valley of craftsmen.
36 And certain divisions of the Levites in Judah were assigned to Benjamin.

* 11:1 Hebrew *nine hands*
* 11:8 Compare Septuagint; Hebrew *Jeshaiah, and after him Gabbai, Sallai, 928*
* 11:17 Compare Septuagint, Vulgate; Hebrew *beginning*
* 11:24 Hebrew *hand*

1 remain 남다 2 willingly 자진해서 3 province 지방 priest 제사장 servant 종 descendant 후손 6 valiant 용맹한
9 overseer 감독 23 command 명령 30 encamp 진을 치다

25 귀환한 제사장들과 레위 사람들

월 일

느헤미야 12:1-26 • 새찬송 320장 | 통일 350장

• 말씀묵상 전에 성령님의 인도하심을 구하는 기도를 드리십시오.

본문요약 I 성벽 봉헌식을 앞두고 저자는 성전에서 봉사할 제사장과 레위 사람의 명단을 집중적으로 소개한다. 외형적으로 예루살렘 성벽의 완성도 중요하지만 그보다 더 중요한 것은 내적으로 유다 공동체가 하나님의 거룩한 언약 공동체로 완성되는 것이다. 여기서 제사장과 레위 사람의 역할이 중요하다는 것을 상징적으로 보여준다.

1 스알디엘의 아들 스룹바벨과 예수아와 함께 돌아온 제사장들과 레위 사람들은 이러하니라 제사장들은 스라야와 예레미야와 에스라와
2 아마랴와 말룩과 핫두스와
3 스가냐와 르훔과 므레못과
4 잇도와 긴느도이와 아비야와
5 미야민과 마아댜와 빌가와
6 스마야와 요야립과 여다야와
7 살루와 아목과 힐기야와 여다야니 이상은 예수아 때에 제사장들과 그들의 형제의 지도자들이었느니라
8 레위 사람들은 예수아와 빈누이와 갓미엘과 세레뱌와 유다와 맛다냐니 이 맛다냐는 그의 형제와 함께 찬송하는 일을 맡았고
9 또 그들의 형제 박부갸와 운노는 직무를 따라 그들의 맞은편에 있으며
10 예수아는 요야김을 낳고 요야김은 엘리아십을 낳고 엘리아십은 요야다를 낳고
11 요야다는 요나단을 낳고 요나단은 얏두아를 낳았느니라
12 요야김 때에 제사장, 족장 된 자는 스라야 족속에는 므라야요 예레미야 족속에는 하나냐요
13 에스라 족속에는 므술람이요 아마랴 족속에는 여호하난이요
14 말루기 족속에는 요나단이요 스바냐 족속에는 요셉이요
15 하림 족속에는 아드나요 므라욧 족속에는 헬개요
16 잇도 족속에는 스가랴요 긴느돈 족속에는 므술람이요
17 아비야 족속에는 시그리요 미냐민 곧 모아댜 족속에는 빌대요
18 빌가 족속에는 삼무아요 스마야 족속에는 여호나단이요
19 요야립 족속에는 맛드내요 여다야 족속에는 웃시요
20 살래 족속에는 갈래요 아목 족속에는 에벨이요
21 힐기야 족속에는 하사뱌요 여다야 족속에는 느다넬이었느니라
22 엘리아십과 요야다와 요하난과 얏두아 때에 레위 사람의 족장이 모두 책에 기록되었고 바사 왕 다리오 때에 제사장도 책에 기록되었고
23 레위 자손의 족장들은 엘리아십의 아들 요하난 때까지 역대지략에 기록되었으며
24 레위 족속의 지도자들은 하사뱌와 세레뱌와 갓미엘의 아들 예수아라 그들은 그들의 형제의 맞은편에 있어 하나님의 사람 다윗의 명령대로 순서를 따라 주를 찬양하며 감사하고
25 맛다냐와 박부갸와 오바댜와 므술람과 달몬과 악굽은 다 문지기로서 순서대로 문안의 곳간을 파수하였나니
26 이상의 모든 사람들은 요사닥의 손자 예

수아의 아들 요야김과 총독 느헤미야와
제사장 겸 학사 에스라 때에 있었느니라

1. 오늘 하나님께서 나에게 주신 깨달음은 무엇입니까?

2. 말씀을 어떻게 내 삶에 구체적으로 적용해야 합니까?

절별 해설

1–7 스알디엘의 아들 스룹바벨과 예수아와 함께 돌아온 제사장들과 레위 사람들은 이러하니라 저자는 앞장(11장)에서 성벽 공사 후 예루살렘에 이주하여 정착한 사람들의 명단을 소개했다. 12장에서는 그 가운데 특별히 종교 지도자인 제사장과 레위 사람을 집중적으로 조명하고 있다. 그 이유는 아마도 예루살렘이 성전 중심의 도시였기 때문일 것이다. 에스라 2장 36–39절은 스룹바벨과 함께 귀환한 제사장의 수를 집안별로 소개하면서 모두 4,289명이 예루살렘으로 돌아왔다고 말한다. 본 구절에서는 제사장 집안의 대표들을 소개하면서 총 22명의 명단을 제시한다. 그들은 모두 귀향민 1세대인 예수아 시대 사람들이었다(7절).

8–9 에스라 2장 40절은 레위 사람의 지도자로 예수아와 갓미엘만 언급하면서 총 74명의 레위 사람들이 귀환한 것으로 기록했다. 반면에, 여기에는 8명의 지도자들의 명단이 기록되어 있다.

10–11 여기에는 총 6명의 대제사장들이 순서대로 소개되고 있다. 예수아 → 요야김 → 엘리아십 → 요야다 → 요나단 → 얏두아의 순서로 계승되었다. 느헤미야 시대에는 엘리아십이 대제사장이었다. 역사가 요세푸스는 마지막 제사장 얏두아가 알렉산더 대왕과 동시대 사람으로 같은 시기에 죽었다(BC 323년)고 말한다. 그렇게 따지면 1세대인 예수아부터 마지막 얏두아까지 약 200년의 세월이 흘렀다고 볼 수 있다.

쉬운성경

1 스알디엘의 아들 스룹바벨과 예수아와 함께 돌아온 제사장과 레위 사람은 이러합니다. 스라야와 예레미야와 에스라와

2 아마랴와 말룩과 핫두스와

3 스가냐와 르훔*과 므레못과

4 잇도와 긴느도이*와 아비야와

5 미야민과 마아댜*와 빌가와

6 스마야와 요야립과 여다야와

7 살루와 아목과 힐기야와 여다야입니다. 이들은 예수아 때의 제사장과 그 동료들의 지도자입니다.

8 레위 사람은 예수아와 빈누이와 갓미엘과 세레뱌와 유다와 맛다냐입니다. 맛다냐와 그의 친척들은 감사의 노래를 지휘했습니다.

9 그들의 친척 박부갸와 운노는 그들 맞은편에 서 있었습니다.

10 예수아는 요야김의 아버지입니다. 요야김은 엘리아십의 아버지입니다. 엘리아십은 요야다의 아버지입니다.

11 요야다는 요나단*의 아버지입니다. 요나단은 얏두아의 아버지입니다.

12 요야김의 시대에 제사장 집안의 지도자로 있던 사람은 이러합니다. 스라야 집안의 지도자는 므라야입니다. 예레미야 집안의 지도자는 하나냐입니다.

13 에스라 집안의 지도자는 므술람입니다. 아마랴 집안의 지도자는 여호하난입니다.

14 말루기* 집안의 지도자는 요나단입니다. 스바냐* 집안의 지도자는 요셉입니다.

* 12:3 (히)'르훔'은 '하림'과 동일 인물이다 (느 7:42; 12:15; 스 2:39).
* 12:4 (히)'긴느도이'는 '긴느돈'과 동일 인물이다(느 12:16).
* 12:5 (히)'미야민'과 '마아댜'는 '미냐민', '모아댜'와 동일 인물이다(느 12:17).
* 12:11 (히)'요나단'은 '요하난'과 동일 인물이다(느 12:22).
* 12:14 (히)'말루기'는 '말룩'과 동일 인물이며(느 10:4; 12:2), (히)'스바냐'는 '스가냐'와 동일 인물이다(느 12:3).

절별 해설

12-21 이 본문은 대제사장 요야김 시대의 제사장 가문[족속]의 명단을 언급하고 있다. 앞서 1-7절에 나오는 1세대 제사장들의 명단과 달리 여기서는 귀환한 2세대 유다 사람 시대에 활동했던 대제사장 가문의 지도자들을 나열하고 있다. 이 명단은 느헤미야 10장 2-8절에 나오는 명단에 6명의 이름을 추가함으로써 명단을 확대해 놓았다.

22-26 이곳에서는 대제사장 엘리아십, 요야다, 요하난, 얏두아 시대의 레위 가문의 명단을 소개하고 있다. 이 시대에 활동하던 제사장들과 레위 사람의 가문별 지도자의 명단이 바사 왕 다리오 때의 책, 즉 왕실 일지에 기록되었다고 말한다(22절). 이 다리오 왕은 아마도 다리우스 3세 코도마누스(BC 335-331년)를 가리키는 것 같다. 또한 레위 자손 가운데 엘리아십의 아들 요하난 때까지의 명단도 역대지략에 기록되었다(23절). 특히 24-26절에서는 레위 사람들이 감당했던 두 가지 임무에 주목한다. 하나는 예배 시 찬양하는 일이고, 다른 하나는 성전 창고를 지키는 일이다. 저자는 제사장보다 레위 사람에게 더 깊은 관심을 두고 있다는 인상을 준다. 아마도 제사장에 비해 훨씬 적은 혜택을 받으면서도 헌신적으로 봉사하는 레위 사람이 귀해 보였기 때문일 것이다.

15 하림 집안의 지도자는 아드나입니다. 므라욧* 집안의 지도자는 헬개입니다.

16 잇도 집안의 지도자는 스가랴입니다. 긴느돈 집안의 지도자는 므술람입니다.

17 아비야 집안의 지도자는 시그리입니다. 미냐민 집안과 모아댜 집안의 지도자는 빌대입니다.

18 빌가 집안의 지도자는 삼무아입니다. 스마야 집안의 지도자는 여호나단입니다.

19 요야립 집안의 지도자는 맛드내입니다. 여다야 집안의 지도자는 웃시입니다.

20 살래* 집안의 지도자는 갈래입니다. 아목 집안의 지도자는 에벨입니다.

21 힐기야 집안의 지도자는 하사뱌입니다. 여다야 집안의 지도자는 느다넬입니다.

22 레위 사람과 제사장 집안의 지도자들의 이름이 명단에 기록되었습니다. 그들의 이름이 명단에 기록된 때는 엘리아십과 요야다와 요하난과 얏두아의 시대입니다. 그들의 이름은 페르시아 왕 다리오 때에 기록되었습니다.

23 레위 사람들 가운데서도 각 집안 지도자들의 이름이 역사책에 적혀 있습니다. 그들의 이름은 엘리아십의 아들 요하난 때까지 기록되었습니다.

24 레위 사람들의 지도자는 하사뱌와 세레뱌와 갓미엘의 아들 예수아와 그들의 동료들입니다. 동료들은 그들의 맞은편에 섰습니다. 한 무리가 하나님께 찬양과 감사를 드리면, 다른 무리가 그것을 받아서 하나님께 찬양과 감사를 드렸습니다. 그것은 하나님의 사람 다윗이 명령한 것이었습니다.

25 성문 곁의 창고들을 지킨 문지기는 맛다냐와 박부갸와 오바댜와 므술람과 달몬과 악굽입니다.

26 그들은 예수아의 아들 요야김의 시대에 일했습니다. 예수아는 요사닥의 아들입니다. 그들은 총독 느헤미야와 제사장이자 학자인 에스라의 시대에도 일했습니다.

* 12:15 (히)'므라욧'은 '므레못'과 동일 인물이다 (느 12:3).
* 12:20 (히)'살래'는 '살루'와 동일 인물이다 (느 12:7).

저자의 묵상

12장에서는 특별히 제사장과 레위 사람의 명단을 집중적으로 조명한다. 아마도 두 가지 이유 때문일 것이다. 하나는 예루살렘 성이 하나님을 예배하는 성전 중심의 도시였기 때문이다. 다른 하나는 성벽 봉헌과 같은 성대한 축제를 앞두고 이를 맡아 수고할 제사장과 레위 사람을 정비할 필요가 생겼기 때문이다. 느헤미야를 통해 예루살렘 성벽을 세우는 것도 중요하지만 더 중요한 것은 그 안에 거하는 백성들이 하나님의 거룩한 백성이자 언약 공동체로 세워지는 것이다. 따라서 그 일에 앞장서서 헌신할 종교 지도자들의 명단이 중요했다. 일찍이 이사야 선지자는 이날이 올 것을 바라보면서 이렇게 예언하였다. “말일에 여호와의 전의 산이 모든 산 꼭대기에 굳게 설 것이요 모든 작은 산 위에 뛰어나리니 만방이 그리로 모여들 것이라 … 이는 율법이 시온에서부터 나올 것이요 여호와의 말씀이 예루살렘에서부터 나올 것임이니라”(사 2:2-3). 오늘 우리도 교회와 말씀을 중심으로 하나님의 거룩한 공동체를 세워가야 할 것이다.

무릎기도 하나님, 영성이 무디어지고 죄악이 만연한 이 시대에 다시 한번 성도들을 통하여 하나님의 거룩한 공동체가 세워지고 교회와 말씀을 중심으로 새로운 개혁이 일어나게 하소서.

ESV - Nehemiah 12

1 These are the priests and the Levites who came up with Zerubbabel the son of Shealtiel, and Jeshua: Seraiah, Jeremiah, Ezra,
2 Amariah, Malluch, Hattush,
3 Shecaniah, Rehum, Meremoth,
4 Iddo, Ginnethoi, Abijah,
5 Mijamin, Maadiah, Bilgah,
6 Shemaiah, Joiarib, Jedaiah,
7 Sallu, Amok, Hilkiah, Jedaiah. These were the chiefs of the priests and of their brothers in the days of Jeshua.
8 And the Levites: Jeshua, Binnui, Kadmiel, Sherebiah, Judah, and Mattaniah, who with his brothers was in charge of the songs of thanksgiving.
9 And Bakbukiah and Unni and their brothers stood opposite them in the service.
10 And Jeshua was the father of Joiakim, Joiakim the father of Eliashib, Eliashib the father of Joiada,
11 Joiada the father of Jonathan, and Jonathan the father of Jaddua.
12 And in the days of Joiakim were priests, heads of fathers' houses: of Seraiah, Meraiah; of Jeremiah, Hananiah;
13 of Ezra, Meshullam; of Amariah, Jehohanan;
14 of Malluchi, Jonathan; of Shebaniah, Joseph;
15 of Harim, Adna; of Meraioth, Helkai;
16 of Iddo, Zechariah; of Ginnethon, Meshullam;
17 of Abijah, Zichri; of Miniamin, of Moadiah, Piltai;
18 of Bilgah, Shammua; of Shemaiah, Jehonathan;
19 of Joiarib, Mattenai; of Jedaiah, Uzzi;
20 of Sallai, Kallai; of Amok, Eber;
21 of Hilkiah, Hashabiah; of Jedaiah, Nethanel.
22 In the days of Eliashib, Joiada, Johanan,

and Jaddua, the Levites were recorded as
heads of fathers' houses; so too were the
priests in the reign of Darius the Persian.
23 As for the sons of Levi, their heads of
fathers' houses were written in the Book of
the Chronicles until the days of Johanan
the son of Eliashib.
24 And the chiefs of the Levites: Hashabiah,
Sherebiah, and Jeshua the son of Kadmiel,
with their brothers who stood opposite
them, to praise and to give thanks, according to the commandment of David the man
of God, watch by watch.
25 Mattaniah, Bakbukiah, Obadiah,
Meshullam, Talmon, and Akkub were
gatekeepers standing guard at the
storehouses of the gates.
26 These were in the days of Joiakim the son
of Jeshua son of Jozadak, and in the days
of Nehemiah the governor and of Ezra, the
priest and scribe.

1 priest 제사장 8 in charge of …을 맡아서 9 opposite …맞은편의 22 record 기록하다 reign 통치 기간 24 commandment 명령 26 governor 총독 scribe 율법학자

• MEMO •

26 성벽 봉헌 의식

월 일

느헤미야 12:27-39 • 새찬송 249장 | 통일 249장

• 말씀묵상 전에 성령님의 인도하심을 구하는 기도를 드리십시오.

본문요약 | 성벽 공사를 마친 느헤미야는 성대하게 성벽 봉헌식을 거행한다. 먼저 찬양과 악기 연주를 위해 레위 사람들을 소집하고, 예식을 위해 제사장과 레위 사람, 그리고 성문과 성벽에 대해 성결 의식을 거행했다. 이어서 온 백성을 성벽에 올라오게 하여 두 그룹으로 나누어 성벽 위를 행진했다.

27 예루살렘 성벽을 봉헌하게 되니 각처에서
레위 사람들을 찾아 예루살렘으로 데려다
가 감사하며 노래하며 제금을 치며 비파
와 수금을 타며 즐거이 봉헌식을 행하려
하매
28 이에 노래하는 자들이 예루살렘 사방 들
과 느도바 사람의 마을에서 모여들고
29 또 벧길갈과 게바와 아스마웻 들에서 모
여들었으니 이 노래하는 자들은 자기들을
위하여 예루살렘 사방에 마을들을 이루었
음이라
30 제사장들과 레위 사람들이 몸을 정결하게
하고 또 백성과 성문과 성벽을 정결하게
하니라
31 이에 내가 유다의 방백들을 성벽 위에 오
르게 하고 또 감사 찬송하는 자의 큰 무
리를 둘로 나누어 성벽 위로 대오를 지어
가게 하였는데 한 무리는 오른쪽으로 분
문을 향하여 가게 하니
32 그들의 뒤를 따르는 자는 호세야와 유다
지도자의 절반이요
33 또 아사랴와 에스라와 므술람과
34 유다와 베냐민과 스마야와 예레미야이며
35 또 제사장들의 자손 몇 사람이 나팔을 잡
았으니 요나단의 아들 스마야의 손자 맛
다냐의 증손 미가야의 현손 삭굴의 오대
손 아삽의 육대 손 스가랴와
36 그의 형제들인 스마야와 아사렐과 밀랄래
와 길랄래와 마애와 느다넬과 유다와 하
나니라 다 하나님의 사람 다윗의 악기를
잡았고 학사 에스라가 앞서서
37 샘 문으로 전진하여 성벽으로 올라가는
곳에 이르러 다윗 성의 층계로 올라가서
다윗의 궁 윗길에서 동쪽으로 향하여 수
문에 이르렀고
38 감사 찬송하는 다른 무리는 왼쪽으로 행
진하는데 내가 백성의 절반과 더불어 그
뒤를 따라 성벽 위로 가서 화덕 망대 윗
길로 성벽 넓은 곳에 이르고
39 에브라임 문 위로 옛 문과 어문과 하나넬
망대와 함메아 망대를 지나 양문에 이르
러 감옥 문에 멈추매

1. 오늘 하나님께서 나에게 주신 깨달음은 무엇입니까?

2. 말씀을 어떻게 내 삶에 구체적으로 적용해야 합니까?

절별 해설

27 예루살렘 성벽을 봉헌하게 되니 … 즐거이 봉헌식을 행하려 하매 느헤미야는 표면적으로는 예루살렘 성의 안보와 안전을 위해 고레스 왕의 명을 받아 성벽을 건축하였다. 그러나 실제로는 무너진 예루살렘 성전과 성벽을 재건함으로써 무너진 이스라엘 공동체를 재건하는 데 그 목적이 있었다. 따라서 성벽 재건은 세속적인 일이 아니라 하나님의 거룩한 사역이었고, 이것을 성공적으로 완수한 것을 기념하여 봉헌식을 올렸다.

28-29 노래하는 자들 노래하는 자들, 즉 찬양대는 주로 레위 사람들이 담당했다. 여기 언급된 사람들은 주로 베냐민 지파의 거주 지역에 머물던 자들이었다. 봉헌식은 기쁨과 감사의 찬양으로 이루어지는 축제였기 때문에 무엇보다 찬양과 연주가 중요한 역할을 담당했다. 이를 위해 찬양대에 설 레위 사람들과 악기 연주자들을 각처에서 찾아 동원했다.

30 제사장들과 레위 사람들 … 또 백성과 성문과 성벽을 정결하게 하니라 봉헌식을 올리기 전에 먼저 정결 예식을 치렀다. 제사장과 레위 사람은 금식과 금욕, 제사, 목욕재계, 깨끗한 옷 착용 등을 정결 예식으로 거행했을 것이다(참고. 출 19:10-15; 스 6:20). 또한 성문과 성벽에 대한 정결 예식은 그곳에 성수를 뿌렸을 것이다(참고. 민 19:18; 겔 36:25).

31 성벽 위로 느헤미야는 백성들을 성벽 위로 올라오게 한 뒤, 두 개의 행진 대오(편성된 대열)로 나누어 성벽 밟기, 즉 성벽을 행진하게 했다. 이런 의식은 시편에서도 발견된다(시 48:12-14; 68:24-27). 행군의 출발점은 아마도 성 남서쪽에 있는 골짜기 문이었을 것이다. 한 무리는 시계 방향으로, 다른 한 무리는 시계 반대 방향으로 행진하여 성전에서 만나도록 했다. 당시 성벽의 너비는 약 3미터가량으로 성인 두세 명이 어깨를 나란히 하고 걸을 수 있는 넓이였다.

31-36 행렬 순서를 보면, 오른쪽으로 행진하는 대오는 맨 앞에 호세야가 서고, 뒤에는 유다 지도자의 절반이, 그 뒤에는 나팔을 든 7명의 제사장이, 마지막에는 9명의 레위 찬양대가 섰다. 그런데 36절에서는 이 그룹을 에스라가 인도했다고 말한다. 이것은 아마도 에스라와 느헤미야, 두 지도자가 함께 개혁 활동을 펼쳤다는 사실을 보여주기 위함인 것 같다.

37 호세야와 에스라가 인솔한 행진 대오의 진로를 보면, 시계 반대 방향인 남쪽으로 돌아 분문(31절)과 샘 문(37절)을 거친 뒤, 다윗 성에 이르러 성벽 층계로 올라가 다윗 궁 윗

쉬운성경

27 예루살렘 성벽을 하나님께 바치는 예배를 드리게 되었습니다. 사람들이 레위 사람들을 그 살던 곳에서부터 예루살렘으로 데려왔습니다. 데려온 이유는 성전을 바치게 된 것을 기뻐하며 감사의 노래를 부르고 제금과 비파와 수금을 연주하며 하나님을 찬양하기 위해서였습니다.

28 노래하는 사람들도 예루살렘 주변과 느도바 사람들의 마을에서 왔고

29 벧길갈과 게바와 아스마 땅에서도 왔습니다. 노래하는 사람들은 예루살렘 주변에 마을을 지어 놓고 살았습니다.

30 제사장과 레위 사람들은 자기 몸을 깨끗하게 한 후, 백성과 성문과 성벽을 깨끗하게 했습니다.

31 나는 유다의 지도자들을 성벽 꼭대기로 올라가게 했습니다. 그리고 두 팀의 합창단을 세워 감사의 노래를 부르게 했습니다. 한 합창단은 성벽 오른쪽 꼭대기, 곧 '거름문' 쪽으로 걸어갔습니다.

32 그 뒤로 호세야를 비롯해서 유다의 지도자들 절반이 걸어갔습니다.

33 아사랴와 에스라와 므술람과

34 유다와 베냐민과 스마야와 예레미야도 그 뒤를 따랐습니다.

35 나팔을 든 일부 제사장들과 요나단의 아들 스가랴도 그 뒤를 따랐습니다. 요나단은 스마야의 아들이고, 스마야는 맛다냐의 아들입니다. 맛다냐는 미가야의 아들이고, 미가야는 삭굴의 아들이고, 삭굴은 아삽의 자손입니다.

36 스가랴의 동료들, 곧 스마야와 아사렐과 밀랄래와 길랄래와 마애와 느다넬과 유다와 하나니가 그 뒤를 따랐습니다. 그들은 하나님의 사람 다윗의 악기를 연주하는 사람들입니다. 학자 에스라가 그들 앞에서 걸었습니다.

절별 해설

길에서 동쪽으로 향하여 수문(37절)을 지나갔다. 남쪽으로 성의 절반을 돈 셈이다.

38-39 반면에 왼쪽으로 돈, 느헤미야가 인솔하는 행진 대오는 화덕 망대(38절)을 지나 에브라임 문, 옛 문, 어문, 하나넬 망대, 함메아 망대, 양문, 그리고 마지막으로 감옥 문에 이르렀다(39절). 이렇게 해서 두 무리는 예루살렘 성을 한 바퀴 돌게 되었다. 과거에 군데군데 무너져서 행진할 수 없었던 성벽이 이제 모두 연결되어 행진하니 얼마나 감격스러웠겠는가!

[참조] 느헤미야 성벽 재건 지도(35쪽)

37 그들은 '샘 문'에서부터 비탈진 성벽 계단을 타고 다윗의 성 쪽으로 곧장 올라갔습니다. 그들은 다윗의 집을 지나 동쪽의 '물 문'까지 갔습니다.

38 다른 합창단은 왼쪽으로 돌아갔습니다. 나는 백성 절반과 더불어 성벽 위로 그들 뒤를 따랐습니다. 우리는 '가마 망대'에서부터 '넓은 성벽'까지 갔습니다.

39 우리는 '에브라임 문'을 지나 '옛 문'을 거쳐 '물고기 문'으로 갔습니다. 그리고 '하나넬 망대'와 '함메아 망대'를 지나 '양문'까지 갔다가 '경비대 문'에서 멈추었습니다.

저자의 묵상

느헤미야는 성벽 봉헌식을 성전 봉헌식에 버금가는 의식으로 진행하며 온 백성이 참여하는 감사와 기쁨의 축제로 거행했다. 성벽을 봉헌하는 기쁨의 축제를 위해 특별히 시편의 음악과 악기들을 동원하여 성대하게 베풀었다. 심지어 나팔을 부는 제사장들도 있을 정도였다(35절). 더욱이 이 예식에는 온 백성이 참여했다. 신분의 고하나 남녀노소를 막론하고 모두 하나되는 의식이었다. 이것이 어쩌면 진정한 예배와 축제의 모습이라고 할 수 있다. 하나님의 백성이 드리는 예배나 축제는 사회적인 계층의 벽을 허무는 의식이요, 하나님의 가족으로서 하나 되는 의식이다. 또 하나 생각할 점은, 예루살렘을 진정으로 안전하게 보호해 주는 것은 외형적인 성벽이 아니라, 바로 여호와 하나님이시다. 그런 의미에서 성벽 봉헌식은 하나님의 인도와 보호하심을 크게 기뻐하며 감사하는 의식이었다. 다윗의 고백과 같이 "여호와는 나의 사랑이시요 나의 요새이시요 나의 산성이시요 나를 건지시는 이시요 나의 방패"이시다(시 144:2).

무릎 기도 하나님, 우리의 요새가 되시고 산성이 되사 우리를 지키시고 보호해 주심을 감사드립니다. 하나님의 크신 사랑과 보호 안에서 오늘도 믿음으로 살아가게 하소서.

ESV - Nehemiah 12

27 And at the dedication of the wall of Jerusalem they sought the Levites in all their places, to bring them to Jerusalem to celebrate the dedication with gladness, with thanksgivings and with singing, with cymbals, harps, and lyres.

28 And the sons of the singers gathered together from the district surrounding Jerusalem and from the villages of the Netophathites;

29 also from Beth-gilgal and from the region of Geba and Azmaveth, for the singers had built for themselves villages around Jerusalem.

30 And the priests and the Levites purified themselves, and they purified the people and the gates and the wall.

31 Then I brought the leaders of Judah up onto the wall and appointed two great choirs that gave thanks. One went to the south on the wall to the Dung Gate.

32 And after them went Hoshaiah and half of the leaders of Judah,

33 and Azariah, Ezra, Meshullam,

34 Judah, Benjamin, Shemaiah, and Jeremiah,

35 and certain of the priests' sons with trumpets: Zechariah the son of Jonathan, son of Shemaiah, son of Mattaniah, son of Micaiah, son of Zaccur, son of Asaph;

36 and his relatives, Shemaiah, Azarel, Milalai, Gilalai, Maai, Nethanel, Judah, and Hanani, with the musical instruments of David the man of God. And Ezra the scribe went before them.

37 At the Fountain Gate they went up straight before them by the stairs of the city of David, at the ascent of the wall, above the house of David, to the Water Gate on the east.

38 The other choir of those who gave thanks went to the north, and I followed them with half of the people, on the wall, above the Tower of the Ovens, to the Broad Wall,

39 and above the Gate of Ephraim, and by the Gate of Yeshanah,* and by the Fish Gate and the Tower of Hananel and the Tower of the Hundred, to the Sheep Gate; and they came to a halt at the Gate of the Guard.

* 12:39 Or *of the old city*

27 dedication 봉헌(식) seek 찾다 one's place 처소 thanksgiving (하나님께 대한) 감사 lyre 리라, 수금 28 district 지역, 지구 surrounding 주변의 31 appoint 임명하다 choir 합창단 36 relative 친척 musical instruments 악기 scribe 율법학자 go before (a person) 먼저 가다 37 ascent 오르막(길) 39 come to a halt 멈추다

• MEMO •

27 기쁨의 축제

월 일

느헤미야 12:40-47 • 새찬송 64장 | 통일 13장

• 말씀묵상 전에 성령님의 인도하심을 구하는 기도를 드리십시오.

본문요약 I 본격적인 성벽 봉헌식은 두 그룹으로 나누어 성벽을 행진했던 백성들이 함께 모이면서 시작되었다. 나팔이 연주되는 가운데 찬양대의 찬송이 울려 퍼지고, 큰 제사가 드려졌다. 모두가 크게 즐거워하여 그 소리가 멀리까지 퍼져 갔다. 성전 봉헌식이 끝난 후에, 성전에 드려지는 헌물을 관리할 관리인을 세우고 백성들로부터 제사장과 레위 사람의 몫을 거둬들였다.

40 이에 감사 찬송하는 두 무리가 하나님의 전에 섰고 또 나와 민장의 절반도 함께하였고

41 제사장 엘리아김과 마아세야와 미냐민과 미가야와 엘료에내와 스가랴와 하나냐는 다 나팔을 잡았고

42 또 마아세야와 스마야와 엘르아살과 웃시와 여호하난과 말기야와 엘람과 에셀이 함께 있으며 노래하는 자는 크게 찬송하였는데 그 감독은 예스라히야라

43 이날에 무리가 큰 제사를 드리고 심히 즐거워하였으니 이는 하나님이 크게 즐거워하게 하셨음이라 부녀와 어린아이도 즐거워하였으므로 예루살렘이 즐거워하는 소리가 멀리 들렸느니라

44 그날에 사람을 세워 곳간을 맡기고 제사장들과 레위 사람들에게 돌릴 것 곧 율법에 정한 대로 거제물과 처음 익은 것과 십일조를 모든 성읍 밭에서 거두어 이 곳간에 쌓게 하였노니 이는 유다 사람이 섬기는 제사장들과 레위 사람들로 말미암아 즐거워하기 때문이라

45 그들은 하나님을 섬기는 일과 결례의 일을 힘썼으며 노래하는 자들과 문지기들도 그러하여 모두 다윗과 그의 아들 솔로몬의 명령을 따라 행하였으니

46 옛적 다윗과 아삽의 때에는 노래하는 자의 지도자가 있어서 하나님께 찬송하는 노래와 감사하는 노래를 하였음이며

47 스룹바벨 때와 느헤미야 때에는 온 이스라엘이 노래하는 자들과 문지기들에게 날마다 쓸 몫을 주되 그들이 성별한 것을 레위 사람들에게 주고 레위 사람들은 그것을 또 성별하여 아론 자손에게 주었느니라

1. 오늘 하나님께서 나에게 주신 깨달음은 무엇입니까?

2. 말씀을 어떻게 내 삶에 구체적으로 적용해야 합니까?

절별 해설

40 감사 찬송하는 두 무리가 하나님의 전에 섰고 또 나와 민장의 절반도 함께하였고 골짜기 문 앞에서 에스라의 인솔하에 시계 반대 방향으로 성벽을 행진하던 무리들과, 느헤미야의 인솔하에 시계 방향으로 행진하던 무리들이 마침내 성전에서 만남으로써 본격적인 성벽 봉헌식이 시작되었다. 여기서 "민장"은 12장 32절에 나오는 유다 지도자들을 가리킨다.

41 제사장 … 다 나팔을 잡았고 여기 언급된 일곱 명의 제사장은 나팔을 연주하였다. 본래 나팔은 주로 제사장들이 다루던 악기로서, 특히 종교 행사나 축하 행사 때 많이 사용되었다(수 6:4-20; 대하 5:12-13).

42 노래하는 자는 … 감독은 예스라히야 "노래하는 자"는 찬양대를 가리키며, "예스라히야"는 오늘날로 말하면 지휘자인 셈인데, 다른 곳에서는 '웃시의 아들 이스라히야'로 불렸다(대상 7:3).

43 무리가 큰 제사를 드리고 심히 즐거워하였으니 이는 하나님이 크게 즐거워하게 하셨음이라 성벽 봉헌식의 절정은 제사였다. 아마도 이 제사는 감사의 화목제였을 것이다. 이 경우 제물의 가장 기름진 부분은 하나님께 불살라서 바치고(레 3:11; 7:31), 나머지 부분 중 일부는 제사장과 레위 사람들에게 주었으며(레 7:29-34), 그 외 모든 부분은 가난한 사람들과 함께 나누어 먹었을 것이다(참고. 신 12:17-18). 주목할 점은, 이 한 절에 '즐겁다'라는 말이 4번이나 나온다는 것이다. 그만큼 이 성벽 봉헌식은 유다 공동체 전체가 참여한 큰 기쁨의 축제였다는 뜻이다. 그들은 하나님께서 주신 기쁨을 멀리 있는 사람들조차 들을 수 있도록 크게 누렸다. 이런 즐거움이야말로 하나님이 기뻐하시는 예배의 본질이라고 볼 수 있다.

44 성벽 봉헌식의 감격은 백성들의 마음뿐만 아니라 주머니까지 열게 했다. 그들은 하나님께 서약했던 조항들 중에 성전과 예물에 관한 조항(10:32-39)을 실천에 옮겼다. 즉, 율법에 정한 대로 헌물과 십일조를 드리기로 한 것이다. 그래서 각 성읍으로부터 제사장과 레위 사람의 몫을 거두어들였고, 이것들을 보관할 곳간을 관리하는 사역자들을 임명하였다.

45-46 성벽 봉헌식을 계기로 성전에서 봉사하는 사역자들도 다윗과 솔로몬이 만들어 놓은 규정에 따라 사역하도록 했다. 제사장과 레위 사람은 물론이고 찬양대와 문지기도 마찬가지였다. 성벽 완공을 계기로 모든 것이 자리를 잡아가고 있음을 보여준다. 성전과 성벽이 완공됨으로 말미암아 예루살렘의 안보가 확립되었을 뿐만 아니라, 이스라엘의 공동체 의식과 영성까지 회복되는 시너지 효과[동반 상승효과]가 나타난 셈이다.

쉬운성경

40 두 합창단은 하나님의 성전에서 자리를 잡고 섰습니다. 지도자들 가운데 절반은 나와 함께 자리를 잡았습니다.

41 나팔을 든 제사장은 엘리아김과 마아세야와 미냐민과 미가야와 엘료에내와 스가랴와 하나냐입니다.

42 거기에 마아세야와 스마야와 엘르아살과 웃시와 여호하난과 말기야와 엘람과 에셀도 있었습니다. 합창단은 예스라히야가 이끄는 대로 노래를 불렀습니다.

43 그날, 백성들은 제물을 많이 바쳤습니다. 하나님께서 기쁨을 주셨기 때문에 그들은 즐거워했습니다. 여자와 아이들도 기뻐했습니다. 예루살렘에서 기뻐하는 소리가 멀리까지 퍼졌습니다.

44 그때, 지도자들이 창고를 맡을 사람들을 세웠습니다. 그 창고는 예물과 첫 열매와 백성이 힘써 일해 얻은 것의 십분의 일을 보관하는 곳입니다. 율법에서는 마을 주변의 밭에서 난 것 가운데서도 제사장과 레위 사람들의 몫으로 얼마를 가져와야 한다고 가르치고 있습니다. 유다 백성은 제사장과 레위 사람들을 위해 기쁜 마음으로 바쳤습니다.

45 제사장과 레위 사람들은 하나님을 섬기는 일과 부정한 것을 깨끗하게 하는 일을 했습니다. 그리고 노래하는 사람과 문지기들도 다윗과 그의 아들 솔로몬이 명령한 대로 일했습니다.

46 옛날에 다윗과 아삽의 시대에도 노래하는 사람들의 지도자가 있었습니다. 그때도 하나님께 드리는 찬양과 감사의 노래가 있었습니다.

47 스룹바벨과 느헤미야의 시대에도 마찬가지입니다. 모든 이스라엘 백성은 노래하는 사람과 문지기들에게 쓸 것을 주었습니다. 레위 사람들을 위해서도 쓸 것을 따로 남겨 두었습니다. 레위 사람들은 또 아론 자손의 몫을 따로 남겨 두었습니다.

47 날마다 쓸 몫, 성별한 것 그동안 제사장과 레위 사람들은 경제적인 어려움 때문에 사역에 집중할 수 없었다. 하지만 성벽 봉헌식 이후 변화된 영적 분위기로 말미암아 그들이 생계를 걱정하지 않아도 되게끔 제도가 정비되었다. 즉, "날마다 쓸 몫"과 "성별한 것"이 주어졌다. 이것은 모두 십일조를 각기 다르게 표현한 말이다.

저자의 묵상

느헤미야는 성벽을 봉헌하는 의식을 기쁨의 축제로 승화시키고 있다. 시편의 음악과 악기를 연주하며 제사장들이 나팔을 불게 하고 온 백성과 더불어 성벽 위를 행진했다. 그리고 큰 제사를 드리며 즐거워하였고, 그 즐거움의 소리가 예루살렘을 넘어 멀리까지 들렸다고 말한다. 이처럼 느헤미야가 기뻐한 진정한 이유는 성벽을 쌓은 자신의 지도력을 기리기 위함도 아니었고, 성벽 쌓기에 동원된 백성들의 공로를 치하해서도 아니었다. 그 이유는 바로 하나님이 큰 기쁨을 주셔서 그들로 크게 즐거워하게 하셨기 때문이었다(43절). 성벽 완공은 하나님의 은혜요 선물이었기에 백성들이 감사와 찬양으로 그것을 고백했다. "여호와께서 우리를 위하여 큰 일을 행하셨으니 우리는 기쁘도다"(시 126:3). 이것이 어쩌면 느헤미야의 심정이요 고백이었을 것이다. 그리고 느헤미야는 이 기쁨을 봉헌식을 통해 온 백성과 공유하였다. 그런 의미에서 하나님의 백성이 드리는 예배는 기쁨을 공유하는 의식이라고 볼 수 있다. 당신은 예배 때마다 하나님의 은혜를 감사와 찬양으로 돌려드리고 기쁨으로 함께 공유하고 있는가?

무릎 기도 하나님 아버지, 우리의 예배가 기쁨을 공유하는 축제가 되게 하소서. 하나님께서 베풀어 주신 은혜를 기뻐하며 감사와 찬양으로 돌려드리게 하소서.

ESV - Nehemiah 12

40 So both choirs of those who gave thanks stood in the house of God, and I and half of the officials with me;
41 and the priests Eliakim, Maaseiah, Miniamin, Micaiah, Elioenai, Zechariah, and Hananiah, with trumpets;
42 and Maaseiah, Shemaiah, Eleazar, Uzzi, Jehohanan, Malchijah, Elam, and Ezer. And the singers sang with Jezrahiah as their leader.
43 And they offered great sacrifices that day and rejoiced, for God had made them rejoice with great joy; the women and children also rejoiced. And the joy of Jerusalem was heard far away.
44 On that day men were appointed over the storerooms, the contributions, the firstfruits, and the tithes, to gather into them the portions required by the Law for the priests and for the Levites according to the fields of the towns, for Judah rejoiced over the priests and the Levites who ministered.
45 And they performed the service of their God and the service of purification, as did the singers and the gatekeepers, according to the command of David and his son Solomon.
46 For long ago in the days of David and Asaph there were directors of the singers, and there were songs* of praise and thanksgiving to God.
47 And all Israel in the days of Zerubbabel and in the days of Nehemiah gave the daily portions for the singers and the gatekeepers; and they set apart that which was for the Levites; and the Levites set apart that which was for the sons of Aaron.

* 12:46 Or *leaders*

43 offer a sacrifice 제물을 바치다 44 appoint 세우다, 임명하다 storeroom 곳간 contribution 예물 tithe 십일조 require 명(령)하다 rejoice over… …을 크게 기뻐하다 minister 섬기다 45 perform (의식 등을) 집행[거행]하다 46 director 감독, 지휘자 47 set apart 떼어 두다, 구별하다

28 이방인과 성전에 대한 느헤미야의 개혁

월 일

느헤미야 13:1-9 • 새찬송 420장 | 통일 212장

• 말씀묵상 전에 성령님의 인도하심을 구하는 기도를 드리십시오.

본문요약 I 성벽 봉헌식이 있던 날 이스라엘 백성들은 모세의 책을 낭독하고 이방인들을 하나님의 총회에서 몰아낸다. 하지만 느헤미야가 바벨론에 간 사이에 제사장 엘리아십은 암몬 사람 도비야에게 성전 뜰에 큰 방을 주는 악행을 저지른다. 귀국하여 이 사실을 알게 된 느헤미야는 도비야를 성전에서 몰아내고 그 방을 다시 정결하게 하여 거룩한 물건들로 채운다.

1 그날 모세의 책을 낭독하여 백성에게 들
렸는데 그 책에 기록하기를 암몬 사람과
모압 사람은 영원히 하나님의 총회에 들
어오지 못하리니
2 이는 그들이 양식과 물로 이스라엘 자손
을 영접하지 아니하고 도리어 발람에게
뇌물을 주어 저주하게 하였음이라 그러나
우리 하나님이 그 저주를 돌이켜 복이 되
게 하셨다 하였는지라
3 백성이 이 율법을 듣고 곧 섞인 무리를
이스라엘 가운데에서 모두 분리하였느니
라
4 이전에 우리 하나님의 전의 방을 맡은 제
사장 엘리아십이 도비야와 연락이 있었으
므로
5 도비야를 위하여 한 큰 방을 만들었으니
그 방은 원래 소제물과 유향과 그릇과 또
레위 사람들과 노래하는 자들과 문지기들
에게 십일조로 주는 곡물과 새 포도주와
기름과 또 제사장들에게 주는 거제물을
두는 곳이라
6 그때에는 내가 예루살렘에 있지 아니하였
느니라 바벨론 왕 아닥사스다 삼십이 년
에 내가 왕에게 나아갔다가 며칠 후에 왕
에게 말미를 청하고
7 예루살렘에 이르러서야 엘리아십이 도비
야를 위하여 하나님의 전 뜰에 방을 만든
악한 일을 안지라
8 내가 심히 근심하여 도비야의 세간을 그
방 밖으로 다 내어 던지고
9 명령하여 그 방을 정결하게 하고 하나님
의 전의 그릇과 소제물과 유향을 다시 그
리로 들여놓았느니라

1. 오늘 하나님께서 나에게 주신 깨달음은 무엇입니까?

2. 말씀을 어떻게 내 삶에 구체적으로 적용해야 합니까?

절별 해설

1–2 그날 모세의 책을 낭독하여 여기 "그날"은 성벽 봉헌식이 있던 날을 가리키며, 이스라엘 백성들은 그날 "모세의 책", 모세오경을 낭독했다. 이것은 앞으로 전개될 느헤미야의 개혁 운동이 철저히 성경 말씀에 따른 것임을 보여준다. 특별히 주목한 말씀은 신명기 23장 4–7절이다. 이 말씀에 따르면, 암몬과 모압 사람들은 출애굽 당시에 이스라엘 백성에게 양식과 물을 주지 않고, 오히려 발람에게 뇌물을 주어 이스라엘을 저주하게 했다. 하지만 하나님을 그 저주를 복이 되게 하셨다(참고. 민 23:3–11). 이 사건을 계기로 암몬과 모압 사람은 영원히 하나님의 총회에 들어오지 못하리라고 율법에서 천명했다. "하나님의 총회"(*히,* 카할)는 여러 뜻이 있으나, 여기서는 하나님께 제사를 드리기 위해 모이는 제의적 공동체를 뜻한다.

3 섞인 무리 이 표현은 이스라엘과 함께 생활하면서 신앙적인 순수성을 파괴하던 이방 민족을 가리킨다. 이들을 '분리했다'라는 것은, 하나님의 총회에 참여하지 못하게 했거나, 이스라엘 영토에서 축출한 것을 의미한다. 이것은 이스라엘 공동체를 정화하려는 불가피한 조치였다.

4–5 제사장 엘리아십이 … 도비야를 위하여 한 큰 방을 만들었으니 엘리아십은 느헤미야 시대의 대제사장이었지만(3:1; 12:10), 느헤미야가 그를 제사장으로 부른 것은 아마도 대제사장으로서의 자격이 없다고 생각했기 때문일 것이다. 그렇게 생각한 가장 큰 원인은 엘리아십과 도비야의 친밀한 관계 때문이었다. 도비야는 암몬 사람으로서 산발랏과 함께 예루살렘 성벽 재건을 적극적으로 반대하고(2:10,19), 느헤미야에게 계속 위협적인 편지를 써서 성벽 재건을 중단시키려 했던(6:17–19) 인물이었다. 그는 정치적 수완이 뛰어나 유다의 귀족들과 동맹 관계를 유지하였고(6:17), 유력한 사람 스가냐의 딸과 결혼하여 유다 사회에서 확고한 지위를 구축하였다(6:18). 그래서 암몬 사람은 하나님의 총회에서 분리한다는 율법의 규정에도 불구하고(13:1,3), 도비야는 제사장 엘리아십의 비호 아래 성전에서 큰 방을 얻어 사는 특권을 누렸다(13:4–5). 그의 방은 성전에서 제사장과 레위 사람에게 줄 십일조와 여러 제물과 그릇을 보관하던 매우 큰 방이었다.

6 그때에는 내가 예루살렘에 있지 아니하였느니라 도비야에게 성전의 방을 내주는 상식 밖의 일이 벌어졌을 때, 느헤미야는 첫 번째 총독의 임무를 마치고 아닥사스다 왕을 만나러 잠시 바벨론으로 출타한 상태였다(아닥사스다 왕 즉위 32년, BC 433년).

7–9 도비야의 세간을 그 방 밖으로 다 내어 던지고 … 그 방을 정결하게 하고 엘리아십이 이방인, 그것도 암몬 사람에게 성

쉬운성경

1 그날에 그들은 모세의 책을 백성에게 읽어 주었습니다. 그러다가 그 책에 암몬 사람이나 모압 사람은 하나님의 회중에 참석할 수 없다고 적힌 것을 알게 되었습니다.

2 암몬 사람과 모압 사람은 이집트에서 탈출하여 나온 이스라엘 백성을 음식과 물을 가지고 따뜻하게 맞아들이지 않았습니다. 오히려 그들은 발람을 고용해서 이스라엘을 향해 저주하게 했습니다. 그러나 우리 하나님께서 그 저주를 복으로 바꾸어 주셨습니다.

3 백성은 이 가르침을 듣고 이스라엘 가운데서 모든 외국인을 구분해 놓았습니다.

4 그 일이 있기 전에 제사장 엘리아십은 하나님의 성전 창고를 맡고 있었습니다. 엘리아십은 도비야와 가깝게 지냈습니다.

5 엘리아십은 도비야가 큰 창고 가운데 하나를 쓰도록 허락했습니다. 그 방은 성전에서 쓸 곡식 제물과 향과 그릇과 곡식의 십일조와 포도주와 기름을 보관하던 곳입니다. 그 물건들은 레위 사람과 노래하는 사람과 문지기들의 것이며 제사장에게 주는 예물로 쓰였습니다.

6 그 일이 일어났을 때에 나는 예루살렘에 없었습니다. 나는 바빌론 왕 아닥사스다에게 돌아가 있었습니다. 내가 왕에게 돌아간 때는 그가 왕으로 있은 지 삼십이 년째 되는 해입니다. 얼마 뒤에 나는 왕에게 예루살렘으로 돌아가게 해 달라고 말했습니다.

7 나는 예루살렘으로 돌아왔습니다. 돌아와서야 엘리아십이 저지른 나쁜 짓에 대해 알게 되었습니다. 엘리아십은 도비야에게 성전 뜰에 있는 방 하나를 내어 준 것입니다.

8 나는 너무나 화가 났습니다. 나는 도비야의 물건을 모두 방 밖으로 내던지고

9 사람들을 시켜 그 방을 깨끗이 하도록 했습니다. 그런 다음에 하나님의 성전에서 쓸 그릇들과 곡식 제물과 향을 다시 들여놓았습니다.

전의 방을 제공한 것은 제의적으로 성전을 부정하게 한 일이었다. 느헤미야는 거룩한 분노를 느끼며, 도비야의 살림살이를 방 밖으로 내던지고 그 방을 정결하게 했다. 그리고 이런 일이 재발하지 않도록 그 방을 거룩한 물건들로 채웠다. 이런 느헤미야의 모습에서 성전을 청결하게 하시던 예수님의 모습을 떠올리게 된다(막 11:15-17).

저자의 묵상

느헤미야는 첫 번째 총독 임무를 마치고 바사로 복귀하기 전에 하나님의 율법에 근거하여 신앙의 순수성을 파괴하는 "섞인 무리" 즉 이방인들을 축출하였다. 하지만 느헤미야가 12년 동안(BC 445-433년) 총독으로 있다가 바벨론에 있던 바사 왕궁으로 복귀한 사이에(6절), 그의 대적들은 그가 어렵게 이루어 놓은 개혁을 망쳐 놓았다. 그가 자리를 비운 지 얼마 되지 않은 시간에 이런 일이 벌어진 것을 보면, 개혁이 얼마나 어려운 일인지 실감하게 된다. 심지어 개혁을 함께 주도해야 할 제사장이 오히려 개혁을 방해하고 불경건한 악행을 저지르는 모습은 우리를 더욱 안타깝게 한다. 그러나 이런 현실은 오늘날에도 반복되고 있다. 그래서 종교개혁자 칼뱅은 "개혁된 교회는 항상 개혁되어야 한다"(ecclecia semper reformanda)라고 외쳤다. 느헤미야는 이런 불의에 맞서 거룩한 분노를 가지고 도비야를 몰아내고 성전을 청결하게 한다. 이런 느헤미야의 모습은 성전에서 장사하던 사람들을 몰아내며, "내 집은 만민이 기도하는 집이라"고 천명하시던 예수님의 모습을 떠올리게 한다(막 11:17). 과연 내가 섬기는 교회는 청결한가? 만민이 기도하는 집인가?

무릎 기도 | 하나님, 우리의 교회가 하나님을 온전히 예배하는 거룩하고 정결한 교회가 되게 하시고, 만민이 기도하는 집으로 온전히 쓰임 받게 하소서.

ESV - Nehemiah 13

1 On that day they read from the Book of Moses in the hearing of the people. And in it was found written that no Ammonite or Moabite should ever enter the assembly of God,
2 for they did not meet the people of Israel with bread and water, but hired Balaam against them to curse them—yet our God turned the curse into a blessing.
3 As soon as the people heard the law, they separated from Israel all those of foreign descent.
4 Now before this, Eliashib the priest, who was appointed over the chambers of the house of our God, and who was related to Tobiah,
5 prepared for Tobiah a large chamber where they had previously put the grain offering, the frankincense, the vessels, and the tithes of grain, wine, and oil, which were given by commandment to the Levites, singers, and gatekeepers, and the contributions for the priests.
6 While this was taking place, I was not in Jerusalem, for in the thirty-second year of Artaxerxes king of Babylon I went to the king. And after some time I asked leave of the king
7 and came to Jerusalem, and I then discovered the evil that Eliashib had done for Tobiah, preparing for him a chamber in the courts of the house of God.
8 And I was very angry, and I threw all the household furniture of Tobiah out of the chamber.
9 Then I gave orders, and they cleansed the chambers, and I brought back there the vessels of the house of God, with the grain offering and the frankincense.

1 assembly 집회 2 curse 저주하다 turn··· into~ ···을 ~이 되게 하다 3 as soon as··· ···하자 곧 descent 혈통, 가계 4 chamber 방 be related to··· ···와 관계가 있다 5 frankincense 유향 vessel 그릇 tithe 십일조 contribution 기증물 6 take place 일어나다 leave 휴가 (기간) 7 discover 발견하다 8 household furniture 세간 9 bring··· back ···을 회복시키다

29 사역자들에 대한 개혁과 안식일 준수

월 일

느헤미야 13:10-22 • 새찬송 43장 | 통일 57장

• 말씀묵상 전에 성령님의 인도하심을 구하는 기도를 드리십시오.

본문요약 | 바벨론에서 예루살렘으로 돌아온 느헤미야는 두 가지 문제를 목격한다. 하나는, 백성들이 십일조와 예물을 바치지 않음으로 레위 사람들이 성전 직무를 버리고 생계를 찾아 떠난 것이었다. 또 하나는, 안식일에 예루살렘 성내에서 상거래를 함으로 안식일 법을 어기는 것이었다. 느헤미야는 개혁을 통해 이 두 가지 문제를 해결한다.

10 내가 또 알아본즉 레위 사람들이 받을 몫
을 주지 아니하였으므로 그 직무를 행하
는 레위 사람들과 노래하는 자들이 각각
자기 밭으로 도망하였기로
11 내가 모든 민장들을 꾸짖어 이르기를 하
나님의 전이 어찌하여 버린 바 되었느냐
하고 곧 레위 사람을 불러 모아 다시 제
자리에 세웠더니
12 이에 온 유다가 곡식과 새 포도주와 기름
의 십일조를 가져다가 곳간에 들이므로
13 내가 제사장 셀레먀와 서기관 사독과 레
위 사람 브다야를 창고지기로 삼고 맛다
냐의 손자 삭굴의 아들 하난을 버금으로
삼았나니 이는 그들이 충직한 자로 인정
됨이라 그 직분은 형제들에게 분배하는
일이었느니라
14 내 하나님이여 이 일로 말미암아 나를 기
억하옵소서 내 하나님의 전과 그 모든 직
무를 위하여 내가 행한 선한 일을 도말하
지 마옵소서
15 그때에 내가 본즉 유다에서 어떤 사람이
안식일에 술틀을 밟고 곡식단을 나귀에
실어 운반하며 포도주와 포도와 무화과와
여러 가지 짐을 지고 안식일에 예루살렘
에 들어와서 음식물을 팔기로 그날에 내
가 경계하였고
16 또 두로 사람이 예루살렘에 살며 물고기
와 각양 물건을 가져다가 안식일에 예루
살렘에서도 유다 자손에게 팔기로
17 내가 유다의 모든 귀인들을 꾸짖어 그들
에게 이르기를 너희가 어찌 이 악을 행하
여 안식일을 범하느냐
18 너희 조상들이 이같이 행하지 아니하였
느냐 그래서 우리 하나님이 이 모든 재앙
을 우리와 이 성읍에 내리신 것이 아니냐
그럼에도 불구하고 너희가 안식일을 범
하여 진노가 이스라엘에게 더욱 심하게
임하도록 하는도다 하고
19 안식일 전 예루살렘 성문이 어두워갈 때
에 내가 성문을 닫고 안식일이 지나기 전
에는 열지 말라 하고 나를 따르는 종자
몇을 성문마다 세워 안식일에는 아무 짐
도 들어오지 못하게 하였으므로
20 장사꾼들과 각양 물건 파는 자들이 한두
번 예루살렘 성 밖에서 자므로
21 내가 그들에게 경계하여 이르기를 너희
가 어찌하여 성 밑에서 자느냐 다시 이같
이 하면 내가 잡으리라 하였더니 그 후부
터는 안식일에 그들이 다시 오지 아니하
였느니라
22 내가 또 레위 사람들에게 몸을 정결하게
하고 와서 성문을 지켜서 안식일을 거룩
하게 하라 하였느니라 내 하나님이여 나
를 위하여 이 일도 기억하시옵고 주의 크
신 은혜대로 나를 아끼시옵소서

1. 오늘 하나님께서 나에게 주신 깨달음은 무엇입니까?

2. 말씀을 어떻게 내 삶에 구체적으로 적용해야 합니까?

절별 해설

10 레위 사람들이 받을 몫을 주지 아니하였으므로 … 각각 자기 밭으로 도망하였기로 대제사장 엘리아십이 도비야에게 십일조와 예물을 보관하는 성전 방을 줌으로써 백성들의 십일조와 예물이 끊어졌다. 그 결과 성전 재정은 바닥나고, 십일조로 생계를 유지하던 레위 사람들은 생활고를 해결하기 위해 성전을 떠나 다른 살길을 찾아 나서야 했다. 악순환이었다.

11 하나님의 전이 어찌하여 버린 바 되었느냐 이런 상황을 목격한 느헤미야는 깊은 탄식을 쏟아 낸다. '하나님의 전이 버린 바 되었다'는 말은 레위 사람들이 떠남으로써 성전이 제 기능을 상실했다는 뜻이며, 이것은 곧 하나님을 버리는 것과 다름없었다. 느헤미야는 곧바로 레위 사람들을 제자리로 복귀시켜 성전 직무에 전념하도록 개혁을 단행했다.

12–13 느헤미야의 개혁을 통해 레위 사람들이 성전으로 돌아왔다는 소식을 들은 백성들은 다시 예물과 십일조를 성전에 바치기 시작했다. 느헤미야는 이것을 관리하기 위해 "충직한 자"를 책임자로 세워 창고를 관리하도록 했다. 악순환이 선순환으로 바뀐 셈이다.

14 내 하나님이여 이 일로 말미암아 나를 기억하옵소서 … 내가 행한 선한 일을 도말하지 마옵소서 느헤미야는 개혁을 위한 노력과 선행을 하나님께서 기억해 주시기를 간구한다. "선한 일"의 원어인 히브리어 '헤세드'는 본래 하나님의 은혜, 자비, 긍휼 등을 의미하지만, 여기서는 성전 유지를 위한 느헤미야 자신의 충성, 헌신, 하나님에 대한 사랑 등을 의미한다.

15 안식일에 예루살렘에 들어와서 음식물을 팔기로 유다 백성들은 안식일에 예루살렘 성내에서 상거래를 함으로써 안식일을 범하였다. 이 문제는 약 400년 전에 아모스 선지자도 지적한 바 있고(암 8:4–6), 예루살렘 성의 함락 직전에 예레미야 선지자도 지적한 바 있다(렘 17:19–27). 여기서 느헤미야가 '경계하였다'(*히*, 우드)는 말은 상거래를 금지했다는 뜻이다.

16 두로 사람 두로 사람들은 일찍부터 해상무역을 장악하여 국제 무역과 상업으로 번성하였다(참고. 사 23:2–18; 겔 27:12–25). 이들은 예루살렘 성내에 있는 어문 광장의 어시장을 통해 교역하였는데, 안식일에도 활발한 거래를 함으로써 안식일 법을 어기는 원인이 되었다.

19–22 성문을 닫고 안식일이 지나기 전에는 열지 말라 느헤미야는 안식일을 준수하기 위해 실제로 세 가지 조치를 취한다. 먼저, 안식일에 성문을 폐쇄하였다. 둘째로, 안식일에

쉬운성경

10 나는 또 백성들이 레위 사람들에게 주어야 할 몫을 주지 않은 것을 알게 되었습니다. 이미 레위 사람들과 노래하는 사람들은 자신이 맡은 일을 그만두고 각기 자기 고향으로 돌아가 버린 상태였습니다.

11 그래서 나는 "어찌하여 하나님의 성전을 돌보지 않았소?" 하고 관리들을 꾸짖었습니다. 나는 레위 사람들과 노래하는 사람들을 다시 불러 모아 일을 하게 했습니다.

12 그러자 모든 유다 백성이 곡식과 새 포도주와 올리브기름의 십분의 일을 가져왔습니다. 그리고 창고에 놓아두었습니다.

13 나는 제사장 셀레먀와 서기관 사독과 레위 사람 브다야에게 창고를 맡겼습니다. 그리고 삭굴의 아들 하난에게 그들을 도우라고 했습니다. 삭굴은 맛다냐의 아들입니다. 그들이 정직하다는 것은 누구나 다 알고 있었습니다. 그들은 동료들에게 돌아갈 몫을 나누어 주었습니다.

14 "나의 하나님, 이 일에 관하여 나를 기억해 주십시오. 내가 하나님의 성전을 위해, 그리고 하나님을 섬기는 일을 위해 행한 모든 좋은 일들을 잊지 말아 주십시오."

15 그 무렵에 나는 유다 백성이 안식일에도 술틀을 밟는 것을 보았습니다. 그리고 안식일인데도 곡식을 날라다가 나귀 등에 싣는 것을 보았습니다. 그 밖에 안식일에 포도주와 포도와 무화과를 예루살렘으로 실어 나르는 것을 보았습니다. 나는 안식일에 음식을 팔지 말라고 경고했습니다.

16 그때에 두로 사람들도 예루살렘에서 살고 있었는데, 그들도 물고기를 비롯해 갖가지 물건을 안식일에 유다 백성에게 팔고 있었습니다.

17 그래서 나는 유다의 귀족들을 꾸짖으며 이렇게 말했습니다. "어떻게 이런 악한 짓을 할 수가 있소? 어떻게 안식일을 더럽힐 수가 있소?

18 당신들의 조상이 이런 짓을 해서 우리

절별 해설

예루살렘 성 밖에 거주하면서 몰래 물건을 팔려고 하는 사람들을 잡아들였다. 그 뒤로 장사꾼들이 완전히 사라지게 되었다. 셋째로, 레위 사람들을 예루살렘 성의 문지기로 세웠다. 본래 문지기는 일반 백성들의 임무였으나, 특별히 안식일 준수를 위해 성문을 지키는 것은 성전의 신성함을 지키는 종교적인 임무였기에 레위 사람들의 업무 연장으로 여겨졌다.

하나님께서 우리와 우리 성에 재앙을 내리셨소. 당신들은 안식일을 더럽혀서 하나님을 노하게 만들었소."

19 나는 안식일이 되기 전에 문을 닫게
하고, 안식일이 끝나서야 문을 열게 했습니다. 그리고 내 종들에게 문을 지키게 했습니다. 그래서 안식일에는 잡상인들이 들어오지 못했습니다.

20 상인들과 갖가지 물건을 파는 사람들
이 예루살렘 밖에서 잠을 자는 일이 한두 번 있었습니다.

21 그래서 나는 그들에게 경고했습니다.
"어찌하여 성벽 앞에서 잠을 자는 거요? 한 번만 더 그랬다가는 쫓아내고 말겠소." 그 일이 있은 뒤로 안식일에는 그들이 나타나지 않았습니다.

22 나는 레위 사람들에게 몸을 깨끗이
하라고 명령했습니다. 또한 성문을 지켜 안식일을 거룩하게 지낼 수 있게 하라고 말했습니다.

> "나의 하나님, 이 일로 인해 나를 기억해 주십시오. 주의 크신 사랑으로 나를 불쌍히 여겨 주소서."

저자의 묵상

헌금과 안식일 준수, 이 문제는 느헤미야 시대는 물론이고 지금도 예민한 문제에 속한다. 혹자는 경제적인 이익 앞에서는 신앙도 소용없다고 말한다. 실제로 헌금 문제 때문에 교회 안에서 분쟁이 발생하여 혼란을 겪는 교회들이 적지 않다. 또 기독교 기업을 표방하면서 주일 성수를 모토로 내세웠던 기업들이 슬그머니 그 모토를 철회하고 주일 영업을 하는 모습도 심심치 않게 볼 수 있다. 그런 의미에서 느헤미야의 개혁은 우리를 비춰 주는 거울 역할을 한다. 무엇보다 헌금에 있어서 중요한 것은 투명성이다. 자신의 헌금이 어디에 쓰이는지 알고 그 목적에 동의한다면 성도들은 아낌없이 예물과 십일조를 드릴 것이다. 안식일 준수, 즉 주일 성수 역시 같은 맥락에서 이해할 수 있다. 신령과 진정으로 드리는 예배가 회복되고, 그 예배를 통해 세상에서 얻을 수 없는 하나님의 은혜와 축복을 누린다면, 주일 영업을 하면서까지 물질을 추구할 이유가 없다. 오히려 영적으로 자족하는 삶을 추구하게 될 것이다.

무릎 기도 하나님 아버지, 우리 교회와 성도들이 경제적인 이유로 신앙을 저버리지 않게 하시고, 영적인 개혁을 통해 하나님의 축복을 더 사모하게 하소서.

ESV - Nehemiah 13

10 I also found out that the portions of the Levites had not been given to them, so that the Levites and the singers, who did the work, had fled each to his field.

11 So I confronted the officials and said, "Why is the house of God forsaken?" And I gathered them together and set them in their stations.

12 Then all Judah brought the tithe of the grain, wine, and oil into the storehouses.

13 And I appointed as treasurers over the storehouses Shelemiah the priest, Zadok the scribe, and Pedaiah of the Levites, and as their assistant Hanan the son of Zaccur, son of Mattaniah, for they were considered reliable, and their duty was to distribute to their brothers.

14 Remember me, O my God, concerning this, and do not wipe out my good deeds that I have done for the house of my God and for his service.

15 In those days I saw in Judah people treading winepresses on the Sabbath, and bringing in heaps of grain and loading them on donkeys, and also wine, grapes, figs, and all kinds of loads, which they brought into Jerusalem on the Sabbath day. And I warned them on the day when they sold food.

16 Tyrians also, who lived in the city, brought in fish and all kinds of goods and sold them on the Sabbath to the people of Judah, in Jerusalem itself!

17 Then I confronted the nobles of Judah and said to them, "What is this evil thing that you are doing, profaning the Sabbath day?

18 Did not your fathers act in this way, and did not our God bring all this disaster* on us and on this city? Now you are bringing more wrath on Israel by profaning the Sabbath."

19 As soon as it began to grow dark at the gates of Jerusalem before the Sabbath, I commanded that the doors should be shut and gave orders that they should not be opened until after the Sabbath. And I stationed some of my servants at the gates, that no load might be brought in on the Sabbath day.

20 Then the merchants and sellers of all kinds of wares lodged outside Jerusalem once or twice.

21 But I warned them and said to them, "Why do you lodge outside the wall? If you do so again, I will lay hands on you." From that time on they did not come on the Sabbath.

22 Then I commanded the Levites that they should purify themselves and come and guard the gates, to keep the Sabbath day holy. Remember this also in my favor, O my God, and spare me according to the greatness of your steadfast love.

* 13:18 The Hebrew word can mean *evil, harm,* or *disaster,* depending on the context

10 portion 몫　11 confront 대면하다　forsake 버리다　station 담당 부서[일터]; 배치하다　13 treasurer 회계 담당자　reliable 믿을 수 있는　distribute 분배하다　14 wipe out… …을 완전히 없애버리다　deed 행동, 행위　15 tread 밟다　Sabbath 안식일　17 profane 모독하다　18 bring… on …을 야기하다　20 ware 물품　lodge 묵다　21 lay hands on… …을 붙잡다　22 in one's favor …을 위하여　spare 자비를 베풀다

• MEMO •

30 개혁은 계속되어야 한다

월 일

느헤미야 13:23-31 • 새찬송 425장 | 통일 217장

• 말씀묵상 전에 성령님의 인도하심을 구하는 기도를 드리십시오.

본문요약 I 느헤미야가 목격한 또 다른 문제는 유다 사람 남성과 이방인 여성 사이의 결혼 문제였다. 특히 그 사이에서 태어난 아이들이 어머니 나라의 말은 하면서도 아버지 나라의 말인 유다 방언, 즉 히브리어를 하지 못한다는 사실에 충격을 받았다. 느헤미야는 유다 사람 아버지들을 책망하고, 이방 여인과의 결혼을 금지하는 개혁을 단행한다. 그리고 회고하는 기도로 글을 마무리한다.

23 그때에 내가 또 본즉 유다 사람이 아스돗
과 암몬과 모압 여인을 맞아 아내로 삼았
는데
24 그들의 자녀가 아스돗 방언을 절반쯤은
하여도 유다 방언은 못하니 그 하는 말이
각 족속의 방언이므로
25 내가 그들을 책망하고 저주하며 그들 중
몇 사람을 때리고 그들의 머리털을 뽑고
이르되 너희는 너희 딸들을 그들의 아들
들에게 주지 말고 너희 아들들이나 너희
를 위하여 그들의 딸을 데려오지 아니하
겠다고 하나님을 가리켜 맹세하라 하고
26 또 이르기를 옛적에 이스라엘 왕 솔로몬
이 이 일로 범죄하지 아니하였느냐 그는
많은 나라 중에 비길 왕이 없이 하나님의
사랑을 입은 자라 하나님이 그를 왕으로
삼아 온 이스라엘을 다스리게 하셨으나
이방 여인이 그를 범죄하게 하였나니
27 너희가 이방 여인을 아내로 맞아 이 모든
큰 악을 행하여 우리 하나님께 범죄하는
것을 우리가 어찌 용납하겠느냐
28 대제사장 엘리아십의 손자 요야다의 아들
하나가 호론 사람 산발랏의 사위가 되었
으므로 내가 쫓아내어 나를 떠나게 하였
느니라
29 내 하나님이여 그들이 제사장의 직분을
더럽히고 제사장의 직분과 레위 사람에
대한 언약을 어겼사오니 그들을 기억하옵
소서
30 내가 이와 같이 그들에게 이방 사람을 떠
나게 하여 그들을 깨끗하게 하고 또 제사
장과 레위 사람의 반열을 세워 각각 자기
의 일을 맡게 하고
31 또 정한 기한에 나무와 처음 익은 것을
드리게 하였사오니 내 하나님이여 나를
기억하사 복을 주옵소서

1. 오늘 하나님께서 나에게 주신 깨달음은 무엇입니까?

2. 말씀을 어떻게 내 삶에 구체적으로 적용해야 합니까?

23 유다 사람이 아스돗과 암몬과 모압 여인을 맞아 아내로 삼았는데 유다 사회는 이방인과의 통혼이 만연해 있었다. 그래서 에스라는 이스라엘 남성과 이방 여성 사이의 결혼 문제를 공론화하여 한바탕 개혁을 단행한 적이 있다(스 9–10장). 하지만 시간이 흐르면서 이 문제는 다시 흐지부지되었다. 이방인과의 통혼은 무엇보다 이스라엘의 신앙적 정체성을 위협했다.

24 그들의 자녀가 아스돗 방언을 절반쯤은 하여도 유다 방언은 못하니 특히 느헤미야가 이방 여인과의 결혼 문제를 심각하게 제기한 이유는, 유다 사람과 이방인 사이에서 태어난 자녀들이 어머니 나라의 말은 하면서도 유다 언어는 하지 못한다는 데 있었다. 언어는 한 민족을 하나로 묶어 주는 가장 기본적인 요소이다. 더구나 유다 방언, 즉 히브리어는 모세 율법을 기록한 종교적인 언어였기 때문에, 히브리어를 모른다는 것은 민족의 언어를 상실하는 것일 뿐만 아니라, 하나님 말씀을 상실한다는 의미가 된다. 게다가 "아스돗"은 이스라엘과 항상 적대적인 관계에 있는 블레셋 민족이 거주하는 지역이었다.

25 느헤미야는 이 문제에 극렬한 반응을 보이면서 개혁을 단행한다. 혼혈아의 아버지들을 책망하고, 그 가운데 몇몇을 때리고, 심지어 머리털을 뽑기도 했다. 얼핏 보기에는 비이성적인 폭력 행위처럼 보일지 모르지만, 그만큼 이방인과의 통혼 문제는 민족의 존립과 직결된 매우 중대한 문제였다.

26 옛적에 이스라엘 왕 솔로몬이 이 일로 범죄하지 아니하였느냐 느헤미야는 자신의 개혁을 뒷받침하기 위해 솔로몬 왕을 예로 든다. 솔로몬 왕은 하나님께 지혜를 구하며 겸손하게 통치를 시작했기에 누구보다 더 큰 부귀영화를 누릴 수 있었다. 그러나 그는 이방 출신의 많은 여인을 부인과 첩으로 두면서, 그들이 가져온 이방신들을 숭배하는 죄를 저질렀다(왕상 11장).

27 너희가 이방 여인을 아내로 맞아 이 모든 큰 악을 행하여 우리 하나님께 범죄하는 것을 우리가 어찌 용납하겠느냐 느헤미야는 이방 여인과의 결혼이 무엇보다 하나님에 대한 종교적인 범죄임을 다시 한번 강조하면서, 개혁의 당위성을 부각하고 있다.

28 느헤미야는 이방 여인과의 결혼을 금지하는 개혁에는 예외가 있을 수 없음을 보여주기 위해 산발랏의 사위가 된 대제사장 엘리아십의 (증)손자를 내쫓았다. 산발랏은 도비야와

쉬운성경

23 그 무렵에 나는 또 유다 남자들이 아스돗과 암몬과 모압의 여자들과 결혼한 것을 알았습니다.

24 그들 자녀의 절반은 아스돗 말이나 다른 나라 말은 하면서도 유다 말은 하지 못했습니다.

25 나는 그런 사람들을 꾸짖으며 저주했습니다. 나는 그들 가운데 몇 사람을 때리고 머리털을 뽑았습니다. 나는 그들에게 하나님의 이름으로 맹세하게 했습니다. 나는 이렇게 말했습니다. "당신들의 딸을 외국인의 아들과 결혼시키지 마시오. 외국인의 딸을 당신이나 당신 아들의 아내로 삼지 마시오.

26 이스라엘의 솔로몬 왕이 죄를 지은 것도 바로 그런 외국인 여자 때문이었소. 그 어떤 나라에도 솔로몬 같은 왕은 없었소. 솔로몬은 하나님의 사랑을 받은 사람이오. 그리고 하나님께서는 솔로몬을 온 이스라엘의 왕으로 삼으셨소. 그런데도 외국인 여자 때문에 솔로몬은 죄를 짓고 말았소.

27 당신들은 이런 악한 짓을 함으로써 하나님께 복종하지 않고 있소. 당신들은 외국인 여자와 결혼함으로써 우리 하나님께 죄를 지었소."

28 대제사장 엘리아십의 아들 요야다의 아들들 가운데 하나가 호론 사람 산발랏의 딸과 결혼했습니다. 그래서 나는 그 요야다의 아들을 내 앞에서 쫓아냈습니다.

29 "나의 하나님, 그들을 잊지 말아 주십시오. 그들은 제사장 자리를 더럽혔습니다. 그들은 제사장과 레위 사람의 약속과 맹세를 어겼습니다."

30 그래서 나는 외국의 모든 부정한 것으로부터 그들을 깨끗이 했습니다. 그리고 제사장과 레위 사람들에게 해야 할 임무를 맡겨서 저마다 자기 할 일을 하게 했습니다.

31 그리고 나는 정한 때에 나무와 첫 열매를 제단에 가져오게 했습니다.
"나의 하나님, 나에게 은혜를 베풀어 주소서. 나를 기억하시고, 복을 주소서."

함께 예루살렘 성벽 재건을 훼방했던 원수였다(2:19; 4:3). 역사가 요세푸스는 엘리아십의 손자 므낫세가 산발랏의 딸 니카소와 결혼했다고 기록했다.

29-31 내 하나님이여 나를 기억하사 복을 주옵소서 느헤미야는 자신의 개혁을 회고하면서 하나님께서 이런 자신의 수고와 노력을 귀히 여겨 복 주시기를 간구하는 기도로 글을 마무리하고 있다. 이를 통해 개혁과 기도가 항상 함께 이루어져야 한다는 점을 배우게 된다.

저자의 묵상

개혁이 하루아침에 이루어질 수 있다면 얼마나 좋을까! 하지만 현실은 그럴 수 없다고 증언한다. 현실적으로 개혁에는 오랜 시간과 많은 노력이 필요하다. 또 잠시 개혁이 되는 듯하다가도 방심하고 나태해지면 다시 흐지부지하게 되고 옛 모습으로 되돌아간다. 그 대표적인 사례가 바로 유다 사람 남성과 이방인 여성 사이의 결혼 문제였다. 결혼은 공동체의 정체성을 좌우하는 중요한 문제였다. 이방 여인과의 결혼을 통해 그 자녀들이 어머니 나라의 언어를 말하고, 어머니 나라의 이방신들을 숭배하게 되는 문제가 발생하였고, 급기야 유다 백성으로서의 정체성과 종교적인 순수성을 상실하는 결과를 낳게 되었다. 느헤미야의 개혁은 불가피했다.

하지만 오늘날은 더 이상 국제결혼이 문제되지 않는다. 다만 자녀 교육은 여전히 숙제로 남아 있다. 세속적인 성공과 행복을 추구하는 이 사회 속에서 우리의 자녀들이 하나님의 영광을 드러내는 축복의 통로로 살아가도록 교육하는 것이 우리 그리스도인 부모들의 과제이고 사명임을 기억하자.

무릎기도 하나님 아버지, 우리의 교회와 성도들이 경제적인 이유로 신앙을 저버리지 않게 하시고, 영적인 개혁을 통해 하나님의 축복을 더 사모하게 하소서.

ESV - Nehemiah 13

23 In those days also I saw the Jews who had married women of Ashdod, Ammon, and Moab.
24 And half of their children spoke the language of Ashdod, and they could not speak the language of Judah, but only the language of each people.
25 And I confronted them and cursed them and beat some of them and pulled out their hair. And I made them take an oath in the name of God, saying, "You shall not give your daughters to their sons, or take their daughters for your sons or for yourselves.
26 Did not Solomon king of Israel sin on account of such women? Among the many nations there was no king like him, and he was beloved by his God, and God made him king over all Israel. Nevertheless, foreign women made even him to sin.
27 Shall we then listen to you and do all this great evil and act treacherously against our God by marrying foreign women?"
28 And one of the sons of Jehoiada, the son of Eliashib the high priest, was the son-in-law of Sanballat the Horonite. Therefore I chased him from me.
29 Remember them, O my God, because they have desecrated the priesthood and the covenant of the priesthood and the Levites.
30 Thus I cleansed them from everything foreign, and I established the duties of the priests and Levites, each in his work;
31 and I provided for the wood offering at appointed times, and for the firstfruits. Remember me, O my God, for good.

25 pull out 당기다, 뽑다 take an oath 맹세하다 26 on account of… … 때문에 beloved 사랑받는 foreign 이방의
27 treacherously 신뢰를 배반하여 28 chase from… …에서 쫓아내다 29 desecrate 모독하다 covenant 언약

권별주삼

아가페 주삶 GBS

* GBS 해설서는 뒷면에 있습니다

기도와 기회

느헤미야 2:1-9 | 새찬송 366장 • 통일 485장

주간 말씀묵상 나눔

지난 한 주간 말씀을 묵상한 것이나 삶에 적용한 것이 있으면 돌아가며 간단히 나누어 봅시다.

• 오늘의 성경공부 목표

하나님께서 어떻게 우리의 기도를 응답하시는지 그리고 우리는 어떻게 그 기도가 이루어지도록 준비해야 하는지 알아봅시다.

1 아닥사스다 왕 제이십 년 니산 월에 왕 앞에 포도주가 있기로 내가 그 포도주를 왕에게 드렸는데 이전에는 내가 왕 앞에서 수심이 없었더니
2 왕이 내게 이르시되 네가 병이 없거늘 어찌하여 얼굴에 수심이 있느냐 이는 필연 네 마음에 근심이 있음이로다 하더라 그때에 내가 크게 두려워하여
3 왕께 대답하되 왕은 만세수를 하옵소서 내 조상들의 묘실이 있는 성읍이 이제까지 황폐하고 성문이 불탔사오니 내가 어찌 얼굴에 수심이 없사오리이까 하니
4 왕이 내게 이르시되 그러면 네가 무엇을 원하느냐 하시기로 내가 곧 하늘의 하나님께 묵도하고
5 왕에게 아뢰되 왕이 만일 좋게 여기시고 종이 왕의 목전에서 은혜를 얻었사오면 나를 유다 땅 나의 조상들의 묘실이 있는 성읍에 보내어 그 성을 건축하게 하옵소서 하였는데
6 그때에 왕후도 왕 곁에 앉아 있었더라 왕이 내게 이르시되 네가 몇 날에 다녀올 길이며 어느 때에 돌아오겠느냐 하고 왕이 나를 보내기를 좋게 여기시기로 내가 기한을 정하고
7 내가 또 왕에게 아뢰되 왕이 만일 좋게 여기시거든 강 서쪽 총독들에게 내리시는 조서를 내게 주사 그들이 나를 용납하여 유다에 들어가기까지 통과하게 하시고
8 또 왕의 삼림 감독 아삽에게 조서를 내리사 그가 성전에 속한 영문의 문과 성곽과

내가 들어갈 집을 위하여 들보로 쓸 재목을 내게 주게 하옵소서 하매 내 하나님의 선한 손이 나를 도우시므로 왕이 허락하고
9 군대 장관과 마병을 보내어 나와 함께하게 하시기로 내가 강 서쪽에 있는 총독들에게 이르러 왕의 조서를 전하였더니

• 함께 읽어보기

사람들은 자신의 종교가 무엇이든 어려움에 닥치게 되면 자연스럽게 기도를 하게 됩니다. 가만히 있으면 불안하고 기도라도 해야 조금이라도 마음의 안정을 찾을 수 있기 때문입니다. 그렇다고 대부분 꼭 그들의 기도가 응답받는다는 확신을 가지고 기도하는 것은 아닙니다. 문제가 해결되면 그들이 기도했다는 사실조차 잊어버리곤 합니다. 우리가 하나님께 드리는 기도는 어떠합니까?
느헤미야는 자신의 백성이 당하는 고난과 예루살렘 성벽이 무너졌다는 소식을 들은 이후 마음에 깊은 수심이 가득했습니다. 그가 먼저 한 것은 금식과 기도였습니다. 그러나 그는 기도하는 것으로 끝내지 않았습니다. 그는 하나님이 하셔야 할 것과 자신이 해야 할 것을 분명히 구분했습니다. 그것은 믿음이 없어서가 아니라 오히려 하나님이 하실 것을 믿었기에 자신이 해야 할 것을 열심히 준비할 수 있었던 것입니다. 여기에 그의 이야기가 있습니다.

도입 질문

1 절박한 순간에 했던 기도를 기억하고 있습니까? 하나님이 어떻게 그 기도에 응답하셨는지 떠올려 보십시오.

함께 나누기

2 왕이 물어보았을 때 느헤미야는 왜 두려워하였습니까? 2절

3 느헤미야의 얼굴에 수심이 있었던 이유는 무엇이었습니까? 3절

4 왕이 원하는 것을 물었을 때 느헤미야의 첫 번째 행동은 무엇이었습니까? 4절

5 혼자서 감당하기 어려운 일에 맞닥뜨렸을 때 우리는 어떻게 해결할 수 있습니까?

6 왕이 느헤미야에게 원하는 것을 물었을 때 그는 무엇을 구했습니까? 5, 7, 8절

7 느헤미야는 왕이 자신의 요구를 허락한 이유를 어떻게 설명하고 있습니까? 8절

8 느헤미야의 기도가 순조롭게 응답받는 것을 보면서 우리의 기도에도 적용해 보십시오.

9 오늘 성경공부를 통해 나누고 싶거나 깨달은 것이 있으면 이야기해 봅시다.

주간 그룹성경공부 • GBS

2주차 (6회~10회)

내부의 적들과 공동체의 회복

느헤미야 5:1-11 | 새찬송 220장 • 통일 278장

주간 말씀묵상 나눔

지난 한 주간 말씀을 묵상한 것이나 삶에 적용한 것이 있으면 돌아가며 간단히 나누어 봅시다.

• 오늘의 성경공부 목표

공동체 안에서 죄가 발견될 때 우리는 어떻게 문제를 해결하고 상처를 극복할 수 있는지 알아봅시다.

1 그때에 백성들이 그들의 아내와 함께 크게 부르짖어 그들의 형제인 유다 사람들을 원망하는데
2 어떤 사람은 말하기를 우리와 우리 자녀가 많으니 양식을 얻어먹고 살아야 하겠다 하고
3 어떤 사람은 말하기를 우리가 밭과 포도원과 집이라도 저당 잡히고 이 흉년에 곡식을 얻자 하고
4 어떤 사람은 말하기를 우리는 밭과 포도원으로 돈을 빚내서 왕에게 세금을 바쳤도다
5 우리 육체도 우리 형제의 육체와 같고 우리 자녀도 그들의 자녀와 같거늘 이제 우리 자녀를 종으로 파는도다 우리 딸 중에 벌써 종 된 자가 있고 우리의 밭과 포도원이 이미 남의 것이 되었으나 우리에게는 아무런 힘이 없도다 하더라
6 내가 백성의 부르짖음과 이런 말을 듣고 크게 노하였으나
7 깊이 생각하고 귀족들과 민장들을 꾸짖어 그들에게 이르기를 너희가 각기 형제에게 높은 이자를 취하는도다 하고 대회를 열고 그들을 쳐서
8 그들에게 이르기를 우리는 이방인의 손에 팔린 우리 형제 유다 사람들을 우리의 힘을 다하여 도로 찾았거늘 너희는 너희 형제를 팔고자 하느냐 더구나 우리의 손에 팔리게 하겠느냐 하매 그들이 잠잠하여 말이 없기로
9 내가 또 이르기를 너희의 소행이 좋지 못하도다 우리의 대적 이방 사람의 비방을 생각하고 우리 하나님을 경외하는 가운데 행할 것이 아니냐
10 나와 내 형제와 종자들도 역시 돈과 양식을 백성에게 꾸어 주었거니와 우리가 그

이자 받기를 그치자
11 그런즉 너희는 그들에게 오늘이라도 그들의 밭과 포도원과 감람원과 집이며 너희가 꾸어 준 돈이나 양식이나 새 포도주나 기름의 백분의 일을 돌려보내라 하였더니

• **함께 읽어보기**

베드로는 우리의 '대적 마귀가 우는 사자같이 두루 다니며 삼킬 자를 찾는다'고 경고하면서(벧전 5:8) 성도로 살아가는 삶이 녹록지 않음을 보여줍니다. 교회는 그 탄생 때부터 외부와 내부에서 끊임없는 공격을 당해왔습니다. 그리고 그것은 구약성경에 등장하는 느헤미야에게도 마찬가지였습니다. 산발랏 등의 외부 공격을 잘 이겨내자 이번에는 유다 공동체 내부에서 빈곤 문제가 발생하였습니다. 초대교회도 가난한 자들의 구제 문제로 어려움을 겪었습니다(행 6장). 이것은 모든 교회 공동체가 겪는 어려움일 것입니다. 느헤미야는 우리에게 모범 답안을 보여주듯이 당면한 내부의 문제들을 풀어나갑니다. 그는 대수롭지 않게 여기거나 불성실하게 좋은 것이 좋은 거라는 식으로 문제를 넘기지 않았습니다. 느헤미야는 분노하고 절제하고 사람들을 만나 꾸짖으면서 문제들을 직면하고 또 그 문제들을 해결합니다.

도입 질문

1 공동체 내에서 겪은 분열이나 그로 인한 상처가 있었다면 말해 보십시오. 만약 해결되었다면 어떻게 해결하였는지 그것도 함께 나눠 보십시오.

함께 나누기

2 지금 유다 백성들안에서 어떤 일이 일어나고 있습니까? 1절

3 유다 백성들의 지금 당면한 어려움은 무엇입니까? 2, 3, 4절

4 유다 백성들은 양식과 돈을 위해서 결국 무엇을 팔았습니까? 5절

5 유다 공동체에서 드러난 문제로 공동체가 무너지는 위기가 왔습니다. 이에 대해 느헤미야는 어떠한 방식으로 해결하고 있습니까?

6 유다 백성들의 원망을 들은 느헤미야의 반응은 무엇이었습니까? 6절

7 느헤미야가 분노하고 나서 한 행동은 무엇이었습니까? 7, 10, 11절

8 우리의 공동체의 문제들을 생각해 보시고 어떻게 그 문제를 해결해 나가야 할지 고민해 보십시오.

9 오늘 성경공부를 통해서 나누고 싶거나 깨달은 것이 있으면 서로 이야기해 봅시다.

주간 그룹성경공부 • GBS

3주차 (11회~15회)

두려운 상황인 것은 알지만 두려워하지는 않습니다.

느헤미야 6:1-16 | 새찬송 432장 • 통일 462장

주간 말씀묵상 나눔

지난 한 주간 말씀을 묵상한 것이나 삶에 적용한 것이 있으면 돌아가며 간단히 나누어 봅시다.

• 오늘의 성경공부 목표

모함과 핍박 속에서도 두려움 없이 사명을 완수했던 느헤미야의 신앙을 배우도록 합시다.

1 산발랏과 도비야와 아라비아 사람 게셈
과 그 나머지 우리의 원수들이 내가 성
벽을 건축하여 허물어진 틈을 남기지 아
니하였다 함을 들었는데 그때는 내가 아
직 성문에 문짝을 달지 못한 때였더라
2 산발랏과 게셈이 내게 사람을 보내어 이
르기를 오라 우리가 오노 평지 한 촌에
서 서로 만나자 하니 실상은 나를 해하
고자 함이었더라
3 내가 곧 그들에게 사자들을 보내어 이르
기를 내가 이제 큰 역사를 하니 내려가
지 못하겠노라 어찌하여 역사를 중지하
게 하고 너희에게로 내려가겠느냐 하매
4 그들이 네 번이나 이같이 내게 사람을
보내되 나는 꼭 같이 대답하였더니
5 산발랏이 다섯 번째는 그 종자의 손에
봉하지 않은 편지를 들려 내게 보냈는데
6 그 글에 이르기를 이방 중에도 소문이
있고 가스무도 말하기를 너와 유다 사람
들이 모반하려 하여 성벽을 건축한다 하
나니 네가 그 말과 같이 왕이 되려 하는
도다
7 또 네가 선지자를 세워 예루살렘에서 너
를 들어 선전하기를 유다에 왕이 있다
하게 하였으니 지금 이 말이 왕에게 들
릴지라 그런즉 너는 이제 오라 함께 의
논하자 하였기로
8 내가 사람을 보내어 그에게 이르기를 네
가 말한 바 이런 일은 없는 일이요 네
마음에서 지어낸 것이라 하였나니
9 이는 그들이 다 우리를 두렵게 하고자 하
여 말하기를 그들의 손이 피곤하여 역사
를 중지하고 이루지 못하리라 함이라 이
제 내 손을 힘 있게 하옵소서 하였노라
10 이후에 므헤다벨의 손자 들라야의 아들
스마야가 두문불출하기로 내가 그 집에

가니 그가 이르기를 그들이 너를 죽이러
올 터이니 우리가 하나님의 전으로 가서
외소 안에 머물고 그 문을 닫자 저들이
반드시 밤에 와서 너를 죽이리라 하기로
11 내가 이르기를 나 같은 자가 어찌 도망
하며 나 같은 몸이면 누가 외소에 들어
가서 생명을 보존하겠느냐 나는 들어가
지 않겠노라 하고
12 깨달은즉 그는 하나님께서 보내신 바가
아니라 도비야와 산발랏에게 뇌물을 받
고 내게 이런 예언을 함이라
13 그들이 뇌물을 준 까닭은 나를 두렵게
하고 이렇게 함으로 범죄하게 하고 악한
말을 지어 나를 비방하려 함이었느니라
14 내 하나님이여 도비야와 산발랏과 여선
지 노아댜와 그 남은 선지자들 곧 나를
두렵게 하고자 한 자들의 소행을 기억하
옵소서 하였노라
15 성벽 역사가 오십이 일 만인 엘룰월 이
십오 일에 끝나매
16 우리의 모든 대적과 주위에 있는 이방
족속들이 이를 듣고 다 두려워하여 크게
낙담하였으니 그들이 우리 하나님께서
이 역사를 이루신 것을 앎이니라

• 함께 읽어보기

"내가 사망의 음침한 골짜기로 다닐지라도 해를 두려워하지 않을 것은 주께서 나와 함께 하심이라"(시 23:4). 시편 기자는 이 구절에서 자신의 생명이 위협받는 위험한 상황을 "사망의 음침한 골짜기"(the valley of the shadow of death)라는 은유를 통해 묘사합니다. 자신을 죽이려는 적들이 사방으로 매복해 있는 골짜기 사이를 걷고 있다고 상상해 봅시다. 얼마나 두렵겠습니까? 그러나 시편 기자는 두렵지 않다고 말합니다. 그리고 그 이유를 이렇게 밝힙니다. "주께서 나와 함께 하심이라". 오늘 본문에서 느헤미야는 말 그대로 "사망의 음침한 골짜기"를 걷고 있습니다. 주변 국가의 원수들뿐만 아니라 내부의 적으로부터 생명을 위협받고 있었기 때문입니다. 그러나 느헤미야는 두려움 없이 우직하게 성벽 공사를 완수해냅니다. 그 비결이 무엇일까요? 느헤미야는 아마도 이렇게 대답할 것 같습니다. "비결은 간단합니다. 하나님께서 나와 함께하신다는 것을 분명히 알고 있었기 때문입니다."

도입 질문

1 다윗과 골리앗의 싸움을 떠올려 봅시다(삼상 17:40-50). 다윗의 입장에서 골리앗은 대단히 두려워할 만한 상대였습니다. 그러나 다윗은 두려워하지 않았습니다. 그 이유는 무엇일까요?

함께 나누기

2 느헤미야가 허물어진 성벽을 재건하였다는 소식을 누가 들었습니까? 1절

3 산발랏과 게셈은 느헤미야에게 사람을 보내어 어떤 제안을 했습니까? 2절

4 산발랏이 느헤미야에게 보낸 편지에는 어떤 내용이 담겨 있었습니까? 6–7절

5 산발랏이 거짓으로 느헤미야와 유다 백성을 모함하려 했던 이유는 무엇입니까? 9절

6 므헤다벨의 손자 들라야의 아들 스마야가 느헤미야에게 어떤 예언과 제안을 했습니까? 10절

7 스마야의 예언이 거짓이라는 것을 깨달은 느헤미야는 하나님께 어떤 기도를 했습니까? 14절

8 성벽 재건이 끝났다는 소식을 듣게 된 대적들과 이방 족속들의 반응은 어떠하였습니까? 16절

9 산발랏과 도비야를 비롯한 대적들은 느헤미야와 유다 백성을 끊임없이 위협했고, 심지어는 거짓으로 모함했습니다. 충분히 두려워할 만한 상황이었고 느헤미야 역시 그 상황을 잘 알았을 것입니다. 그러나 느헤미야는 두려워하지 않았습니다. 그 이유는 무엇일까요? 각자의 생각을 나누어 봅시다.

10 오늘 성경공부를 통해 나누고 싶거나 깨달은 것이 있으면 이야기해 봅시다.

율법책과 유다 백성들의 회복

느헤미야 8:1-12 | 새찬송 200장 • 통일 235장

주간 말씀묵상 나눔

지난 한 주간 말씀을 묵상한 것이나 삶에 적용한 것이 있으면 돌아가며 간단히 나누어 봅시다.

• 오늘의 성경공부 목표

말씀으로 인해 변화되고 회복된 공동체 안에서의 부흥의 내면을 살펴보고 그것이 주는 유익이 무엇인지 알아봅시다.

1 이스라엘 자손이 자기들의 성읍에 거주하였더니 일곱째 달에 이르러 모든 백성이 일제히 수문 앞 광장에 모여 학사 에스라에게 여호와께서 이스라엘에게 명령하신 모세의 율법책을 가져오기를 청하매

2 일곱째 달 초하루에 제사장 에스라가 율법책을 가지고 회중 앞 곧 남자나 여자나 알아들을 만한 모든 사람 앞에 이르러

3 수문 앞 광장에서 새벽부터 정오까지 남자나 여자나 알아들을 만한 모든 사람 앞에서 읽으매 뭇 백성이 그 율법책에 귀를 기울였는데

4 그때에 학사 에스라가 특별히 지은 나무 강단에 서고 그의 곁 오른쪽에 선 자는 맛디댜와 스마와 아나야와 우리야와 힐기야와 마아세야요 그의 왼쪽에 선 자는 브다야와 미사엘과 말기야와 하숨과 하스밧다나와 스가랴와 므술람이라

5 에스라가 모든 백성 위에 서서 그들 목전에 책을 펴니 책을 펼 때에 모든 백성이 일어서니라

6 에스라가 위대하신 하나님 여호와를 송축하매 모든 백성이 손을 들고 아멘 아멘 하고 응답하고 몸을 굽혀 얼굴을 땅에 대고 여호와께 경배하니라

7 예수아와 바니와 세레뱌와 야민과 악굽과 사브대와 호디야와 마아세야와 그리다와 아사랴와 요사밧과 하난과 블라야와 레위 사람들은 백성이 제자리에 서 있는 동안 그들에게 율법을 깨닫게 하였는데

8 하나님의 율법책을 낭독하고 그 뜻을 해석하여 백성에게 그 낭독하는 것을 다 깨닫게 하니

9 백성이 율법의 말씀을 듣고 다 우는지라

총독 느헤미야와 제사장 겸 학사 에스라
와 백성을 가르치는 레위 사람들이 모든
백성에게 이르기를 오늘은 너희 하나님
여호와의 성일이니 슬퍼하지 말며 울지
말라 하고
10 느헤미야가 또 그들에게 이르기를 너희
는 가서 살진 것을 먹고 단 것을 마시되
준비하지 못한 자에게는 나누어 주라 이
날은 우리 주의 성일이니 근심하지 말라
여호와로 인하여 기뻐하는 것이 너희의
힘이니라 하고
11 레위 사람들도 모든 백성을 정숙하게 하
여 이르기를 오늘은 성일이니 마땅히 조
용하고 근심하지 말라 하니
12 모든 백성이 곧 가서 먹고 마시며 나누어
주고 크게 즐거워하니 이는 그들이 그 읽
어 들려준 말을 밝히 앎이라

• 함께 읽어보기

조나단 에드워즈의 책 '놀라운 부흥과 회심 이야기'에는 부흥의 시기를 살아간 두 사람이 나옵니다. 그 중 한 명이 피비라는 네 살짜리 여자아이인데 부흥의 시기에 피비에게 찾아온 말씀이 그 아이를 어떻게 변화시키는지 깊이 들여다볼 수 있습니다. 말씀과 함께 처음으로 피비의 마음에 찾아온 것은 기쁨이 아니라 두려움이었습니다. 본문 속 유다 백성들도 그와 같은 이유로 울었을 것입니다. 율법을 깨달으면 내가 그 율법을 지키지 못하는 존재라는 죄책감과 함께 심판의 대상이라는 사실에 대한 두려움과 슬픔이 먼저 찾아옵니다. 유다 백성들이 율법을 들었을 때 이스라엘은 모두 패역한 백성이었다는 것, 그래서 하나님께서 그들을 이방 민족에게 넘겨주었다는 것을 알게 되었습니다. 그렇다고 말씀은 심판만을 말하는 것이 아닙니다. 그들은 말씀을 통한 회개로 하나님 은혜를 깨닫고 그 안에 자유와 기쁨을 경험했습니다. 네 살짜리 피비도 곧 그 자유와 기쁨을 누리며 참된 예배를 소망하게 됩니다.

도입 질문

1 가장 좋았던 말씀을 떠올려 보십시오. 또는 말씀을 읽었을 때 감격했던 적이 있다면 이야기해 보십시오.

함께 나누기

2 지금 모든 백성이 수문 앞 광장에 모이고 있는 때는 언제입니까? 1절

3 모세의 율법을 가져오기를 청한 사람들은 누구입니까? 1절

4 율법책을 듣기 위해 모인 사람들은 누구입니까? 3절

5 성경에서 발견하거나 교회의 역사에 나타난 부흥의 모습을 보면서 우리의 공동체에 적용할 수 있는 것들이 있다면 어떤 것들이 있습니까?

6 13명의 사람들과 레위 사람들이 백성들에게 한 일은 무엇이었습니까? 7, 8절

7 율법을 배우고 들은 백성들의 반응은 어떠했습니까? 9절

8 우리는 우리의 예배에서 어떠한 것을 기대하거나 소망할 수 있습니까?

9 오늘 성경공부를 통해 나누고 싶거나 깨달은 것이 있으면 이야기해 봅시다.

주간 그룹성경공부 • GBS

5주차 (21회~25회)

굳은 맹세의 언약

느헤미야 10:28-39 | 새찬송 218장 • 통일 369장

주간 말씀묵상 나눔

지난 한 주간 말씀을 묵상한 것이나 삶에 적용한 것이 있으면 돌아가며 간단히 나누어 봅시다.

• 오늘의 성경공부 목표

힘든 상황에서도 하나님과의 언약을 우선시했던 이스라엘 백성들의 신앙을 본받도록 합시다.

28 그 남은 백성과 제사장들과 레위 사람들과 문지기들과 노래하는 자들과 느디님 사람들과 및 이방 사람과 절교하고 하나님의 율법을 준행하는 모든 자와 그들의 아내와 그들의 자녀들 곧 지식과 총명이 있는 자들은

29 다 그들의 형제 귀족들을 따라 저주로 맹세하기를 우리가 하나님의 종 모세를 통하여 주신 하나님의 율법을 따라 우리 주 여호와의 모든 계명과 규례와 율례를 지켜 행하여

30 우리의 딸들을 이 땅 백성에게 주지 아니하고 우리의 아들들을 위하여 그들의 딸들을 데려오지 아니하며

31 혹시 이 땅 백성이 안식일에 물품이나 온갖 곡물을 가져다가 팔려고 할지라도 우리가 안식일이나 성일에는 그들에게서 사지 않겠고 일곱째 해마다 땅을 쉬게 하고 모든 빚을 탕감하리라 하였고

32 우리가 또 스스로 규례를 정하기를 해마다 각기 세겔의 삼분의 일을 수납하여 하나님의 전을 위하여 쓰게 하되

33 곧 진설병과 항상 드리는 소제와 항상 드리는 번제와 안식일과 초하루와 정한 절기에 쓸 것과 성물과 이스라엘을 위하는 속죄제와 우리 하나님의 전의 모든 일을 위하여 쓰게 하였고

34 또 우리 제사장들과 레위 사람들과 백성들이 제비 뽑아 각기 종족대로 해마다 정한 시기에 나무를 우리 하나님의 전에 바쳐 율법에 기록한 대로 우리 하나님 여호와의 제단에 사르게 하였고

35 해마다 우리 토지소산의 만물과 각종 과목의 첫 열매를 여호와의 전에 드리기로 하였고

36 또 우리의 맏아들들과 가축의 처음 난 것과 소와 양의 처음 난 것을 율법에 기록된 대로 우리 하나님의 전으로 가져다

가 우리 하나님의 전에서 섬기는 제사장
들에게 주고
37 또 처음 익은 밀의 가루와 거제물과 각
종 과목의 열매와 새 포도주와 기름을
제사장들에게로 가져다가 우리 하나님
의 전의 여러 방에 두고 또 우리 산물의
십일조를 레위 사람들에게 주리라 하였
나니 이 레위 사람들은 우리의 모든 성
읍에서 산물의 십일조를 받는 자임이며
38 레위 사람들이 십일조를 받을 때에는 아
론의 자손 제사장 한 사람이 함께 있을
것이요 레위 사람들은 그 십일조의 십분
의 일을 가져다가 우리 하나님의 전 곳
간의 여러 방에 두되
39 곧 이스라엘 자손과 레위 자손이 거제로
드린 곡식과 새 포도주와 기름을 가져다
가 성소의 그릇들을 두는 골방 곧 섬기
는 제사장들과 문지기들과 노래하는 자
들이 있는 골방에 둘 것이라 그리하여
우리가 우리 하나님의 전을 버려두지 아
니하리라

• 함께 읽어보기

우리나라에서는 어린아이는 물론이고 심지어 어른도 "새끼손가락을 걸고 약속해!"라는 말을 종종 사용합니다. 영어권에 사는 사람들도 "pinky promise" 혹은 "pinky swear"이라는 말을 사용하는 것으로 보아 단지 우리나라만의 관습은 아닐 것입니다. 보통 새끼손가락의 약속은 '절대 어겨서는 안 되는 약속'을 상징합니다. 그러므로 어떤 의미에서 새끼손가락의 약속은 그 약속을 반드시 지키겠다는 맹세와도 같습니다. 오늘 본문은 이스라엘 백성들이 하나님과 세운 언약을 소개하며 "저주로 맹세하기를"(29절)이라는 표현을 사용합니다. 어떤 의미에서 이것은 이스라엘 백성들이 하나님과 일종의 새끼손가락 맹세를 했다는 것을 의미합니다. 백성들이 하나님께 했던 맹세는 무엇일까요? 그들은 어떤 마음으로 그런 맹세를 했을까요? 함께 말씀을 살펴봅시다.

도입 질문

1 "타협하지 않는 신앙"이란 무엇입니까? 각자의 생각을 나누어 봅시다.

함께 나누기

2 하나님과의 언약에 인봉한 사람들은(참고. 9:28-38) 어떻게 맹세했습니까? 29절

3 이스라엘 백성들은 결혼에 관하여 어떤 맹세를 했습니까? 30절

4 이스라엘 백성들은 안식일과 일곱째 해(안식년)에 관하여 어떤 맹세를 했습니까? 31절

5 이스라엘 백성들은 하나님의 성전을 섬기기 위해 어떤 맹세를 했습니까? 32-33절

6 이스라엘 백성들은 하나님께 드리는 첫 열매에 관해 어떤 맹세를 했습니까? 35-37a절

7 이스라엘 백성들은 십일조에 관해 어떤 맹세를 했습니까? 37b-38절

8 느헤미야가 성벽을 재건하던 당시 이스라엘 백성들은 경제적, 사회적인 어려움을 겪고 있었습니다. 어쩌면 그런 어려움 때문에 율법을 제대로 지킬 수 없었다고 변명하고 타협할 수도 있었을 것입니다. 그런데 오늘 본문에서 이스라엘 백성들은 오히려 희생을 감수하고 하나님 앞에서 굳은 맹세의 언약을 세웁니다. 이러한 신앙이 오늘날 그리스도인들에게 주는 교훈은 무엇입니까? 각자의 생각을 나누어 봅시다.

9 오늘 성경공부를 통해 나누고 싶거나 깨달은 것이 있으면 이야기해 봅시다.

느헤미야의 개혁

느헤미야 13:1-9 | 새찬송 529장 • 통일 319장

주간 말씀묵상 나눔

지난 한 주간 말씀을 묵상한 것이나 삶에 적용한 것이 있으면 돌아가며 간단히 나누어 봅시다.

• 오늘의 성경공부 목표

개혁을 단행한 유다 백성 가운데 다시 죄가 들어왔을 때 죄의 모습을 처단하고 다시 개혁을 실천하는 느헤미야를 보며 우리가 다시 우리 자신을 돌아봐야 할 부분은 무엇인지 생각해 봅시다.

1 그날 모세의 책을 낭독하여 백성에게 들렸는데 그 책에 기록하기를 암몬 사람과 모압 사람은 영원히 하나님의 총회에 들어오지 못하리니
2 이는 그들이 양식과 물로 이스라엘 자손을 영접하지 아니하고 도리어 발람에게 뇌물을 주어 저주하게 하였음이라 그러나 우리 하나님이 그 저주를 돌이켜 복이 되게 하셨다 하였는지라
3 백성이 이 율법을 듣고 곧 섞인 무리를 이스라엘 가운데에서 모두 분리하였느니라
4 이전에 우리 하나님의 전의 방을 맡은 제사장 엘리아십이 도비야와 연락이 있었으므로
5 도비야를 위하여 한 큰 방을 만들었으니 그 방은 원래 소제물과 유향과 그릇과 또 레위 사람들과 노래하는 자들과 문지기들에게 십일조로 주는 곡물과 새 포도주와 기름과 또 제사장들에게 주는 거제물을 두는 곳이라
6 그때에는 내가 예루살렘에 있지 아니하였느니라 바벨론 왕 아닥사스다 삼십이년에 내가 왕에게 나아갔다가 며칠 후에 왕에게 말미를 청하고
7 예루살렘에 이르러서야 엘리아십이 도비야를 위하여 하나님의 전 뜰에 방을 만든 악한 일을 안지라
8 내가 심히 근심하여 도비야의 세간을 그 방 밖으로 다 내어 던지고
9 명령하여 그 방을 정결하게 하고 하나님의 전의 그릇과 소제물과 유향을 다시 그리로 들여놓았느니라

• **함께 읽어보기**

'밑 빠진 독에 물 붓기'라는 속담이 있습니다. 항아리에 물을 채웠지만, 항아리 밑이 깨져 금세 물이 빠져 버린 모습처럼 문제의 원인이 해결되지 않은 모습을 보고하는 말입니다. 이 속담처럼, 느헤미야와 백성들이 말씀을 읽고 개혁을 단행하는 모습도 나오지만, 개혁을 함께 주도해야 할 대제사장 엘리아십이 암몬 사람 도비야에게 성전의 방을 내주는 죄를 짓는 모습을 보게 됩니다. 느헤미야는 전문 종교인이 아니었습니다. 오히려 종교적인 일을 담당하는 것은 제사장 엘리아십입니다. 느헤미야가 제사와 성전 관리를 맡아 말씀대로 일해야 할 제사장이 이런 일을 한 것을 알았을 때 얼마나 화가 나고 낙심이 됐을까 생각해 봅니다. 하지만, 느헤미야는 '하나님의 전'을 위해 '근심'하는 모습을 보여줍니다. 하나님의 전을 위한 진심을 가지고 개혁을 단행하는 것입니다. 그는 하나님의 전을 정결하게 하고 원래 있어야 할 것들을 돌려놓습니다.

도입 질문

1 무언가 열심히 해 놓은 일이 수포로 돌아갔을 때, 다시 그 일을 진행하기 위해 애써본 경험이 있습니까?

함께 나누기

2 '그날'은 어떤 날을 말합니까? 1절, 12장 27절 참조

3 모세의 책을 낭독하여 백성들이 특별히 알게 된 사실은 무엇입니까? 1절

4 백성들이 이 사실을 깨닫고 어떤 반응을 보입니까? 3절

5 말씀을 듣고 깨달았을 때 바로 뉘우치고 행동을 바꾼 일이 있습니까? 언제 그렇게 할 수 있었습니까?

6 제사장 엘리아십이 도비야에게 어떤 것을 제공했습니까? 4,5절

7 이런 일이 가능했던 이유를 무엇이라 덧붙이고 있습니까? 6절

8 엘리아십이 한 악한 일을 알게 된 느헤미야는 "심히 근심"했다고 이야기 합니다. 8절 그리고 근심에 그치지 않고 성전을 정결케 하고 다시 원래대로 하나님의 전을 회복합니다. 9절 내 삶 속에서 하나님과 나 사이를 가로 막는 일에 대해 나는 '근심'의 마음을 가지고 있습니까?

9 오늘 성경공부를 통해 나누고 싶거나 깨달은 것이 있으면 이야기해 봅시다.

권 별 주 삶

아가페 주삶 GBS 해설서

- 1주(1회–5회) _ 느헤미야 2:1–9
  기도와 기회
- 2주(6회–10회) _ 느헤미야 5:1–11
  내부의 적들과 공동체의 회복
- 3주(11회–15회) _ 느헤미야 6:1–16
  두려운 상황인 것은 알지만 두려워하지는 않습니다.
- 4주(16회–20회) _ 느헤미야 8:1–12
  율법책과 유다 백성들의 회복
- 5주(21회–25회) _ 느헤미야 10:28–39
  굳은 맹세의 언약
- 6주(26회–30회) _ 느헤미야 13:1–9
  느헤미야의 개혁

1 가이드》 과거에 무엇을 기도했는지 한번 떠올려 봅시다. 기도에 대한 확신이 있다면 우리는 무엇을 기도했는지 또 그 기도의 응답을 어떻게 받았는지 정확하게 기억하고 알고 있을 것입니다.

2 답》 당시 신하는 왕 앞에서 얼굴에 근심을 보이면 안 되었기 때문

해설》 느헤미야는 술 맡은 관원으로 왕을 술로 섬기고 옆에서 그의 근심을 덜어 주는 역할을 해야 했습니다. 그런 그가 먼저 얼굴에 근심을 가지고 있다는 것은 왕의 신하로서 있을 수 없는 일이었습니다. 그런데 그것을 왕에게 들켰기 때문에 놀랐을 것입니다. 그뿐만 아니라 느헤미야는 그의 기도에 응답하며 역사하시는 하나님으로 인해서도 두려웠을 것입니다.

3 답》 조국의 땅 예루살렘이 황폐하고 성문이 불탔기 때문

해설》 느헤미야는 왕에게 예루살렘 성의 이름을 말하지 않고 '내 조상들의 묘실이 있는 성읍'이라고 두 번이나 반복하며 지혜롭게 이야기합니다. 그의 부탁은 언뜻 왕의 정책을 반대하는 것처럼 보일 수도 있는데, 그는 '내 조상들의 묘실이 있는 성읍'이라고 표현함으로써 훨씬 더 인간적인 공감을 끌어내고 있습니다.

4 답》 하나님께 묵도(기도)하였다.

해설》 느헤미야가 예루살렘의 소식을 들은 지 넉 달이 지났습니다. 그는 아마도 이 넉 달 동안 지속해서 기도해왔을 것입니다. 그런데도 그는 왕에게 원하는 것을 말할 기회가 주어졌을 때 다시 한번 기도합니다. 왜냐하면 느헤미야는 이 모든 일이 하나님의 손에 달려 있다는 것을 믿었기 때문입니다.

5 가이드》 우리의 위대한 신앙 선배들의 공통점이 하나가 있다면 무릎을 꿇는 시간이 많았다는 것입니다. 사도 야고보의 별명은 '낙타 무릎'이었습니다. 그의 무릎이 낙타 무릎처럼 변할 정도로 매일 오랜 시간을 기도했다는 것을 알 수 있습니다. 느헤미야도 어려움이 닥쳤을 때 기도로 시작했습니다. 기도는 무기력한 자가 마지막으로 기댈 수 있는 보험 같은 것이 아니라, 전능하신 하나님을 움직이는 가장 강력한 무기입니다.

6 답》 ⑴성을 건축하기 위해 예루살렘으로 보내줄 것, ⑵통행 허가증, ⑶건축에 필요한 재목

해설》 그의 대답은 놀라울 정도로 치밀하고 잘 준비되어 있었습니다. 성전 건축을 위해 보내 달라고 요청하는 것만이 아니라, 느헤미야는 가는 도중에 필요한 서류와 건축을 위해 필요한 재료들과 그것을 어떻게 준비할 수 있는지 철저히 조사해 놓았습니다. 그것은 하나님이 반드시 기도에 응답하신다는 확신이 있었기에 가능한 일이었습니다.

7 답》 하나님의 선한 손이 그를 도왔기 때문

해설》 느헤미야는 왕의 질문에 무엇이라고 대답해야 할지 그리고 예루살렘의 성을 다시 건축하기 위해서 무엇이 필요한지 치밀하게 조사해서 준비하고 있었습니다. 하지만 일의 성공은 자신의 능력과 노력에 의해서가 아니라 하나님께만 달려 있다는 것을 알고 있었습니다. 그렇기에 일이 성공한 이후에도 잊지 않고 그것을 기록해 놓았습니다.

8 가이드》 느헤미야는 기도의 사람이었습니다. 그리고 그는 성실하게 그의 일을 준비하는 사람이기도 하였습니다. 그는 기도한 이후에 많은 것을 준비해 왔기 때문에 왕의 질문에도 철저하게 대답할 수 있었고 주어진 기회는 성공으로 이어졌습니다. 느헤미야가 열심히 노력하여 성공한 것이 아니라 하나님께서 역사하신다는 믿음이 있었기 때문에 기도했고 또 확신을 가지고 열심히 준비할 수 있었던 것입니다.

1 가이드》 아무리 좋아 보이는 공동체에도 문제는 있습니다. 심지어는 초대교회조차 많은 문제를 안고 있었습니다. 중요한 것은 그 문제를 발견하고 해결하는 것입니다. 이번 시간에는 공동체의 문제를 발견해 보고 어떻게 해결하면 좋을지 고민해 보십시오.

2 답》 유다 형제들 안에서 서로 원망하고 있다.

해설》 산발랏 등의 외부 공격을 해결하자 이번에는 유다 내부에서 문제들이 나타납니다. 그들은 외적이 아니라 내부의 형제들에게 원망을 쏟아내고 있습니다. 그리고 이례적으로 그들의 아내들까지 나타나서 같이 크게 부르짖으며 원망을 합니다.

3 답》 양식과 돈의 부족

해설》 최근까지 성벽을 세우느라 농사를 짓는데 남자들이 부족했기 때문에 그들의 가족들이 먹고살 양식이 부족했고 세금을 낼 돈도 없었습니다. 설상가상으로 흉년까지 찾아왔습니다. 그들이 할 수 있는 유일한 방법은 돈에 여유가 있는 다른 유다 형제들에게 밭과 포도원과 집을 담보로 돈을 꾸는 것이었습니다.

4 답》 밭과 포도원과 자녀들

해설》 유다 백성들은 부족한 양식과 돈을 얻기 위해서 밭과 포도원과 집을 저당 잡혔습니다. 그런데 흉년이 찾아왔고 돈을 갚지 못하자 그것들을 빼앗기게 되었습니다. 그런데 더 비극적인 것은 자녀들까지 노예로 팔게 되었는데 그 모든 것들은 율법이 금지한 것이었습니다.

5 가이드》 본문에서 드러난 유다 공동체의 문제는 빈곤으로 인해 서로를 향한 원망이 있다는 것입니다. 느헤미야는 원망하는 것을 꾸짖지는 않았습니다. 공동체 안에서 죄가 있고 그로 인하여 상처가 생긴다면 원망하는 것이 당연합니다. 공동체는 먼저 그 원망을 들어주고 죄가 있다면 찾아야 합니다. 공동체는 죄의 결과로 인한 고통을 개인 혼자 감당하도록 방치해서는 안 됩니다.

6 답》 느헤미야가 분노하였다.

해설》 죄에 대한 하나님과 의인의 반응은 분노입니다. 죄에 대해서 냉담하거나 대수롭지 않게 넘어가는 것은 오히려 정의롭지 못한 행동입니다. 느헤미야는 유다 백성들의 죄를 듣고 크게 노하였습니다. 그것이 바로 기독교 공동체의 지도자들이 아무런 힘이 없어 억울한 일을 겪는 자들을 위해서 해야 하는 첫 번째 일입니다.

7 답》 느헤미야는 깊이 생각하고 귀족들과 민장들을 꾸짖었으며 이자를 받지 않고 받은 것은 돌려주도록 했다.

해설》 느헤미야는 분노했지만 지혜롭지 못하게 분출하지 않고 스스로 깊이 생각하는 시간을 가졌습니다. 그리고 그는 잘못한 사람을 찾아서 꾸짖었는데 지위가 높다고 봐주지 않았습니다. 그러나 그는 말로 끝내지 않고 억울한 백성들이 재물을 다시 돌려받도록 잘못된 것들을 바로잡았습니다.

8 가이드》 공동체의 문제들을 발견하였다면 이제는 어떻게 그 문제를 해결해야 할지 고민해봐야 합니다. 느헤미야는 아마도 율법책을 펼치고 고민한 것 같습니다. 가난한 자의 물건을 다음 날이 될 때까지 저당 잡는 것은 율법이 금지하는 일이었습니다(신 24:10-13). 동족의 자녀를 파는 것도 율법이 금지하는 일입니다. 우리는 공동체의 문제를 말씀의 기준으로 발견하고 해결할 수 있도록 해야 합니다.

*서로 기도 제목을 나누면서 뒤에 있는 기도 노트를 활용하십시오(p.154-157).

1 가이드》 만약 다윗 혼자였다면 무척 두려운 상황이었을 것입니다. 그러나 골리앗을 마주했던 그때 다윗은 든든한 하나님과 함께 있었습니다. 이것은 비단 다윗의 이야기만은 아닐 것입니다. 두려운 상황이 닥치더라도 내가 의지할 누군가와 함께 있다면 두렵지 않을 때가 종종 있기 때문입니다. 우리의 삶 속에 하나님의 동행하심으로 두려움을 이긴 순간이 있다면 함께 나누어 봅시다.

2 답》 산발랏과 도비야와 아라비아 사람 게셈과 그 나머지 원수들

해설》 "산발랏" 총독과 그의 종인 "도비야"는 각각 유다 북쪽 사마리아 지역과 동쪽 암몬 지역의 실력자였고(2:9-10), "게셈"은 유다 남쪽 아라비아 지역을 다스리는 족장이었습니다(2:19). 다시 말해, 당시 느헤미야는 성벽의 재건을 달갑게 여기지 않았던 북쪽(산발랏), 동쪽(도비야), 남쪽(게셈)의 원수들에 둘러싸여 위협을 받고 있던 것입니다.

3 답》 오노 평지 한 촌에서 만나자

해설》 오노 평지는 예루살렘의 북서쪽으로 약 30km 떨어진 곳, 즉 이스라엘 영토의 끝자락에 자리 잡고 있던 장소였습니다. 산발랏과 게셈은 느헤미야를 예루살렘에서 최대한 멀리 떨어진 곳으로 불러내서 죽이려 했지만, 느헤미야는 그들의 음모를 이내 알아챕니다. 느헤미야가 주변 원수들을 향한 경계심을 항상 유지했기 때문일 것입니다.

4 답》 느헤미야와 유다 사람들이 모반하려 하여 성벽을 건축한다, 느헤미야가 선지자를 세워 자신을 유다의 왕으로 선전하였다.

해설》 만약 느헤미야가 왕이 되려고 한다는 거짓 소문이 바사 제국의 왕(아닥사스다)의 귀에 전해지고 사실로 받아들여진다면, 느헤미야는 반역을 꾀한 죄인이 되어 처형을 당하고 유다 백성 또한 제국의 심판을 받게 될 것입니다. 즉, 산발랏의 편지에는 느헤미야뿐만 아니라 유다 백성 전체의 생명과 안전을 위협하는 그럴듯한 모함이 담겨 있던 것입니다.

5 답》 느헤미야와 유다 사람들을 두렵게 하여 성벽 건축을 중지하게 하려고

해설》 산발랏은 느헤미야가 자신이 만든 거짓 소문을 듣고 두려워하여 성벽 재건 공사를 중단하기를 원했습니다. 그러나 느헤미야는 요동하지 않고 산발랏의 모함을 일축합니다. "네가 말한 바 이런 일은 없는 일이요 네 마음에서 지어낸 것이라"(8절). 느헤미야의 이러한 의연함은 하나님을 깊이 의지하는 믿음에서 나왔을 것입니다. "내가 하나님을 의지하였은즉 두려워하지 아니하리니 사람이 내게 어찌하리이까"(시 56:11).

6 답》 산발랏과 도비야가 느헤미야를 죽이러 올 것이라고 예언하고, 하나님의 전으로 가서 외소 안에 머물자는 제안을 했다.

해설》 모세의 율법은 생명의 위협을 받는 위급한 상황에는 성전으로 피신할 수 있다고 말하기 때문에(출 21:13), 스마야의 제안은 정당해 보입니다. 만약 느헤미야가 실제로 누군가에게 쫓겨 생명의 위협을 받는 상황이었다면 성소에 들어갈 수 있겠지만, 거짓 예언을 듣고 두려움에 사로잡혀 성소에 들어간다면 그것은 율법을 어긴 것이 됩니다(민 18:7). 산발랏과 도비야는 이러한 점을 교묘히 이용하여 느헤미야가 율법을 어기는 죄를 짓도록 유도하려 했던 것입니다.

7 답》 "나를 두렵게 하고자 한 자들의 소행을 기억하옵소서"

해설》 "여선지 노아댜와 그 남은 선지자들 곧 나를 두렵게 하고자 한 자들"이라는 구절은 당시 느헤미야가 몇몇 유다 선지자들의 음모와 위협으로 인해 어려움을 겪었다는 것을 짐작하게 해 줍니다. 느헤미야는 유다의 총독이었고, 뇌물을 받은 스마야뿐만 아니라 성벽 재건을 방해하는 다른 선지자들을 직접 처벌할 수 있었을 것입니다. 그러나 느헤미야는 하나님께서 직접 그들의 소행을 심판하실 것을 구했습니다. 원수를 갚는 것이 하나님께 있다는 율법의 말씀을 기억했기 때문일 것입니다(신 32:35; 시 94:1; 롬 12:19).

8 답》 하나님께서 그 모든 일을 이루신 것을 알고 두려워하고 크게 낙담하였다.

해설》 온갖 방해에도 불구하고 하나님께서 유다 백성을 통해 성벽의 재건을 완벽히 성취하셨다는 사실을 목격한 느헤미야의 대적들은 두려움에 떨었습니다. 그토록 느헤미야를 두렵게 하려 애를 썼지만, 아이러니하게도 두려움에 떠는 사람은 느헤미야가 아닌 그들 자신이었던 것입니다. "낙담하였으니"에 해당하는 원어 구절을 직역하면 "그들이 자신들의 눈앞에서 완전히 넘어졌다"입니다. 하나님을 대적하는 자는 결국 "완전히" 넘어지게 된다는 것을 늘 기억하도록 합시다.

9 가이드》 느헤미야는 대적들과 비교되지 않을 만큼 강한 하나님이 자신과 함께하신다는 사실을 확신했을 것입니다. 하나님께 받은 사명을 감당하며 살아가는 동안 우리는 종종 누가 봐도 두려워할 만한 상황을 마주하기도 합니다. 그러나 믿음의 백성은 그 상황에서도 두려움을 이기고 담대할 수 있습니다. 전능하신 하나님께서 모든 상황 가운데 나와 함께하신다는 믿음만 있다면 말입니다.

1 가이드》 기독교에 있어서 가장 중요한 것을 꼽으라면 하나님의 말씀일 것입니다. 하나님의 말씀인 성경은 하나님의 감동으로 쓰였기 때문에 말씀을 이해하고 읽는다면 우리에게도 감동이 될 수밖에 없습니다.

2 답》 일곱째 달

해설》 이스라엘에게 있어서 이달은 아주 중요한 달입니다. 이달의 첫날은 나팔절이며 열흘날은 속죄일이고 열닷샛날은 초막절이 시작하는 날입니다. 즉 그들의 중요한 절기들이 모여 있는 가장 중요한 달이라고 볼 수 있습니다. 이러한 때에 그들에게 새로운 변화가 시작되고 있습니다.

3 답》 유다의 백성들(이스라엘 자손들)

해설》 이 모임이 놀라운 것은 지도자들이 인위적으로 만든 것이 아니라 백성들이 한마음으로 모였으며 또한 자발적으로 율법책을 가져오기를 청했다는 것입니다. 부흥의 때는 공동체적으로 하나님의 말씀을 들을 준비가 이루어집니다.

4 답》 알아들을 만한 모든 사람

해설》 이스라엘의 중요한 모임은 주로 성인 남자들로 이루어집니다. 그러나 이번 모임은 특별히 말씀을 들을 수 있는 모든 사람인데 여자들도 모였고 나이가 어린 사람도 포함된 것 같습니다. 부흥의 때에는 남녀노소의 구분 없이 다수가 적극적으로 말씀에 귀를 기울입니다.

5 가이드》 부흥의 때는 지속되는 것이 아니고 역사 속에 잠깐 나타났다가 사라집니다. 그러나 그 부흥의 모습은 우리에게 참된 기독교 공동체의 모습은 어떠해야 하는지 보여줌으로 우리의 할 일을 지도해 줍니다. 우리는 그 모습을 들여다보고 말씀을 보며 기도하게 됩니다. 우리에게도 그러한 부흥이 있도록 소망하며 살아가게 되는 것입니다.

6 답》 백성들에게 율법책을 낭독해 주고 뜻을 해석해서 깨닫게 하였다.

해설》 하나님이 우리에게 성경을 주신 이유는 주술책처럼 이해하지도 못하면서 중얼거리는데 있지 않고 성경 안에 있는 모든 내용을 읽고 깨닫도록 한 것입니다. 그러기에 모든 기독교인은 마땅히 성경을 읽고 배워서 깨달아야 합니다.

7 답》 유다 백성들이 슬퍼하며 울었다.

해설》 하나님의 말씀을 듣고 깨달은 첫 반응은 내가 죄인이라는 것과 따라서 하나님의 진노와 심판의 대상이라는 것입니다. 유다 백성들의 반응도 마찬가지였습니다. 그렇기에 그들은 말씀을 읽고 깨닫자 그들과 그들의 조상들의 죄를 깨닫게 되고 이방인에게 나라를 빼앗긴 것이 마땅하다는 것을 알게 된 것입니다. 유다 백성들은 말씀을 통해 진정한 회개를 하게 되었습니다.

8 가이드》 율법 즉 하나님의 말씀은 우리의 죄를 깨닫게 하지만 그것이 다가 아닙니다. 유다 백성의 지도자들은 올바른 깨달음을 가지고 백성들을 바른길로 인도하였습니다. 그들은 율법이 가리키는 것이 결코 심판과 정죄가 아니라 진정한 회개, 즉 하나님의 은혜를 통한 구원이라는 것을 알고 백성들을 이끌었습니다. 그렇기에 우리도 예배를 통해서 기쁨을 누릴 수 있는 것입니다.

*서로 기도 제목을 나누면서 뒤에 있는 기도 노트를 활용하십시오(p.154-157).

1 가이드》 세상의 위협이나 비난을 의식하여 일시적으로, 혹은 지속해서 그리스도인으로 사는 삶을 외면하는 경우를 가리켜 "타협하는 신앙"이라 할 수 있을 것입니다. 그렇다면 반대로 자신이 생각하는 '타협하지 않는 신앙'이란 어떤 것일지 자신의 생각을 나눠 봅시다.

2 답》 하나님의 율법을 지켜 행하겠다고 저주로 맹세했다.

해설》 이스라엘 백성들은 하나님과의 언약을 어긴 자들에게 저주가 임한다는 율법의 내용을 잘 알고 있었습니다(참고. 신 28:15-68). 그러므로 그들이 '저주로 맹세했다'는 것은 언약을 위반할 경우 하나님으로부터 어떤 처벌도 기꺼이 받겠다는 굳은 의지를 표현했다는 것을 의미합니다.

3 답》 자녀들을 이방인과 결혼시키지 않겠다는 맹세

해설》 당시 이스라엘 백성 가운데 율법을 무시하고 이방인과 결혼하는 사람들이 있었습니다. 이러한 악습은 느헤미야 때뿐만 아니라, 그 이전에도 존재했습니다(스 9:1-2). 여기서 "이 땅 백성"은 이방인을 가리킵니다. 율법이 이방인과의 결혼을 금지하는 것(신 7:3-4)을 잘 알고 있음에도 불구하고 그러한 악습을 근절하지 않았다는 것은 당시 백성들의 신앙적 나태함을 보여줍니다.

4 답》 안식일에 이방인에게 물품과 곡물을 사는 행위를 하지 않겠다/ 안식년에 땅을 쉬게 하고 모든 빚을 탕감하겠다.

해설》 당시는 3차례에 걸친 바벨론 포로 귀환이 끝난 직후였고 농업과 상업이 아직 충분히 회복되지 않은 상황이었습니다. 자연히 백성들은 부족한 물품과 곡물을 이방인과의 교역을 통해 충당했을 것인데, 교역의 시급함 때문에 백성들이 안식일에 관한 율법(출 20:8-11)을 어기고 이방인과 교역을 했던 것으로 보입니다. 그뿐 아니라 당장 먹을 것이 부족한 상황에서 7년에 한 번씩 경작하던 땅을 쉬게 해야 한다는 안식년의 규례(레 25:1-7)를 지키지 못했을 것입니다.

5 답》 해마다 각 세겔의 삼분의 일을 수납하여 성전 봉사를 위해 사용하겠다.

해설》 바사 왕 고레스, 다리오, 아닥사스다의 조서(스 6:1-15)에 근거해서 생각해 볼 때, 성전에서 쓰이는 비용은 대부분 바사 제국에서 조달되었을 가능성이 큽니다. 그런데 백성들은 당시 경제적으로 어려움을 겪고 있음에도 불구하고 해마다 성전세를 내서 성전에서 쓰이는 비용을 충당하겠다는 어려운 결심을 합니다. "우리가 우리 하나님의 전을 버려두지 아니하리라"(10:39b)는 구절에 비추어 추측해 볼 때, 아마도 바사 제국의 지원이 당시 중단되었거나 충분하지 않아서 성전이 마치 버려져 있는 것처럼 방치되었기 때문일 것입니다.

6 답》 해마다 토지 소산의 만물과 첫 열매를 하나님의 전에 드리고, 가축의 처음 난 것을 하나님의 전에 가져가 제사장들에게 주겠다.

해설》 이것은 첫 열매에 대한 율법의 요구(출 13:1-15; 민 18:12-15)를 잘 이행하겠다는 맹세입니다. 첫 열매를 바치는 관습은 출애굽 당시 하나님께서 애굽의 장자와 가축의 처음 난 새끼를 죽이셨던 때에 이스라엘 백성들을 구별하여 그 재앙을 피하게 하셨던 사건(출 12:27-30; 민 8:17)에서 유래했습니다.

7 답》 산물의 십일조를 레위 사람들에게 주겠다.

해설》 이스라엘의 다른 지파들과는 달리 대부분의 레위 사람들은 농사지을 땅을 소유하지 않았고(민 18:20-24), 백성들이 바치는 십일조로 생계를 유지했습니다. 당시 경제적으로 무척 어려운 시기를 겪고 있었던 백성들은 십일조를 제대로 바칠 수 없었을 것이고, 자연히 레위 사람들의 생활도 어려웠을 것입니다.

8 가이드》 습관적으로 타협하는 사람은 눈앞에 어려운 상황이 다가오면 상황에 휘둘리는 삶을 살다가 결국은 신앙도 잃게 될 것입니다. 그러나 어려운 상황에도 타협하지 않고, 희생을 감수하면서까지 순종함으로 믿음을 지키는 사람은 결국 시련을 이기고 정금같이 나오게 될 것입니다. "내가 가는 길을 그가 아시나니 그가 나를 단련하신 후에는 내가 순금 같이 되어 나오리라"(욥 23:10). 그리스도인에게 타협이라는 덕목은 없습니다. 어떤 상황에서도 하나님께서 우리에게 요구하시는 단 한 가지는 바로 '순종'입니다.

1 가이드》 열심히 한 일이 수포로 돌아가는 일들은 생각보다 우리 삶 가운데 자주 일어납니다. 집을 청소해도 어지럽히는 가족이 한 명만 있어도 금세 엉망이 되는 것처럼, 작은 일부터 큰일까지 다양합니다. 무엇보다 그 일이 우리 삶의 중요한 일이라면 어그러진 이유를 찾고 다시 일을 진행해야 하는 것처럼 하나님을 향한 삶도 늘 점검하고 다시 세워가야 합니다.

2 답》 봉헌식을 행하고(12:27) 모세오경을 낭독한(1절) 날

해설》 느헤미야는 단순히 성벽을 건축한 것을 축하하기 위해 봉헌식을 한 것이 아닙니다. 그는 모세의 책을 낭독하여 백성에게 듣게 하고 레위 사람들에게 줄 십일조를 곳간에 쌓게 하는 등(12:44) 성벽이 유다 백성 가운데 존재하는 내면적 이유를 깨닫게 합니다.

3 답》 암몬 사람과 모압 사람은 영원히 하나님의 총회에 들어오지 못한다는 것을 알게 되었다.

해설》 출애굽 시에 하나님의 백성들을 죄짓게 만들고 이스라엘을 저주하려고 했던 암몬과 모압 사람들은 하나님의 총회에 들어가서는 안 된다는 규정을 깨닫게 되었습니다.

4 답》 백성이 율법을 듣고 '곧' 암몬과 모압 자손을 '모두' 분리한다.

해설》 이스라엘 백성의 특징은 "거룩함"입니다. 말씀을 들을 때 그들은 자신들이 어떻게 거룩해지고 무엇이 죄인지 깨닫게 됩니다. 그들은 말씀을 듣고 '곧' 반응하여 이방인을 '모두' 분리하는 행동을 합니다.

5 가이드》 우리가 죄인지 깨닫지 못하고 습관과 행동 가운데 짓는 죄들이 있습니다. 이것들이 죄인지 깨닫기 위해서는 빛이신 예수님의 말씀 가운데 나아가야 합니다. 죄에서 돌이키기 위해서는 말씀을 통한 은혜가 필요합니다. 성령께서 우리 안에 함께 계실 때 진정한 회개가 일어나고 우리는 죄를 미워하게 됩니다.

6 답》 성전의 큰 방을 도비야를 위해 만들어 주었다.

해설》 도비야는 예루살렘 성벽 재건을 반대한 인물일 뿐 아니라 암몬 사람이었습니다. 그러나 그는 유다의 귀족들과 여전히 친밀한 관계를 유지하고 제사장 엘리아십과도 친밀하게 지냈습니다. 제사장 엘리아십은 그런 도비야를 성전에 들이고 방까지 마련해 주는 죄를 짓습니다.

7 답》 잠시 느헤미야가 바벨론의 왕을 만나러 가서 예루살렘에 없었기에 이런 일을 행했다고 이야기한다.

해설》 마치 출애굽 시대에 모세가 하나님의 율법을 받으러 시내산에 간 사이 금송아지를 만들었던 이스라엘처럼(출 32장), 느헤미야가 없는 사이 엘리아십은 도비야를 성전에 들이는 죄를 짓게 됩니다.

8 가이드》 오늘 본문의 '근심'은 염려를 의미하는 것이 아닙니다. 이 근심은 하나님을 위한 열심과 죄에 대한 회개와 영적 민감성을 갖는 느헤미야의 모습을 나타내는 말입니다. 우리의 삶은 어떻습니까? 하나님과 멀게 만드는 일들에 대해 영적 민감함을 유지하며 정결함을 회복하려는 애씀을 가지고 있습니까? 하나님께로 나아가고자 하는 우리의 열심을 회복시켜 달라고 간구합시다.

*서로 기도 제목을 나누면서 뒤에 있는 기도 노트를 활용하십시오(p.154-157).

기도 노트 *Prayer Note*

- 하나님께서 기도에 응답하셨으면 'Yes', 거절하셨으면 'No', 보류 중이시면 'Wait'에 체크해 보세요. 시간이 흐른 뒤 하나님의 세심한 인도하심을 느낄 수 있습니다.

날짜 Date	기도 대상 Who	기도 제목 Title	응답 여부		
			Yes	No	Wait

Prayer Note

날짜 Date	기도 대상 Who	기도 제목 Title	응답 여부		
			Yes	No	Wait

Prayer Note

날짜 Date	기도 대상 Who	기도 제목 Title	응답 여부		
			Yes	No	Wait

Prayer Note

날짜 Date	기도 대상 Who	기도 제목 Title	응답 여부 Yes	 No	 Wait

권별주삶

아가페 주삶

느헤미야

초판 1쇄 발행 2021년 4월 30일

지은이 김일우

펴낸이 곽성종
기획편집 홍주미, 이가람
디자인 남궁성, 정육남

펴낸곳 ㈜아가페출판사
등록 제21-754호(1995년 4월 12일)
주소 (06698) 서울시 서초구 효령로8길 5 (방배동)
전화 584-4835(본사)
팩스 586-3078(본사)
홈페이지 www.iagape.co.kr
판권 ⓒ (주)아가페출판사

ISBN 978-89-537-1946-0 (04230)
ISBN 978-89-537-1934-7 (세트)

아가페 출판사

모든 쓰기성경은
쓰기 전용펜을 사용하세요!

1. 잉크의 뭉침(볼펜 똥)이나 이물질이 없어 깨끗하게 쓸 수 있습니다.
2. 필사한 후에도 책이 전혀 두꺼워지지 않습니다.

일반용

* 신약성경의 예수님 말씀은 빨간색 펜을 사용하세요.

일반 필사&쓰기성경 전용펜 A5(검정/빨강) **800원**

일반 필사&쓰기성경 전용펜 A5(검정/빨강-1다스/12개) **9,600원**

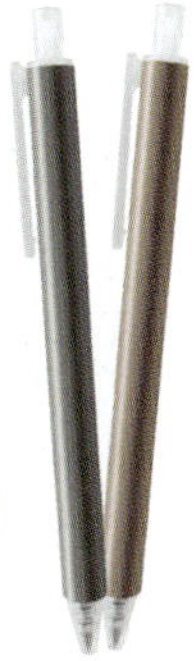

중용량

오피스펜 200 PLUS (검정)(그레이/골드) **1,500원**

오피스펜 200 PLUS (검정)(그레이/골드-1박스/10개) **15,000원**

중용량

필사&쓰기 전용펜 (고급)(블랙/투명) **1,600원**

필사&쓰기 전용펜 (고급)(블랙/투명-1다스/12개) **19,200원**

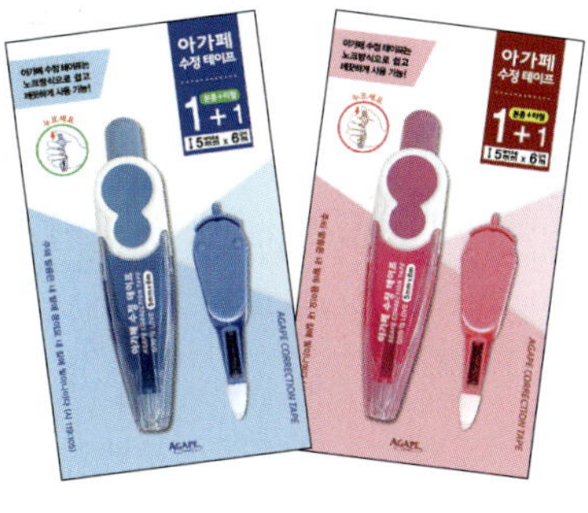

아가페 수정 테이프 (본품+리필)(블루/핑크) **3,000원**

※ 쓰기성경을 쓰다가 잘못 쓴 글씨는 수정 테이프를 사용하시면 좋습니다.

밑글씨 매일 쓰기성경®

편집 저작물 등록
★★★
저작권 등록이 되어 있는 편집저작물입니다.

밑글씨가 있어 성경책 대조 없이 간편하게 쓸 수 있는 쓰기성경!

1. 밑글씨가 있어 성경책 대조 없이 필사 가능합니다.
2. 본문이 밑글씨로 인쇄되어, 필사 시간이 획기적으로 단축됩니다.
3. 적색으로 인쇄된 예수님 말씀은 빨간색 펜으로 쓸 수 있습니다.

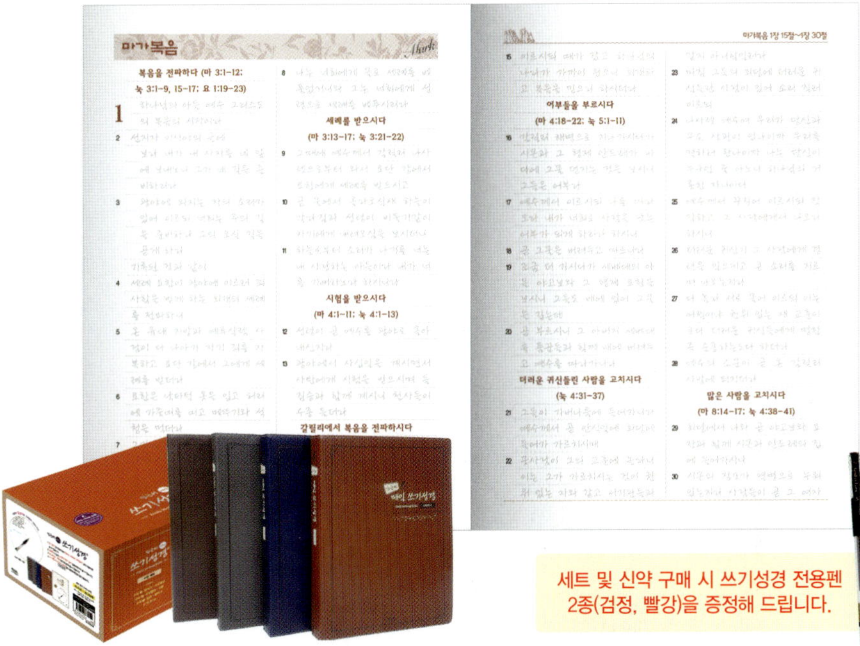

세트 및 신약 구매 시 쓰기성경 전용펜 2종(검정, 빨강)을 증정해 드립니다.

※교회 단체 구매도 가능합니다.

세트 정가 (구약+신약) : ~~96,000원~~ → 90,000원

낱권 정가	구약 ❶, ❷, ❸권	각 권 24,000원
	신약	

· 밑글씨 매일 쓰기성경® 낱권 ·

각 권 정가	시편·잠언·전도서	10,000원
	사복음서(마태복음~요한복음)	10,000원
	요한복음	6,000원
	사도행전	6,000원
	로마서·옥중서신	6,000원

본문이 있는 채움 쓰기성경®

스탠다드 중

1. 성경 본문의 **가독성이** 뛰어나고 **1:1**로 맞추어 필사할 수 있는 쓰기성경입니다.
2. 성경 본문이 인쇄되어 있어, **언제 어디서든 필사**가 가능합니다.
3. 180도 **잘 펴지는 특수 제본**으로 편리하게 쓸 수 있습니다.
4. 필기감이 좋고, 비침이 적으며, 잉크가 번지지 않는 **최고급 종이**입니다.

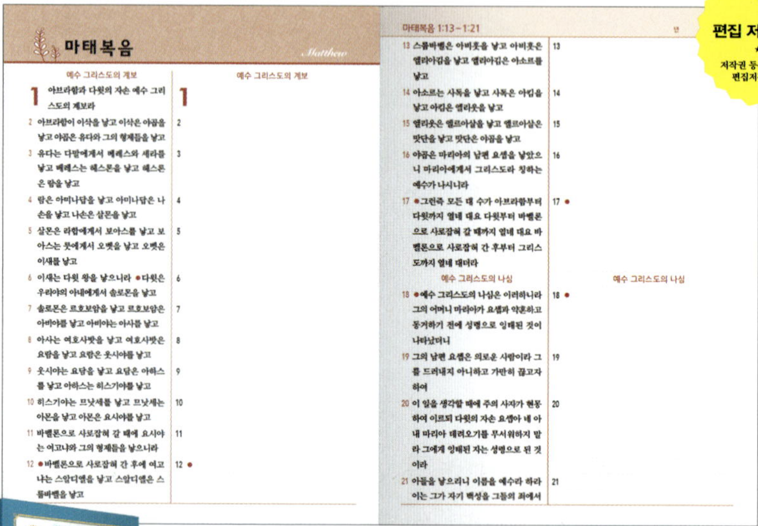

마태복음 Matthew

예수 그리스도의 계보

1 아브라함과 다윗의 자손 예수 그리
스도의 계보라
2 아브라함이 이삭을 낳고 이삭은 야곱을
낳고 야곱은 유다와 그의 형제들을 낳고
3 유다는 다말에게서 베레스와 세라를
낳고 베레스는 헤스론을 낳고 헤스론
은 람을 낳고
4 람은 아미나답을 낳고 아미나답은 나
손을 낳고 나손은 살몬을 낳고
5 살몬은 라합에게서 보아스를 낳고 보
아스는 룻에게서 오벳을 낳고 오벳은
이새를 낳고
6 이새는 다윗 왕을 낳으니라 ●다윗은
우리아의 아내에게서 솔로몬을 낳고
7 솔로몬은 르호보암을 낳고 르호보암은
아비야를 낳고 아비야는 아사를 낳고
8 아사는 여호사밧을 낳고 여호사밧은
요람을 낳고 요람은 웃시야를 낳고
9 웃시야는 요담을 낳고 요담은 아하스
를 낳고 아하스는 히스기야를 낳고
10 히스기야는 므낫세를 낳고 므낫세는
아몬을 낳고 아몬은 요시야를 낳고
11 바벨론으로 사로잡혀 갈 때에 요시야
는 여고냐와 그의 형제들을 낳으니라
12 ●바벨론으로 사로잡혀 간 후에 여고
냐는 스알디엘을 낳고 스알디엘은 스
룹바벨을 낳고

예수 그리스도의 계보

1
2
3
4
5
6
7
8
9
10
11
12 ●

마태복음 1:13-1:21

13 스룹바벨은 아비훗을 낳고 아비훗은
엘리아김을 낳고 엘리아김은 아소르를
낳고
14 아소르는 사독을 낳고 사독은 아킴을
낳고 아킴은 엘리웃을 낳고
15 엘리웃은 엘르아살을 낳고 엘르아살은
맛단을 낳고 맛단은 야곱을 낳고
16 야곱은 마리아의 남편 요셉을 낳았으
니 마리아에게서 그리스도라 칭하는
예수가 나시니라
17 ●그런즉 모든 대 수가 아브라함부터
다윗까지 열네 대요 다윗부터 바벨론
으로 사로잡혀 갈 때까지 열네 대요 바
벨론으로 사로잡혀 간 후부터 그리스
도까지 열네 대더라

예수 그리스도의 나심

18 ●예수 그리스도의 나심은 이러하니라
그의 어머니 마리아가 요셉과 약혼하고
동거하기 전에 성령으로 잉태된 것이
나타났더니
19 그의 남편 요셉은 의로운 사람이라 그
를 드러내지 아니하고 가만히 끊고자
하여
20 이 일을 생각할 때에 주의 사자가 현몽
하여 이르되 다윗의 자손 요셉아 네 아
내 마리아 데려오기를 무서워하지 말
라 그에게 잉태된 자는 성령으로 된 것
이라
21 아들을 낳으리니 이름을 예수라 하라
이는 그가 자기 백성을 그들의 죄에서

13
14
15
16
17 ●

예수 그리스도의 나심

18 ●
19
20
21

편집 저작물 등록

★★★

저작권 등록이 되어 있는 편집저작물입니다.

세트 및 신약 구매 시
쓰기성경 전용펜 2종(검정, 빨강)을
증정해 드립니다.

※교회 단체 구매도 가능합니다.

<table>
<tr><td colspan="3">세트 정가 (구약+신약) : <del>100,000원</del> ➔ 95,000원</td></tr>
<tr><td rowspan="2">낱권 정가</td><td>구약 ❶, ❷, ❸권</td><td rowspan="2">각 권 25,000원</td></tr>
<tr><td>신약</td></tr>
</table>

※낱권 세트 및 낱권 구매 가능합니다.